效率悖论

The Efficiency Paradox
What Big Data Can' t Do

[美]爱德华·特纳(Edward Tenner)_著
肖茜_译

中信出版集团|北京

图书在版编目（CIP）数据

效率悖论 /（美）爱德华 · 特纳著；肖茜译 . -- 北京：中信出版社，2021.1

书名原文：The Efficiency Paradox：What Big Data Can't Do

ISBN 978-7-5217-1959-8

Ⅰ . ①效… Ⅱ . ①爱… ②肖… Ⅲ . ①经济效率—研究 Ⅳ . ① F014.9

中国版本图书馆 CIP 数据核字（2020）第 219574 号

效率悖论

著　　者：［美］爱德华 · 特纳
译　　者：肖　茜
出版发行：中信出版集团股份有限公司
（北京市朝阳区惠新东街甲 4 号富盛大厦 2 座　邮编　100029）
承 印 者：三河市科茂嘉荣印务有限公司

开　　本：880mm × 1230mm　1/32　　印　　张：9.5　　字　　数：230 千字
版　　次：2021 年 1 月第 1 版　　印　　次：2021 年 1 月第 1 次印刷
京权图字：01-2019-8062
书　　号：ISBN 978-7-5217-1959-8
定　　价：65.00 元

目　录

前言　效率的七宗罪

为什么效率仍然只是半成品

人人都渴望效率，甚至赞美效率，这是不言而喻的。但本书恰恰要批判效率（除非它是低效率）。本书讲的是一个明显的悖论，也就是低效率看起来毫无意义，但我们也应该意识到刻意的低效率也很有必要。 在大多数情况下，效率是好的，但同其他所有好东西一样，它也有可能过犹不及。就如同过量饮水都能致命一样。

在 20 年前互联网兴起之初，我正在写第一本关于技术带来的意外后果的书——《技术的报复》。这本书于 1996 年出版，当时我从未想过效率本身可能会成为威胁。事实上，同那些自称为“新卢德主义者”（这个称呼如今也被他们的朋友和敌人共用）的批评者不同，我很早就接受了新技术而且是一个狂热的技术爱好者。我是科学刊物的一名编辑，该刊物在全球范围内招募作者，而且用大学提供的电子邮箱同这些作者保持联系，我早已习惯使用这种方式来联络并约见作者。作为一位很早就使用电子数据库的研究人员，我发现新的网络浏览器和图形界面进行了受欢迎的改进。作为一个总是修改自己文字的作家，我自里根时代初期使用 TRS-80 笔记本电脑时，就已经开始使用文字处理软件。一想到重复输入的枯燥乏味和那些乱糟糟的复写纸，我就对自己的打字机没有任何怀旧之情，虽然我也发现由于字符压入纸张的力度和碳素色带从饱和到模糊的不同，打字机打出来的字母确实有一种特殊的图形风格。

我见过也写过新技术的缺点，比如，久坐不动的办公室生活造成的长期背部疼痛和腕部疾病，以及无纸化办公带来的滑稽命运。但我也认可 20 世纪 90 年代末期技术乐观主义的很多内容。互联网最初被视为取代报纸和杂志的天赐之物。无论电子出版物是否会取代印刷品，出版商看重的是：它们对能够吸引大量读者的高质量内容拥有无价的特许权，而这正是广告商所梦寐以求的。到 21 世纪初期，技术本身就成为一种赚钱的广告焦点。我偶尔发现在我的剪报中也存有厚厚的《纽约时报》中关于技术的文章，这些文章得到硬件和软件制造商以及电子销售商的慷慨资助。高效的电子新闻编辑室让一切成为可能。

看起来社会上也有利润丰厚的蛋糕，并且已经被吃掉。亚马逊出现了，但它仍然可以同有利可图的大型连锁书店共存。很难想象亚马逊会威胁鲍德斯和巴诺书店，因为这些书店曾经在 20 世纪 80 年代用横扫一切的规模和较早一代的技术摧毁了独立书店。机器人的出现并没有威胁就业水平。老式的商业杂志同以技术为导向的新秀《连线》杂志和《产业标准》分享仍然兴旺发达的报刊亭。技术乌托邦作者传播个体赋权的福音，而企业精英则挣到比以前更多的钱。如果说 20 世纪 60 年代是经济腾飞的年代，那么 20 世纪 90 年代则得益于互联网的高效而成为双赢时代。

自 2005 年起，全新的高效世界跨入了一个不同的阶段。随着 2007 年苹果手机的问世，电脑处理速度的快速演变使电子设备不再是人们用完就放置一旁的工具，而成为人们自己及其职业网络的延伸。与此同时，尤为高效的搜索引擎谷歌和社交网站脸书同亚马逊一道，通过为因特网增加一个新的层次——介于公司网站和开放网站之间的平台，改变了电子商务。

自 2008 年起，通过不断提升电子效率来建立乌托邦的梦想开始变得黯淡。那一年开始的经济衰退有很多根源，但部分原因是，银行家和证券从业人员能够借助技术轻松地管控风险。与此同时，能放入电脑芯片的晶体管数量的增幅开始放缓。这个数量过去大约每 18 个月就会翻一番，这一规律自 1965 年起被称为“摩尔定律”（以戈登·摩尔的姓氏命名，他是占统治地位的芯片生产商英特尔公司的创始人之一）。但自 2005 年起，这一频率被拉长到 2~3 年。此外，新平台成功吸引了广告商和市场营销人员，却付出了放弃报纸和杂志收益的代价。（广告收入的历史峰值直到网络问世后的第 10 年即 2005 年才出现，当时纸质媒体的广告收入为 474 亿美元，网络媒体为 20 亿美元，而到了 2014 年，这两个数值分别为 164 亿美元和 35 亿美元。）[1]

当然，面对新的高效网络，有很多成功者，也有很多失败者。在这种网络中，电脑技术——算法——取代了直觉判断。价格竞争的加剧使会上网的客户受益。但对许多经济学家而言，关于更高效的生产与分配所带来的好处能提高公众生活水平的梦想正在褪色。知名经济学家泰勒·考恩（Tyler Cowen）和罗伯特·J. 戈登（Robert J. Gordon）分别在其著作《大停滞》和《美国增长的起落》中，进一步阐述了之前与众不同的想法，即到 20 世纪，“摘容易的果子”的时代已经终结，用今天的标准来看，那些变革性发明的开发成本相对较低。即使在 2008 年的经济衰退中，这种乐观情绪也出现了急剧转变，当时计算机科学家和未来学家雷·库兹韦尔（Ray Kurzweil）重复了他在 2000 年的预测，即到 2020 年，人们仅花 1 000 美元就可以买到一台能模仿人类大脑运作的电脑。[2]

不仅一些经济学家，就连很多西方国家的公民也对产业和学术精英为中产阶级或穷人提供好处的能力失去了信心。除非这个趋势得到逆转，否则无论哪个政党掌权，全世界的政坛都很有可能在未来的数年中动荡不安。因此，现在是时候考虑过于高效是否已经成为问题的一部分了。我认为，我们不需要放弃效率的观念，而需要培养低效的行为方式，从长远来看，这些行为不仅会使技术更有效（完成更多工作），而且会更有效率（使用更少的资源）。

首先，我们需要一个效率的定义。我在这里不会遵循经济学家在技术意义上使用这个词的方式，否则这将变成另外一本书。我将效率定义为最大限度地生产商品、提供服务或信息，或以最少的浪费处理交易。效率这个词在 19 世纪得到广泛使用，当时科学家和工程师将效率这一物理概念扩展至人类劳动，即单位能量所做的有用功。从 19 世纪 90 年代到 20 世纪 20 年代，社会科学家反过来将这一概念扩展至社会所有的投入和产出，实际上也延伸到“社会效率”这一领域，即合理优化人类福利。尽管这句话在今天听起来很天真，但在 19 世纪和 20 世纪之交，它不仅植根于技术理想主义，而且还植根于种族主义和仇外心理。这一理念的先驱、社会学家爱德华·A. 罗斯（Edward A. Ross）在 1900 年因发表反亚言论而被迫离开了斯坦福大学。在后来出版的《社会控制》一书中，他向“躁动不安，努力拼搏，像雅利安人那样做事，怀有令人尊敬的个人抱负，对权力充满渴望，激起自身怒火以及愿意颠覆世界以赢得名望、财富或想要的女人”等行为致敬，但同时担心，这种浮士德式的个人主义如果不受约束就会毁掉社会。作为一位本土主义进步派，罗斯希望学校利用工业合理化的方法向新一代灌输善政伦理。这种效率意识形态早就消失了,但以较少努力获得更多成果的目标依然盛行。我将把“效率”一词用于所有旨在减少人类完成任务所需时间的技术，无论是购买产品、学习某个主题、计划一次旅行还是做出医疗决定。经济学家罗伯特·索洛（Robert Solow）在 30 多年前的 1987 年曾说过，计算机已经无处不在，但生产力统计方面除外。如今，除了实际个人收入统计方面，算法效率的优势随处可见。[3]

我对未来不持特定立场，不管我们是否注定裹足不前、不平等是否会日益加剧，或者某种新的超级高效技术是否会使今天的担忧看起来像是 20 世纪 30 年代的许多经济学家抱有的那些悲观看法，战后繁荣的技术基础实际上是在抗生素、洗涤剂、塑料以及个人电脑领域奠定的。如果可以对技术预测进行什么概括的话，那就是许多预料中的革命都已胎死腹中，而其他一些原本不起眼的创新则改变了社会。科幻小说也不例外，儒勒·凡尔纳的出版商认为他在《20 世纪的巴黎》中对未来进行了最准确的展望，凡尔纳本人也令人难以置信地同意了这一点，于是那本书直到 20 世纪 90 年代才出版发行。[4]

关于效率的其他许多告诫并不是本书的一部分，因为其他人都非常清楚地注意到了这些事项。首先是能源问题。质疑强制性能源效率目标的保守派和自由主义经济学家提到了所谓的“反弹效应”，即效率更高的技术所节省的成本会被消费的增长所削弱，甚至完全抵消。19 世纪 60 年代，经济学家威廉·斯坦利·杰文斯（William Stanley Jevons）在英国的煤炭消费中首次注意到了这一情况，而且随着每一次新的节能创新，类似情况都会再次出现。能源成本的降低通常会被用来购买运动型多功能车和豪宅，更高效的空调技术意味着会有更多的房间安装空调，或者用中央空调取而代之。这种影响远非铁律，就连其主要支持者之一的罗伯特·J. 迈克尔斯（Robert J. Michaels）也承认，冰箱的强制性效率标准并没有带来明显的反弹。但毫无疑问，这种影响确实存在。从 LED 照明到电动汽车的技术效率提升被从稀土矿开采到电子垃圾导致的环境破坏所抵消。[5]

其次，紧随能源之后的是对农业效率的批评，这类批评通常来自左翼。在农民和农场主的人均产出方面，常规的机械化农业一直表现突出。然而，瑞典农业科学家费尽周折地重新衡量了能源投入和产出，最近却证明，一台拖拉机所需的能源比耕作同一片土地的马所需饲料的能源要高出 67%。拖拉机的效率远远高于马匹，它带来的产量几乎是 20 世纪 20 年代马匹在同一块地上生产出食物的 2.5 倍，但它所需的能量却是马匹的 13 倍。我们的农业还面临其他的反对声。对种植植物和养殖动物进行快速采收和屠宰的效率，往往损害了营养价值和口感。直到最近，传统方式种植的西红柿开始卷土重来。为高效出栏而饲养的猪和鸡可能会出现健康问题，牛的生长激素虽然是“天然”的，而且对人类是安全的，但它却会导致牛奶产量达到极限的水平，这一水平对奶牛来说是痛苦的。对效率的追求可能会鼓励一种具有潜在灾难性的单一种植方式，比如在爱尔兰大饥荒前，土豆在其农业中占主导地位。由于爱尔兰和欧洲大部分地区几乎所有土豆的基因完全相同，因此源于新大陆的疫病毁掉了 1845 年的收成。正如作家迈克尔·波伦（Michael Pollan）在《欲望植物学》一书中所说，“单一化是自然逻辑与经济学逻辑发生冲突的地方，哪种逻辑最终会占上风是毋庸置疑的”。[6]

在全球层面上，真正的效率始终很难计算，因为提高效率的某些手段可能会降低地球的总体生产率，比如，化肥和杀虫剂会伤害河流中的鱼类和危及授粉的虫媒。事实上，我们整个工业文明一直在通过碳排放威胁自身的效率。如果对“效率”进行宽泛定义，那么一本关于其悖论的书就将包罗万象。它将回到罗马尼亚裔美国学者尼古拉斯·乔治斯库 – 勒根（Nicholas Georgescu-Roegen）的生态经济学，他认为世界秩序的衰落——熵的增加——是人类试图挑战秩序的必然结果。气候变化有助于唤起人们对乔治斯库的想法的兴趣，但我把对这些想法有效性的评估留给其他人。

甚至连拒绝这种理论限制并倾向于将太空探索视为突破所有地球资源限制方案的硅谷文化，也认识到效率过高导致的环境、健康、文化和伦理成本。尽管拥有智能住宅、联网设备和自我监控装置，效率助手还是知道如何划清界限。从有机产品的生产到（我们将在第三章中看到的）没有技术的鲁道夫·施泰纳小学，手工价值观的成果吸引了许多高科技家庭的注意。劳动密集型商品和服务的低效在他们的社会中占有一席之地，成为可靠和特权的标志。这个新的上层社会阶级似乎与索尔斯坦·凡勃伦（Thorstein Veblen）在1899年出版的《有闲阶级论》一书中描述的“强盗男爵协会”没有共同之处。在镀金时代，富豪阶层的父权制和种族主义价值观也许并没有完全消失，现在人们认为它们甚至比不道德更糟糕，它们已经不合时宜了。弗里克收藏馆和摩根图书馆等的旧瓶装新酒也是如此，早在1970年，经济学家斯塔芬·林德（Staffan Linder）就出版了他的开拓性著作《受折磨的有闲阶级》。当今的科技巨富们更有可能是在寻找下一家初创企业，而不是在提前退休后享受最后一次创业所带来的财富。然而，就像在凡勃伦时代一样，炫耀性的低效拥有特权。正如科技记者戴夫·罗森伯格（Dave Rosenberg）2013年在《旧金山纪事报》网站上指出的：“奢侈品，尤其是手表……是硅谷向往高质量精雕细琢的手工工具、服装和配饰的微妙追求的一部分……当普通人期待最新的未来主义身份象征时，技术未来主义者却在复古。”其他劳动密集型工具也是如此，比如，手工锻造的厨师刀大受欢迎。[7]

技术专家的个人传统主义可能被视为令人钦佩的实用主义和开明态度，以及在日益自动化的背景下促进就业的力量。这也可以被看作对社会分层的愤世嫉俗的认可：普通品为大众服务，奢侈品为创意创新者服务。（一直以来都存在这种极端情况，而优质中档产品的市场有所萎缩。布鲁明代尔百货店和沃尔玛还有发展空间，但经典的中产阶级百货公司如金贝尔百货公司在1986年已关门歇业，其昔日的竞争对手也在苦苦挣扎。）这又引出了对技术效率的另一种批评，一些经济学家认为，这种趋势会加剧不平等，从而危及公民生活乃至民主本身。阿瑟·M. 奥肯（Arthur

M.Okun）的《平等与效率：重大的抉择》出版 40 年后仍在经济学家中引发争论，并在 2015 年由布鲁金斯学会重新发行。可以想象，这个社会既高效又不稳定。硅谷对颠覆性的崇拜最初是建议把权力从寡头转向人民。但现在，这也可能意味着建立一个似乎更难推翻的新寡头政权。在硅谷，房价和公寓租金的上涨证实了经济学家弗雷德·赫希（Fred Hirsch）的分析，他在 20 世纪 70 年代预见，即使效率和生产率继续提高，也会出现一种基于“地位经济”的商品，永远不可能像信息技术产品那样让大众都买得起，就像热门演出好位置的票，或者全球经济中心的公寓，这两者都是赫希所说的“地位商品”。[8]

即便如此，我认为，地位商品与日俱增的重要性和由此产生的挫折感，并不是反对效率的最佳理由。技术狂热者反驳说，即使贫富差距扩大，亿万富翁攫取了世界上更多的产出，地球上的人民仍然能生活得更好。如果没有像大多数企业那样承担风险和承受失败的动力，情况可能就不会如此。按照这种观点，硅谷有赖于一种看上去低效和浪费的创业文化来最终创造一个更有效率的社会。

电子化效率存在更严重的问题。在技术层面上，安全挑战和黑客威胁问题仍然没有答案。如果对电子交易的恐惧达到了临界水平，那么电子商务可能会受到强烈的抵制，但到目前为止，银行和信用卡公司获利颇丰，它们至少能够忍受将一些欺诈行为作为做生意的成本。同样，20 世纪 90 年代参与性民主的梦想至少因为边缘群体使用网站和社交媒体的能力而陷入停滞，但电子民主主义的捍卫者总是能够提出满怀希望的新倡议。技术评论家叶夫根尼·莫罗佐夫（Evgeny Morozov）正确地指出，如果“一个民主管理的社区的审慎承诺”对“不人道的泰勒制（工作方式的组织化）和市场原教旨主义”持反对态度，那么效率低下反而是好事。这并不妨碍市场原教旨主义者获得超级高效民主的认可。同样，算法可以有意或无意地根据性别、种族、地理或社会经济地位对个人进行歧视，但捍卫者却可以说，它可以让违规的程序变得更公平，甚至更有效。算法收集了有关我们，或者至少是我们朋友的开支、旅行、投资、信贷和政治观点的海量数据，每天都有美国人的隐私受到威胁，一些人开始选择不参与网络生活，但迄今为止，无论是身份盗窃还是侵入式营销，都没有造成足够大的破坏，从而彻底改变了美国人的行为。[9]

对移动技术效率的另一种批评指向了它对人际关系的损害，不管是商业关系还是个人关系。美国人至少一直对商业关系没什么感情，甚至在电子商务兴起之前，他们就抛弃了当地的大型百货零售商。虽然许多人，尤其是儿童和青少年的父母，在社交媒体对注意力集中和人际关系的影响方面持保留态度，但在硅谷的许多文化中，磨耗仍然是一个特点，而不是一个缺陷。[10]

对于效率拥护者来说，硅谷内外的反对声只是下一轮算法技术能够解决的暂时性问题。“机器人带来大规模失业”仍然是一个有争议的假设，而机器人的倡导者可以指出先前世界末日的预言同样落空了。效率仍然是美国的核心价值，虽然硅谷的亿万富翁现在面临着更多质疑，但他们并没有失去作为托马斯·爱迪生、约翰·洛克菲勒和亨利·福特等美国文化缔造者继承人的衣钵。史蒂夫·乔布斯有时和他们一样冷酷无情，但仍然受到数百万人的广泛怀念，因为他们相信乔布斯改善了他们的生活。

这本书对技术效率提出了不同的批评意见，它接受减少人力和自然资源浪费的目标，但也承认，正如比尔·盖茨及其合著者在 1995 年所说的那样，一心一意推动一个“无摩擦”的世界实际上可以提高效率。它没有研究信息技术面临的所有社会、政治和伦理挑战，而是关注其带来的长期自我颠覆。我们知道，对儿童卫生的过度关注会削弱免疫系统，过量使用抗生素会滋生超级细菌，滥用阿片类药物会降低其有效性并成瘾，习惯性地依赖安眠药会加剧失眠。很少有人放弃药物，同时我们对自然平衡又有了新的敬畏之情。

现在，质疑效率必须超越效率和有效性之间的常见差异。考虑到击败敌人所需的子弹或炮弹的数量，战争是极其低效的。但由于战争失败可能会导致灾难性的结果，因此，效率低下也会带来有效的结果。反过来说，“清洁柴油”汽车发动机在燃料消耗方面是高效的，但由于它们的排放难以控制，因此不能被认为是有效的。算法——使计算机硬件能力倍增的编程技术——带来了一系列不同的问题。大多数时候，它们既高效又有效。例如，尽管遭遇了许多成功的攻击，但公钥密码术利用了解析非常大的数字的难度，以确保电子金融交易的安全和互联网通信的总体安全。从长远来看，其他算法可能不仅会危及效率，还会危及有效性本身。也就是说，它们不仅有可能导致不良后果，而且有可能导致工作浪费和机会错失。它们可以被分为以下七个部分。

第一，反偶然性。大多数偶发事件都是不利或中性的，效率使世界变得更可预测。但是，如果一切都尽可能直截了当，我们也会失去邂逅偶然的随机化和生产性错误的好处。传统算法以限制正面影响的高额代价来减少负面冲击，二者密不可分。

第二，过度关注。效率通常表现为专注，这在一定程度上是积极和必要的。但进化却给我们和其他动物提供了第二种视角，即周边视角，它对细节不那么敏感，但能让我们看到较大的图案和动作。在天文学的早期历史中，人们就知道通过稍稍远看，“偏向视觉”可以更好地看到不显眼的物体。正如埃德加·爱伦·坡在《莫格街凶杀案》一书中写的：“一眼就可以看到一颗星星，可以通过将其转向视网膜的外部侧面来进行观察，这样更容易受到微弱光线的影响，能更清晰地看到这颗恒星。”

第三，自我放大量级。效率在日常操作中不可或缺，不管有意无意，算法都可能无法通过放大最初的细微效果来做出最优选择，其早期的选择可能成为自我实现的预言。这是自动化过程中的一种特殊风险，从金融交易到自动驾驶都会遇到。在这个过程中，多种算法——其中没有一种是完美无瑕的——相互作用，有时不可能进行快速的人工干预。

第四，技能腐蚀。自动化系统在大多数情况下比大多数人做得更好。它们几乎总是更加高效和连贯，这就是它们如此受欢迎的原因。原则上，一名技术人员和电子系统的合作比任何一方都能提供更好的业绩。但当机器人伙伴发生故障时，可能会出现严重问题。如果人类，不管是医生、飞行员还是普通的驾车者，没有掌握相关技能，结果将会对整个系统的效率造成灾难性影响。

第五，固执反馈。当要求自动化系统不仅执行人类目标还提供激励时，它们之间的相互作用就变得更加棘手。通过不满足真实预期结果的方式来达到某种标准（如考试分数）是有可能的。在社会科学中，这被称为坎贝尔定律。

第六，数据泛滥。当精通基本流程的技术人员使用巨大的数据集时，可能会提高效率。但使用这些数据集也会威胁到效率。在许多领域，自动获取的数据量的增长速度超过了数据的存储成本，从而增加了支出。大数据还可能提示假阳性和错误的假设，需要花费大量的人力和时间进行评估和排除，从而导致（尤其是在医疗保健领域）警报过多和警觉疲劳。最终可能造成实际效率下降。

第七，单一文化。如果没有细心的设计，算法可能会制定成功公式，使系统对不断变化的环境的反应能力降低。例如，社会心理学家承认，他们的一些实验无法被复制，不是因为最初的设计、分析或数据收集有任何错误，而是因为社会及其价值观发生了变化。生命科学家使用的老鼠的基因是标准化的，但人们生活在一个不断演变的技术环境中，而且会经常不自觉地调整自己的行为。

撰写关于信息技术的文章，就是要瞄准一个似乎不仅在变化而且还在加速发展的目标。最大的挑战之一是，有许多其他书涉及同样的问题。正如我将在第二章中指出的那样，网络技术非但没有扼杀印刷书籍的出版，反而有助于增强印刷书籍的出版。网络上最受欢迎的话题之一是网络本身。2017 年 5 月，一篇维基百科类文章列出了 49 页关于互联网方面的书籍，还有一些新的重要作品尚未被收录。亚马逊仅在“互联网和社交媒体”的分类下就列出了超过 2.4 万种图书。这是该章将讨论的信息丰富性的一个突出例证。[11]

虽然这些书中有许多是技术专著或大学教科书，还有一些是关于经济和社会统计、数据库或社会实验的初步研究报告，而其他一些（如本书）则是对它们的解释。有很多重复的研究援引了类似的证据，这些研究可能会在同一个时期出现；平行的想法和相互影响是不可避免的。这种一拥而上的现象并不是什么新鲜事。文学理论家早就对互文性进行了阐述，而早在1898年，小说作家阿诺德·贝内特（Arnold Bennett）就在他的自传体小说《一个来自北方的男人》中，更生动地将雄伟的大英博物馆圆桌阅览室描绘成一场由推着书车的侍者来回服务的“活人对死者的食肉盛宴”。[12]

因此，在大约125年后，我应该给这本书找到什么样的定位？凯文·凯利的《技术想要什么》和雷·库兹韦尔的《奇点临近》显然都没有出现这种情况。总的来说，技术乐观主义是好事。鉴于令人沮丧的创新失败率，就连不切实际的希望也有助于为潜在有益的发明筹集资金。宣传炒作不总是对普通的个人投资者或消费者有好处，但可能对社会有好处。另一种极端情况是牛津大学哲学家尼克·博斯特罗姆（Nick Bostrom）的《超级智能》等技术预言家的作品。快乐和恐惧的预言实际上有许多共同点。它们都预见到了人类的转变，它们仅在这个世界是天堂还是地狱的问题上意见不一。[13]

效率悖论是对技术乌托邦主义持怀疑态度的作者提出的问题之一，他们未必会对崩溃的可能性感到担忧。有一些问题尤其值得讨论。硅谷最彻底的反对派是叶夫根尼·莫罗佐夫，他将思辨的头脑与令人印象深刻的文章结合在一起。莫罗佐夫早年生活在苏联时期的白俄罗斯，这让他意识到规划者的傲慢。他成长于一个浓厚意识形态的社会，对西方信息技术产业及其崇拜者的缺点有着敏锐的眼光。他的著作《技术至死》批评了他所谓的解决主义（采纳自建筑评论家的一个概念），即认为人类问题完全可以用技术进行补救的观点。他认为对效率的追求忽视了严重的社会、政治和伦理后果，以及毫无根据地将创新等同于改进。他同样会称之为“新效率”的是“效率低下、模棱两可和不透明的，不管是在政治领域还是在日常生活中，新掌权的极客和解决方案制定者毫无疑问地会一道提出反对意见”。莫罗佐夫观察到，“恰恰相反，这些恶习往往是伪装的美德”。事实上，他反对“互联网”的存在本身，反对利用网络资源的强大组织提出的议程。同时，他嘲笑一些网络批评者试图推广他们自己的进步解决方案，他认为这些努力都是徒劳的，更有效的沟通没有也不会解决社会、政治和伦理问题。[14]

用莫罗佐夫的话说，我可能是一个“技术结构主义者”，不太关心“直接、有预期和理想的创新后果”，而更感兴趣的是“间接、意外和不受欢迎的后果”。然而，我依然赞同莫罗佐夫的“后互联网”观点，并会援引社会学家威廉·艾萨克（William Isaac）和多萝西·斯温·托马斯（Dorothy Swaine Thomas）提出的托马斯定理。即如果人们相信某样东西是真的，那么它的后果就是如此。举一个平淡无奇的例子，有关汽油短缺的假新闻有时会造成真正的汽油短缺，因为惊慌失措的司机会更频繁地加满油箱。与控制有影响力的网站的人的操纵相反，“互联网”可能是一个神话，但如果有足够多的人接受谷歌和脸书网站算法的中立性，那它就成了现实。由于基于网络的商业和出版不会消失，而且它们已经产生了积极和消极的结果，我认为应该接受这种情况，并找到新的方法来融合直观和算法，模拟和数字。值得赞扬的是，莫罗佐夫并不惧怕否定，正如我不惧怕消极一样。我记得我的本科老师、科学史学家查尔斯·C. 吉利斯皮（Charles C. Gillispie）在演讲中说过这样的话："受过教育的人所面对的尴尬莫过于真正的陈词滥调。"[15]

为了拯救这一切，尼古拉斯·卡尔（Nicholas Carr）在《玻璃笼子：计算机如何改变了我们》中把效率确定为其价值观和战略的核心，如在谷歌的案例中，其核心表现为"固执到近乎偏执"。该书还正确地强调了过度依赖算法会侵蚀人类技能的危险，卡尔在他的前一本书《浅薄》中有力地阐述了这一主题。从相似的事实和研究中，本书得出了不同的结论。卡尔是一名幻想破灭的信息技术专家，而我是一名历史学家。在20世纪70年代末和80年代，我发现，先是文字处理，然后是电子图书馆资源帮助我恢复了一度中断的写作生涯。因为我在研究方面接受过良好的教育，所以信息技术成了一个乘数。对技术影响的悲观看法分散了人们对教育和自我学习的真正需求，他们认为这是将算法与直觉、数字与模拟相结合的最佳方式。[16]

我认为是技术策展人詹姆斯·布莱克比（James Blackaby）最早提出了"玻璃笼子"的观点，即当我们从工具使用（老式的木工凳）转向工具管理（19世纪创新的工作台）时，我们失去了一些东西。布莱克比展示了计算尺比几十年前取代它的电子设备要求工程师更直接地参与计算。工程师、技术史学家亨利·彼得罗斯基（Henry Petroski）最近也表达了这一点。卡尔没有呼吁恢复18世纪的农业生产方式，但他引用了罗伯特·弗罗斯特（Robert Frost）的一首十四行诗，称赞西塞人在农业生产中实现了身体和工具的统一。卡尔并不孤单，手工割草是一种兴盛的小众爱好。多亏了现代搜索引擎，未来的割草机可以选择来自奥地利、意大利、丹麦和澳大利亚的镰刀。人们还能找到其他有关手工工具的文学作品，比如《纽约时报》的评论文章《俄罗斯农民的锻炼方式》引用了托尔斯泰的话，“这让人想找一个草场，然后转身离开”。在这种人与工具关系的启发下，卡尔对莫罗佐夫所谓“技术把我们从苦力中解放出来”的简单想法嗤之以鼻。（这是对莫罗佐夫关于卡尔的“麦克卢汉式中庸主义”言论的回应吗？）但我怀疑，与更多的诗人和小说家相比，那些前现代的农民对在收获季节要从黎明到黄昏，一直为生计疲于奔命的状态肯定不大满意。老彼得·布吕赫尔（Peter Bruegel）的画作和版画对其中人物的肌肉力量、疲劳和饥渴的形象都经过了程式化处理，但也可能是更准确地反映了历史。因此，我不同意我们这个时代肯定比过去几十年或几个世纪有更多“漫无目的和沮丧”，恰恰相反。不能仅仅因为加入手工制作俱乐部更容易，就觉得它能让我们感到快乐和满足。相反，我同意诺贝特·维纳（Norbert Wiener）的观点，即如果运用得当，信息技术可以让我们摆脱头脑麻木的常规状态，从而腾出时间进行更具创造性的活动。使用羽毛笔时，工具、手和头脑之间存在一种密切的关系，它可能强制人们刻意书写了如此多的文学经典，但我很高兴自己不需要被逼着使用羽毛笔了。[17]

凯茜·奥尼尔（Cathy O’Neil）的《数学毁灭武器：大数据如何加剧不平等和威胁民主》一书向信息技术专业人员提出了另一个重要警告。与大多数技术批评者不同，奥尼尔一直站在发出警报的系统最前沿，认为无论是在工作场所的“健康”计划中，还是在以营利为目的的高等教育活动中，抑或在司法系统中，弱势人群都被算法瞄准成为目标。她的愤世嫉俗使她的书成为迄今为止网上被广为评论的关于大数据和算法伦理的著作。但在医学上，治疗比诊断更具挑战性。她对人工智能系统进行审视的提议引发了质疑。首先，其他许多理论家和技术专家认为，有了机器学习，就不再能以研究常规程序的源代码的方式来理解人工智能了。目前尚不清楚，即使最初的代码可以在网上免费获得，吸收了大量新数据后，该程序的最终行为是否也能为人类所理解。如果这些专家是正确的，那么只要走得足够远，就会创造出一台人类理性难以理解因而也无法审核的黑匣子机器。其次，即使软件及其隐含的偏见是可以理解的，审视中也不乏令人沮丧的先例。谁能忘记安然丑闻后安达信会计事务所的倒闭，以及其他大型会计和债券评级公司未能质疑导致 2008 年经济衰退的做法呢？为了客观起见，法官保护法医学和量刑软件不被披露和有效质疑。在这种情况下，可能存在偏见的算法或许会取消与证人对质和反驳证据的权利。[18]

法律学者弗兰克·帕斯卡尔（Frank Pasquale）《黑箱社会》一书的出版先于《数学毁灭武器：大数据如何加剧不平等和威胁民主》，这本书至今仍是对立法者和监管者面临的来自秘密算法力量挑战的最佳论述。帕斯卡尔建议采用欧洲管理大数据的方法，我也认为我们可以从中学习经验。但善意的隐私法是一把双刃剑。被庄严载入欧盟法律的“被遗忘权”或许是为了从搜索引擎结果中删除年轻人年少轻狂的印记。但是，保护无权无势者的法律也可能保护特权者。《每日电讯报》刊登了在被调查者提出异议后被删除的报道摘要，其中包括一名医生、一名军官和一名涉及性侵案件的神职人员。当然，新闻报道可能是不公平或不准确的，但删除已公布的信息却是一个令人担忧的先例。帕斯卡尔的书和奥尼尔的书在揭秘硅谷方面互为补充。他们担心的是对社会的影响。奥尼尔对当今算法的良好运行印象深刻，这使得它们更加危险。我自己强调的是，为什么算法的短期效率会阻碍创新而不是刺激创新。[19]

大卫·萨克斯（David Sax）的《模拟的复仇》令人信服地证明，从化学胶片到机械手表再到零售商店等旧媒介和体验具有极强的弹性，能够提供数字生活无法满足的人类需求。自 2001 年史蒂夫·乔布斯创立苹果专卖店以来，从苹果专卖店的蓬勃发展，到笔记本再次广受欢迎，都生动地说明了触觉、具体体验的持续相关性，以及硅谷对它的认可。这是对算法和人类直觉共存表示乐观的最佳呈现方式之一，也是本书的主题。[20]

但自从苹果专卖店出现后，乌云又重新出现了。例如，从开业到 2017 年春天，美国百货商店的就业人数减少了 1/3。虽然仍有实体利润市场，但除沃尔玛外，历史悠久的大型连锁超市都没有足够的资源与亚马逊竞争。西尔斯和梅西百货这两家大型连锁商店在经历了一个多世纪的反复萧条和衰退后，在 2017 年处境艰难。亚马逊自己的零售部门不大可能提供苹果专卖店里那种现场设备调试以及个人支持和维修服务所带来的令人振奋的感觉。宝丽来专利的新拥有者或许已经恢复了即时摄影，柯达公司也宣布了 Ektachrome 彩色幻灯片胶片的回归，虽然柯达的彩色胶片 Kodachrome 可能永远消失了，但 35 毫米电影胶片的制作仍在继续，它在很大程度上取决于少数著名导演对制片公司和放映商的影响力。[21]

经济学家兼作家蒂姆·哈福德（Tim Harford）撰写的《混乱》一书在 2016 年问世，对自本杰明·富兰克林以来占据支配地位的商业模式进行了令人欣喜的纠正，之前的商业模式倡导组织、系统和有条不紊的习惯。在大西洋两岸，厌倦了管理术语的公众为甜蜜的混乱而欢欣鼓舞，因为这本书提出了一个绝佳的证明，即无序可以是有创造力的，即便它本身有可能成为一种反例。包括凯瑟琳·舒尔茨（Kathryn Schultz）的《错误》和哈福德早些时候的《适应》都提到了这一点。然而，和其他大多数商界领袖一样，哈福德低估了运气的作用。借鉴20世纪80年代诺贝尔经济学奖得主保罗·萨缪尔森的研究以及最近有关投资和管理回报的研究，金融经济学家摩西·利维（Moshe Levy）认为，归因于人才的大部分超额收益可以归结于运气。就像哈福德的幸存者偏差所反映的，关于成功的叙事只关注引人注目的例子，却没有考虑到有很多具有相同的特征、经历或战略的人并没有获得成功。就像在华尔街一样，在一种市场环境中表现出色的风格也可能在另一种市场环境中遭遇失败。考虑一下硅谷的大赢家的特点——亚马逊公司首席执行官杰夫·贝佐斯就出现在《混乱》里，我们从书中能发现他们高超的战略。然而，我们同时也发现了潜在的致命危机。[22]

赢得竞争的“混乱”行为可能在权力分配方面导致无所适从，哈福德大胆赞扬了唐纳德·特朗普的即兴风格，但使特朗普成为成功竞选者的原因似乎在其总统任期的第一年里未能获得广泛认可。当然，另一位声名狼藉的总统比尔·克林顿赢得了连任，躲过了丑闻和弹劾，并仍被数百万人怀念，因此，哈福德或许是对的。然而，批评人士也指出，混乱是导致克林顿在总统任期内毁誉参半的原因之一。[23]

在最好的情况下，混乱充分说明了社会学家查尔斯·蒂利

（Charles Tilly）提出的“计划中的成就实际上是一连串意外事件的产物”。但混乱并不是什么口号。首先，字面上的混乱将付出高昂代价。寻找放错位置的物品和文件所浪费的时间，或许没有得到真正科学的估计——相关研究似乎是由销售追踪密钥和商业记录解决方案的公司资助的，但我们大多数人已经发现，创造力带来的混乱可能需要花费宝贵的时间来平息。其次，至少一位被哈福德描述为混乱的人，如查尔斯·达尔文可能曾经同时从事多个研究项目。但达尔文是一名谨慎而有条理的人。在剑桥大学自然历史博物馆，达尔文当年做的标签仍然受到高度重视。最后，公司管理层并不真的相信绝大多数员工会在混乱中做出贡献，符合要求才是主流。高效的绩效监控软件让大多数普通员工（不管是白领还是蓝领）不会发生创造性错误。混乱可能只是另一个身份标志，是休闲过度阶级的特权。研究人员指出，精英阶层会通过不合乎常理的行为来表明他们对大众标准并不在意，比如，脸书网站首席执行官马克·扎克伯格就会在正式场合穿连帽衫，这种行为也被称为“红色运动鞋效应”。这也难怪，因为哈福德的雇主、总部设在伦敦的《金融时报》在 2017 年 5 月说，该报读者是“世界上最受欢迎的受众，拥有最强的购买力和最高的净资产”。换句话说，如果你还没有达到财富金字塔最上端 1% 的水平，那就不要轻易尝试扎克伯格的做法。[24]

在本书即将付梓之际，另外两本书出现了：媒体研究学者、前音乐巡演经理和电影制片人乔纳森·塔普林（Jonathan Taplin）的《快速行动，形成突破：脸书，谷歌和亚马逊如何造成文化困境和破坏民主》，作家、《新共和》的前编辑富兰克林·福尔（Franklin Foer）的《不在乎的世界：大科技对生存的威胁》。我没有机会仔细阅读它们的论点，但我同意（使用类似的统计数据）平台经济给许多作家、艺术家、作曲家和音乐家带来了经济损失。

我就是遭遇损失的一员：我撰稿的《威尔逊季刊》《美国发明与技术遗产》《文明》，以及其他杂志不再出版了。我也赞同福尔对追求数字效率和点击量可能损害质量的分析。尤其是脸书控制了越来越大的广告份额，这是一个严重的问题。我现在只能就这两本书的书名发表两点初步评论。首先，本书不只讨论媒体和艺术，还涵盖了更多的专业领域，会讨论移动计算、应用程序和大数据兴起的积极和消极后果。其次，尽管拥有数千亿美元资产的精英在理论上能对决策产生影响，但在 2016 年，他们无法阻止一位在气候变化、移民、多元化和婚姻平等等问题上持反对立场的总统候选人当选，即使他们很多人对此表示遗憾。亲特朗普的布赖特巴特新闻网的一篇文章支持拆分谷歌。民主——或者至少是选举中的多数派——对硅谷带来的威胁可能要比来自硅谷自身的威胁更大，反之亦然。[25]

《效率悖论》将两个追求效率的时代联系起来。第一个时代始于 18 世纪末，在 20 世纪的大部分时间里也是如此。这个时代用连续的生产过程代替了离散的生产过程，带给了我们工业化的经典形象：纸卷、线轴、钢丝，以及像查理·卓别林在电影《摩登时代》里展示的经典流水线。当然，这些产业只代表了工业国家产出的一部分，但连续生产过程的理想激励了资本主义者和社会主义者。事实上，多亏了工业机器人，连续生产比以往任何时候都更强劲，但它却失去了 20 世纪初期和中期曾带来的激情。

平台公司用软件将商品和服务的买卖双方聚集在一起，它代表了一种新的效率。这并非基于机器和人力的组织化，而是基于数据的收集、分析和交换。随着搜索引擎、智能手机、社交媒体、网络软件的崛起，以及人工智能从20世纪90年代初的低潮中复苏，亚马逊网站开启的平台时代在21世纪进入了一个新阶段。我正在研究这种新效率在媒体文化、教育、交通和医疗四个方面带来的影响，并想知道为什么这种效率带给大多数人的好处难以捉摸。我的结论是，我们不必要么选择大数据、算法和效率，要么选择直觉、技能和经验。我们需要适当的融合，我将提出实现这一目标的一套策略。

我将在第一章中提出，平台效率的问题在于，它促进了“颠覆性创新”概念的提出者克莱顿·克里斯坦森所说的业务流程创新。它用自动化软件来匹配买卖双方，从而降低了交易成本，社会效益是实实在在的，却也是有限的。平台公司可以通过控制通胀来促进竞争，造福消费者。风险也是切实存在的，而且已经被批评者充分记录在案。目前的寡头垄断以及潜在的垄断带来了消费者隐私权的丧失，有时服务协议被认为是不合情理的样板［Archicany的协议声称对客户的DNA（脱氧核糖核酸）数据拥有广泛的所有权］。容易被人忽视的另一个结果是华尔街对平台效率的浪漫化。它分散了资本和人才，使他们无法集中从事风险更大、最终更为广泛的创造市场的创新。19世纪持续不断的工艺创新不仅减少了损耗，在取代某些工作的过程中，它们也创造了许多其他工作，这些新的工作往往技术性更强，薪资更高。一些经济学家认为，这一阶段的技术迭代是一次性事件，永远不会重演。然而，我们有理由怀疑，基于对最近记录的推断，有关未来的任何说法都可能是不准确的。[26]

第二章转向所有算法中最强大的算法——谷歌的网页排名带来的革命，其根源在于对科学影响力进行分析。随着网络的出现和之后社交媒体的出现，这种最初的精英主义技术变成了一种民粹主义大环境。在新闻和艺术领域，非但前《连线》编辑克里斯·安德森提出的“长尾”（畅销书排名榜以外的大量作品）概念无法适用，反而使随机的初始优势成倍扩大，形成了连锁效应。移动计算、社交媒体，以及新的、据称更精确的广告选择的兴起，同时也威胁到了大部分新闻报道的效率，因为它把资源从新闻生产转移到了社交媒体算法优化上。

第三章探讨教育领域的效率运动。高等教育中的计算机化运动至今已持续了近一个世纪，最早可以追溯到托马斯·爱迪生的一个梦想，即用 100% 高效的课堂电影取代他认为的“2% 效率”的教科书。尽管电脑在自我教育方面取得了令人印象深刻的进步，但无论是在考试还是在流行文化中，都没有证据表明电脑在提高大众识字率和算术水平方面有所斩获。事实上，它们通过增强早期起步时建立的优势，一直在扩大而不是缩小不平等。

第四章探讨了数字地图和地理信息系统（GIS）引发的地理革命。它把寻路与这一点联系在一起，即在没有指南针甚至地图的情况下，人们所使用的技巧。在寻路方面，我们的技术已经变得更加精确，而又没那么复杂。电子地图，尤其是显示在小屏幕移动设备上的电子地图，在提供关于特定地点的信息方面极为有效，但在将其置于更广泛的范围内则表现得远没那么出色，提供的信息很少。很多时候，智能手机全球定位系统提供的直接路线恰好是我们需要的，人们都不想绕道出行。不过，最快的路线不一定是最有效地安排旅程的路线。全球定位系统在大多数情况下可能比人类自己找路更有效，但它可能是削弱人类最有价值的技能之一。

第五章关于医学，探讨了提高医疗效率的计划对有效医疗造成的障碍。实验室自动化是计算机化的杰出成就之一。现在，人类基因组测序的成本已经降到了中产阶级的可承受范围之内。到目前为止，对遗传信息的解析还远没有那么简单。电子病历曾经承诺要减轻医疗保健服务提供者书写病例的负担，尤其是因笔迹模糊闻名的医生。但事实相反，对一致且详细的病历的需求增加了这些人的负担，创造了新的代码输入管理，以及一个家庭手工业的辅导机构对程序进行分类以获得最大的费用。即使获得成功，医疗量化也会受限，因为患者并非被动接受干预。他们的文化、价值观、对生活和对风险的态度，以及与医生的关系无法与结果分开。虽然劝说的过程效率低下，但专业人员引导健康选择的能力往往比药物更重要。与一本书构建起一种场景类似，一张大幅的地图不仅是其细节的总和，而且是一个应该作为整体来理解的领域，因此，患者的身心是一个整体，而不仅仅是一组注释和数据点，尽管这些数据可能是有帮助的。[27]

最后一章提出了关于高效率和低效率的异端观点。对计算机所擅长的细节的极限记忆可能不利于理解，在心理学家看来这并不奇怪。借鉴社会学家哈里·柯林斯（Harry Collins）在《人工专家》一书中的研究成果，我认为每个人都掌握着大量隐性知识，这些隐性知识是不可能在有生之年传授给人工智能程序的。在我们做出职业决定或购买选择时，这些直观的理解都会发生作用，还会影响我们的教育、地方经验以及健康。其结果是，更多的算法应该是效率最低的方式，因为它们需要更长的时间进行更深入的分析（正如某些搜索引擎研究人员所主张的），并提供假设性建议而不是明确的答案。

算法可能是偶然的，但并非一定如此。它们真正的挑战在于分析熟悉的问题，这可以追溯到最早期的市场调查，通过科学验证的既定模式得出的数据，可能被永远无法预测的方式创造性地颠覆。市场调查曾宣称美国人喜欢廉价咖啡，但后来星巴克横空出世。当然，毫无根据的直觉常常失败，这也是事实。但行为经济学的发现不应对我们的直觉进行压制或恐吓，数据分析和隐性知识是互为补充而不是对立的。[28]

算法本身需要并且正在获得新的方法。被称为模糊逻辑的编程技术在探索世界的过程中接受了需要的次优解决方案。曾在麻省理工学院媒体实验室担任研究员的凯瑟琳·德尼加齐奥（Catherin D’Ignazio）发现，主要的搜索和媒体公司一直努力在服务和推荐中增加偶然性和信息多样性，但这并非易事。如果可以应用更复杂和更有洞察力的算法，那么它们很可能源自学术项目和初创企业，而不是大型平台公司。这些举措以及新一代对数字思维和模拟思维互利共存的洞察力，使我希望技术在金融危机和停滞不前之后能够再次实现自我更新发展。[29]

第一章　从工厂到平台

19 世纪的效率如何在 21 世纪被重新定义

我们生活在第二个注重效率的时代。记者和企业家不再像过去那样经常使用效率这个词，我们稍后将看到一些同义词。但是，我们始终意识到，无论是通过增加产量或利润，还是减少时间，都要从现有投入中获得尽可能多的产出的价值。

我认为短期内过于专注效率可能会损害长远的效率，一些人会认为这是异端邪说，而另一些人则认为这是不言自明的道理。我希望表明，人们在对此进行反思时，将它看作一个显而易见的命题。正如我在后文会指出的，将有效的算法与整体的模拟相结合，可以比单独使用任何一种方式产生更好的结果。但这并不总是一目了然的，将效率视为在过去约两百年中逐渐形成的一个概念，并将其看作一套更古老的实践会很有帮助。正如我们看到的，效率这一概念出现在蒸汽时代，其最佳表达方式不是用 18 世纪对工厂里的劳动分工来体现（本质上仍然如此），而是用机器连续生产代替手工作坊来作为例证。最伟大的企业投入了巨大的资金，雇用了10万名甚至更多的工人以保持工厂运转。古典经济自由主义和与之对立的马克思主义等学说都反映了这种模式。就连共产党政府也羡慕西方的大规模生产，这一点也不奇怪。

20世纪中叶，瑞士建筑师兼评论家西格弗里德·吉迪恩（Siegfried Giedion）和美国历史学家丹尼尔·J. 布尔斯廷（Daniel J. Boorstin）首先强调了不间断（"连续过程"）技术对批量生产的重要性。轧辊、皮带和其他设备不仅改变了生产，也改变了消费的性质。与20世纪50年代在电视上播出的《产业阅兵》系列节目相比，现在诸如《如何制造》之类的有线电视节目揭示了如今工业流程已经在很大程度上实现了自动化。但是，进一步降低装配线上的劳动力成本并不是我们感兴趣的那种效率。一种新型的企业占领了弗拉基米尔·列宁所说的经济制高点，主导了经济议程，此前即使是最大胆的未来主义者也没预见到这种类型的企业。硅谷唤起了人们曾经由东北部和中西部肮脏的工业大都市所激发的钦佩、恐惧和蔑视，尽管乘坐汽车或火车前往芝加哥、底特律或匹兹堡仍然是一种视觉上的震撼体验，但旧金山以南的半岛更能令人惊叹财富之巨。尽管那里的公司服务器群可能并不起眼地分散在全球各地，然而，硅谷巨头们对社会组织的想法与列宁同样激进，他们与古典共产主义一样都对效率抱有强烈的信念。[1]

这一章将考察连续过程的效率（那是让画家、摄影师和电影制片人为之着迷和敬畏的效率）与平台效率之间的区别。平台效率更有利可图，但具有隐蔽性，而且需要极大的想象力才能以戏剧化的方式呈现。比如，网络平台应用的在线匹配不仅利用了集成电路效率的稳步提高，而且利用了巧妙的计算技术，即算法来使电路的运算速度成倍提高。

这种效率提出了一个深刻的问题。为什么这些平台对美国和其他发达国家的自我满意度的影响不明显？为什么世界各地有的公民对他们的政府如此不满，以至于愿意寻求极端的解决办法？原因之一可能是平台革命一直在将人才和资金从其他可能更具变革性的技术项目中抢走。我无法确定哪些项目具有潜力，也不排除它们已经很先进并可能很快就将硕果累累。毕竟，美国在“二战”后的繁荣在一定程度上是基于像广播电视和干式复印这样的技术创新，这些创新是在大萧条最黑暗的年代里发展起来的，艾伦·图灵的理论研究也使平台经济成为可能。

问题是，为什么迄今为止对投资者（尤其是早期的投资者）如此有利可图的平台公司一直表现不佳？拥趸会坚持认为，重大创新通常会带来一时的失望，最好的结果尚未到来。这尤其是脸书及其创始人马克·扎克伯格的观点，他在2017年年初发表了一份宣言，承认了错误，并发誓要在脸书用户的帮助下建立更好的社区和更美好的星球。对许多竞争对手来说，这样的承诺长期以来都是“未来的炒作”“硅谷的万用灵药”——借用失望的技术专家在20世纪90年代和21世纪初出版的书的书名。尤其是对左翼批评者来说，新老板与旧老板并没有太大区别，只是配备了先进的监视和操纵设备，取代了昔日的老派做法。一些谨慎的记者在扎克伯格等人的宣言中看到了自己的职业生涯面临的生存威胁。我不确定有哪个组织真的有这样的权力。我将在本章结尾提出，平台效率最严重的意外后果可能是它的机会成本，从长远来看，它对资源的要求将更有助于提高真正的效率。[2]

效率运动的一个悖论在于，尽管数据令人泄气，但促进效率和理性的创新还是在直觉和情感的驱动下出现了。这并不意味着直觉比基于数据的分析更可靠，而是数据和分析数据的工具永远无法取代想象力来预见人类未来的行为模式。大多数这样的直觉都失败了，一些例外充斥在励志书籍和商业书籍中。风险投资的失败率很高。然而，在效率低下的大旋涡中出现了一些世界上最高效的技术。

效率的历史应当从自然本身开始。正如生物物理学家所发现的，DNA 比最先进的技术系统储存的能量更密集，对基因表达的控制使复杂而强壮的生物能够以惊人的速度发育，果蝇基因组的微小变化会导致截然不同的行为。进化在优化信息流方面取得了巨大成功，利用有限的资源是我们的生物遗产。[3]

正如人类学和考古学证据所揭示的，对效率的追求似乎也被纳入了人类生物学。人类在工具制造方面已经经历了数万年的创新，这些创新有时会进入死胡同，但偶尔也会产生具有功能性的杰作，澳大利亚原住民的回旋镖或中亚草原游牧民的复合弓就是其中的代表。有没有比传统方式锻造的日本刀更锋利的刀具，或者比哥伦布到达以前的美洲原住民熟练使用的黑曜石刀更锐利的切削工具呢？

在西方也是如此，许多古罗马的医疗设备都很好地发挥了用途，以至于它们的质量直到现代才被类似的仪器超越。罗马军队以令敌人眼花缭乱的速度集结、修建桥梁和防御工事而闻名。当时甚至有一种大规模生产的并加盖早期商标印章的油灯在市场上销售。[4]

与 50 年前的历史学家所承认的相比，最近的考古学揭示了古代世界更多的动力和技术创新。例如，奴隶经济并不排斥使用像水车一样省力的工具，就像 19 世纪初期奴隶制下的甘蔗种植园使用蒸汽机一样，这些改进在实践中提高了效率。但我们所知道的效率概念在古代生活中并没有明确的提法。古希腊人和古罗马人（以及包括埃及在内的其他地中海和近东社会）的行政和档案保存系统已有数千年历史，但他们并没有系统地提高产出的理论。古典历史学家彼得·托内曼（Peter Thonemann）强调，罗马社会是建立在庇护、忠诚和义务的原则上的。没有关于工资、利息或生产率的理论。威望往往比功能更重要。书籍被写成卷轴，放在箱子里存放起来。书写是延续的，字与字之间没有空格。加上空格会增加莎草纸和羊皮纸的使用量，但会使阅读和教育变得容易得多。解决阅读的困难——拿着卷轴，确定从哪儿断句——是受过教育的人技巧展示的一部分。这种低效是一种特点，而不是一种缺陷。[5]

在欧洲，中世纪和现代早期是一个提高实际效率的时代。今天看来如此古怪和老套的黑色手写字体，对那些习惯了它的人来说，其实是一种相对快速和清晰的写法。罗马人有光学知识、玻璃吹制和冶金技术，能制造出眼镜，但没有市场。上了年纪的文化人曾经让受过教育的奴隶读书给他们听，罗马人制造了很好的轧布机，可以使用青铜铸造的字母，但他们觉得没有必要印刷。[6]

到了 18 世纪，德尼·狄德罗（Denis Diderot）的《百科全书》和他的苏格兰模仿品《不列颠百科全书》总结了几十种行业的知识和进步。在《国富论》中，亚当·斯密证明了将制造针的整个工作流程分成不同的工序，可以使每个工人每天制造针的数量成倍增加。在中世纪的波斯，针的制造有更精细的分工。[7]

19世纪和20世纪的效率意识并不十分明显。作为19世纪的政治经济学家，斯密是一位杰出的先驱。不管是自由主义者还是社会主义者，都会对衡量一个制针车间比传统车间的生产率高多少感兴趣。许多产品仍然是根据手工传统和风格制造的，而不是经过系统研究客户需要后推出的。法国技术理论家雅克·埃吕尔（Jacques Ellul）曾指出，中世纪晚期为雇佣兵制造刀剑的装甲工匠都遵循一种工艺传统和装饰风格，而不研究战斗的人体工程学。每个士兵都必须使自己的战斗风格适应其装备，而不是令装备来适应自己的战斗风格。[8]

没有哪位18世纪的人物比本杰明·富兰克林更有名，因为他能将实际智慧与对科学理论的研究结合起来，尽管或由于他接受正规教育的局限性。富兰克林和他的同时代人——他从未为自己的发明申请专利并鼓励他人进一步改造——设计的壁炉衬里极大地提高了传统壁炉的效率。但18世纪末的发明家仍然没有用科学的方法量化每单位木材节省的热量。直到19世纪中叶，像酿酒师和科学家詹姆斯·焦耳这样的思想家才推出了测量热量的统一单位：英制热量单位和公制热量单位——焦耳。

引入现代效率的两项发明是19世纪初其他天才的杰作，现在主要为专家所熟知：装配工人奥利弗·埃文斯（Oliver Evans）和造纸商亨利·富德里尼耶（Henry Fourdrinier）。如果我们看看狄德罗的《百科全书》，会发现当时许多作坊与达·芬奇或伽利略时代的作坊并没有太大不同。尽管斯密的分工原则开始传播开来，但作坊主还是在工人和学徒的协助下制作每种产品。货物仍然是被单独地或小批量地制造出来的。[9]

奥利弗·埃文斯是连续过程效率的创始人。他的知名度不及富兰克林、埃利·惠特尼、塞缪尔·摩尔斯或托马斯·爱迪生，但在两个世纪里，他的影响力至少不亚于这些人。正如西格弗里德·吉迪恩在其经典著作《机械化的决定作用》中所写，在美国出现真正的工业之前，“一个孤独而有先见之明的头脑设计了一个系统，在这个系统中，从一个操作到另一个操作的机械运输可能会将人们从体力劳动中解放出来”。就像通过一连串的铲斗将原料运送到磨机的顶部，并在重力作用下通过皮带、螺杆和其他连续输送装置输送到铣削的每个阶段。分开来看，这些环节并不完全是新事物，有些是自古以来就存在的。建立一个能加工原材料和半成品的综合系统的想法在提高效率方面仍然是惊人的进步。埃文斯的系统似乎缺乏富兰克林的说服力，但他具有“远见卓识”，吉迪恩正确地总结道：“奥利弗·埃文斯的发明开启了人类历史的新篇章。”[10]

经典现代效率的第二个里程碑是富德里尼耶造纸厂。从被引入中国直到今天，它在日本仍被应用于和纸制造。和纸是用纤维制成的单张纸。技术高超的造纸工人组成了强大的工会垄断技术，使书籍和报纸的价格不菲。一位名为尼古拉斯–路易斯·罗伯特（Nicolas-Louis Robert）的法国印刷匠是第一位认识到连续纸张生产潜力的人。正如历史学家马克·库兰斯基（Mark Kurlansky）指出的，罗伯特发明的金属丝框架早在传送带发明之前就使用了同样的原理。（在1804年，皇家海军在制造压缩饼干时首次使用了这项技术。）在他的机器中，移动的筛网吸收了湿纤维，就像纸张工匠所做的那样，横向搅拌纸浆以使其均匀分布。除去水分后，半成品纸被卷到一起，最后被加热以使其干燥。造纸商亨利和戴维·富德里尼耶对“罗伯特流程”进行了技术改进，但不足以使其实用化，他们被迫宣布破产。工程师布赖恩·东金（Bryan Donkin）根据罗伯特的想法最终制造出了可用的连续造纸机。这种复杂的关系揭示了连续过程效率的一个重要特点：它是失败、协作和竞争的结果，甚至比其他创新更重要。[11]

纸张、面粉和饼干的生产效率体现了两个世纪以来消费品生产的效率。圆周运动无处不在：在战争中，它创造了左轮手枪和马克沁机枪。和平时期，在英国与拿破仑的战争中，苏格兰引入的不起眼的棉线轴，使艾萨克·辛格（Issac Singer）的缝纫机和服装的大规模生产成为可能（在整个 18 世纪，线一般都是由亚麻制成的，仅以绞线的形式出售）。作为 19 世纪最著名的发明，托马斯·爱迪生的电灯泡最初的市场很有限。直到 19 世纪 90 年代末，一支由两个熟练的玻璃吹制工组成的团队要花整整一分钟，才能生产出两个玻璃壳，这一生产方法近两千年来未曾改变过。由于康宁玻璃工厂几十年来的技术改进，到 1926 年，新一代自动灯泡机能在 24 小时里生产出 40 万个空灯泡。到 20 世纪 30 年代，这个数字先是增加到 100 万，然后进一步达到 300 万。事实证明，尼古拉斯－路易斯·罗伯特和富德里尼耶对大众阅读和教育非常重要，现在默默无闻的发明家威廉·伍兹（William Woods）也做出了类似贡献，他利用连续过程效率实现了爱迪生发明的灯泡的潜力。其他机械发明者实现了玻璃瓶和金属罐的完全自动化生产和灌装，以及在今天的机械化轮胎工厂中仍然使用的混合橡胶巨型旋转搅拌机。在农场里，连续作业的收割机取代了镰刀，在 20 世纪，通过装有连续传送带的烘干机，新收获的谷物得到了烘干。欧洲和美国的高级奶制品公司甚至在缓慢旋转的牛棚里给奶牛挤奶。正如吉迪恩所说，芝加哥肉类加工业的肉类分解流水线激发了以亨利·福特为首的工业家的生产流程。到20世纪30年代初，汽车制造商使用的钢板是在一个连续轧制过程中被生产出来的，这一过程是由钢铁厂负责人约翰·B. 蒂图斯（John B. Tytus）首创的，他的灵感来自其祖父的富德里尼耶造纸机的设计。[12]

19世纪和20世纪美国最伟大的一些基础设施也利用了反复旋转运动带来的效率。从布鲁克林大桥到金门大桥，这些悬索桥的巨大钢缆是约翰·勒布林（John Roebling）父子发明的机械和工人旋转而成的。就连新闻和文学也是用连续的旋转方法传播的。巨大的长网造纸机制造出一卷卷的新闻纸，为约瑟夫·普利策（Joseph Pulitzer）和威廉·伦道夫·赫斯特（William Randolph Hearst）等报业大亨的高速印刷机提供支持。[13]

购物和娱乐业发生了转变。百货公司的顾客通过旋转门进进出出，走过一块块地板和环形楼梯带。西方主要的铁路不断运送大量货物和数以百万计的乘客，这是成熟的工业时代的终极体现和对管理的挑战。北大西洋的远洋班轮按照可靠、固定的航程航行，精英乘客开始期待在几百年来闻所未闻的准时准点到达。如果泰坦尼克号船长因为避开海冰而放慢速度，就像后来的许多作家和电影导演认为的那样，那么这艘船将会迟到一天，海洋历史学家会因为他的胆怯而不是谨慎记住他（如果有的话）。[14]

虽然许多新工艺的发明者是从车间里走出来的，有时能积累巨大的财富，但实业家和中产阶级都开始意识到经验技能是不够的。随着过程效率的不断提高，出现了一套新的价值和一组新的词汇，这被称为第一次效率运动。它不仅激励了投资者、银行家和有抱负的经理人，而且激励了越来越多的专业人士投身其中。

19 世纪和 20 世纪初没有单一的工业效率学说，但有一套坚实的假设。

首先是量化理论。虽然对本杰明·富兰克林来说，衡量他的壁炉的输出效率与传统壁炉的输出效率可能并不重要，但 19 世纪的精英们对测量的热情与日俱增。新的统计技术使人们能够呈现和评价数据，以便做出更准确的决策。会计专业对大型企业，特别是对上市公司至关重要。物理学家和发明家开尔文勋爵威廉·汤姆森（William Thomson）在 1883 年就这一问题发表了著名的言论，他在一次广为流传的演讲中说："当你能测量你所说的东西并用数字表达时，说明你了解这些东西。但是，当你无法测量它，无法用数字来表达时，你的知识就是微不足道的和难以令人满意的。"[15]

经典的效率也取决于规模。虽然进步运动的左派担心垄断，独立的生产者和商人则声称垄断不公平，但左派和右派往往一致认为大公司对消费者和工人都有利。从 1875 年安德鲁·卡内基旗下的埃德加·汤姆森工厂在宾夕法尼亚州布拉德多克投产后，正是规模使钢铁厂得以安装最高效、最昂贵的新机械，从而压低了价格，给竞争者带来了压力。正是规模让约翰·D. 洛克菲勒垄断了石油的分销、精炼和销售，即使在标准石油公司因反托拉斯法被分拆之后，也有很大一部分依旧在发挥作用。同样是规模使最早的工业机器人成为可能：早在 1921 年，受福特装配线的启发，密尔沃基的 A.O. 史密斯公司就开始出售一种能够每天铆接一万辆汽车机身的机器人。[16]

伴随着规模增长而来的是科层制和职业化。就连电报运营商托马斯·爱迪生这样在工作中不断学习的企业家也意识到，他们需要高学历的工程师和科学家，以及不得不开设新的技术学校和课程的美国大学。一个又一个以往凭借经验的职业被重塑为需要学校、学位和学术期刊参与的职业，卡内基、梅隆、洛克菲勒、范德比尔特和古根海姆在此基础上建立了商业王国。需要规范、考试和证书的不仅包括医学、法律和工程，还包括图书馆学、公共会计学、新闻和商业管理学等新的学术领域。甚至在车间里，也设立了新岗位，如工具室文员，以使拥有高技能的工人尽可能多地使用机器。[17]

伴随着规模的扩张，规划也拥有更多的机会和责任。高效的公司不仅规模庞大，足以主导市场，而且能够从内部孵化未来的技术。通用电气、杜邦、AT&T（美国电话电报公司）、IBM（国际商用机器公司）等巨头都为自己的研究实验室感到骄傲。虽然贝尔实验室现在主要因为引入晶体管而闻名遐迩，但就它的研究而言，每一项成果都是重要的。根据《财富》杂志 1936 年刊登的两篇令人钦佩的文章所述，即使在大萧条时期，宾夕法尼亚州阿尔图纳的铁路实验室也在对从灯泡到餐车等各种设备的供应进行测试，称“这个国家比土耳其或乌拉圭更大。它的整个行为就像一个国家，种种举动关系到数以十万计公民的生活”。[18]

正如经济学家戴维·韦尔（David Weil）在其著作《有裂痕的工作场所》中所描述的，20 世纪规模庞大的企业在劳动力市场上占据优势。大型国有企业不仅能够支付比大多数私营企业更高的工资并提供更好的工作条件，而且在医疗计划、养老金和其他福利方面也处于领先地位。熟练雇员的低离职率进一步提升了效率。[19]

传统的企业效率也取决于与政府官僚机构的关系。为了提高政府的效率，公司高管反对政府的监管，并推荐自己的管理方式。但从第一次世界大战开始，许多公司非常依赖政府合同，这种依赖随着第二次世界大战和“冷战”进一步加深。技术史学家已经证明，当可互换部件的理想在技术上仍然有挑战性和高昂成本时，国家军械库是如何促进大规模生产的。IBM 被从大萧条中解救出来，是因为新的社会保障体系对雇主提出了记账要求。IBM 的创始人和领导者、销售大师托马斯·沃森只是凭直觉认为，世界很快就会需要他所储备的昂贵设备以及他的研究实验室在大萧条早期开发出来的创意。他更理性的竞争对手在很大程度上败下阵来。第二次世界大战后，仙童半导体生产的集成电路的早期市场几乎完全与军事和太空计划有关，这种状况一直持续到 20 世纪 60 年代中期。关于国防合同的严格规范也在 20 世纪中叶提升了仙童半导体公司和其他相关公司的产品可靠性水平，否则这些公司要花很长时间才能达到这一标准。[20]

企业高管认为，他们有权利也有义务规划未来的技术。有些公司在 20 世纪 30 年代的世界博览会上布设展台，试图用它们在设计图上创造出的奇迹来鼓舞公众，包括需要政治批准的基础设施改建。“二战”结束后，管理学者和专家鼓励企业领导人将自己视为国家未来的私人规划者，为所有利益攸关方谋福利。有人质疑，贝尔系统公司、通用汽车公司、通用电气公司、伊士曼柯达公司和 IBM 等是否能为了公共利益无限制地进行管理创新。既然这些公司资金雄厚的实验室有令人印象深刻的成绩，为什么它们不这样做呢？而且在 20 世纪 90 年代以前，像宝丽来、微软和苹果电脑这样的新公司一般都是为之前的大公司提供补充，而不是对其造成威胁。就连施乐公司——或许是战后时代最初的颠覆性公司——都没有在摄影方面与柯达公司竞争，也没有与 IBM 在计算机硬件方面竞争，尽管其同样拥有出色的研究人员。

最后，20 世纪的效率是精英主义的。正如塞缪尔·哈伯（Samuel Haber）、托马斯·C. 伦纳德（Thomas C. Leonard）和其他人所证明的，引导不那么具有洞察力的大众的想法，一直在眼光敏锐的少数派的头脑中萦绕，无论是在产业、政府还是在教育领域，都是如此。就连最敌视企业精英的人之一、经济学家索尔斯坦·凡勃伦也设想过建立一个由技术人员组成的新联盟，他们可以把国家的产出提高 3 倍到 12 倍。包括西奥多·罗斯福和伍德罗·威尔逊在内的主流政界人士都支持白人种族的优越性和优胜劣汰理论，并对最聪明的男性和女性的生育率下降和自杀感到担忧。[21]

大公司的效率信条并不是一成不变的。弗雷德里克·温斯洛·泰勒引入的对时间和动作的研究以及对工会的厌恶，在产业工程师弗兰克和莉莲·吉尔巴思（Lillian Gilbreth）的带领下变得更加友好与温和，后者因为按照效率理念管理家庭和养育子女而享誉全国。莉莲·吉尔巴思还赞助了一些关于座位对工人的健康和生产率影响的初步研究。家长式的“福利资本主义”公司，比如布法罗的拉金肥皂公司（直接向朋友和邻居出售商品的先驱，这一直销网络后来被雅芳和安利等公司进一步完善），以及代顿的国家出纳机公司，它们使健康和文化成为雇员生活的一部分。（位于布法罗的拉金肥皂公司行政大楼在 20 世纪 50 年代该公司倒闭后不幸被拆除，大楼里面有一个中庭、一个早期的空调系统。）对于少数几家领先的公司来说，效率成了一种生活方式。[22]

企业效率理念的最大变化出现在20世纪70年代末和80年代的玛格丽特·撒切尔和罗纳德·里根时期，当时的能源冲击、通胀和劳资纠纷对人们固有的商业理念构成了挑战。1966年，管理学大师彼得·德鲁克出版了《不连续的时代》。值得注意的是，他认为必须保留一些综合效率。全球商业环境变得更加多样化和多元化，“我们需要政府作为组织社会的核心机构。我们需要一个能够表达共同愿景并使每个组织能够做出自己最大贡献的机构”。[23]

作为温和的左派，哈佛大学经济学家约翰·肯尼斯·加尔布雷斯警告说，对公共产品的投资不足，但他也承认大公司（和工会）是技术进步和社会的必要因素。就连苏联也以自己的方式同意关于效率的许多理念是在资本主义制度下发展起来的。斯大林时期的苏联公开接受了亨利·福特的现代主义设想，从农业机械化到庞大的工厂，都是这一理念的反映。苏联的五年计划基于公认的福特生产方法的效率，斯大林本人也称赞美国的效率是“一种既不知道也不承认障碍的不屈不挠的力量”。歌颂集体农场的苏联电影制片人并不羞于让贴在拖拉机散热器上的福特标志清晰可见。在马克思列宁主义者看来，资本主义的矛盾注定会导致周期性危机和大规模失业。苏联的计划将实现技术效率的承诺并超越西方。苏联科技史学家斯拉瓦·格罗维奇（Slava Gerovitch）发现了1957年苏联科学院的一份机密报告，报告宣称：“用计算机进行统计和规划，就其效率而言，必须具有绝对特殊的意义。在大多数情况下，计算机将使决策速度提高数百倍，并避免目前参与这些活动的笨拙的官僚机构所造成的错误。”在勃列日涅夫时代，苏联规划者和计算机理论家认为，一个中央计划的国家网络——格罗维奇称之为“内部网络”——最终能够实现苏维埃国家的经济目标，即整个经济理性和谐地发展。[24]

1991 年的东欧剧变和苏联解体使整个世界为之震惊。像马格尼奥戈尔斯克这样的大型建筑群受到印第安纳州加里市的启发，类似美国钢铁公司的企业曾经是苏联体系的骄傲，现在却被认为在浪费能源和其他自然资源，而且效率低下。（1988 年入住苏联科学院莫斯科饭店时，我遇到了一位芬兰林业顾问，他前来帮助苏联进行产业改革；他提到苏联每公顷土地的产量只有他自己国家的 1/4。）[25]

但西方正在发生另一种转变。在 IBM 个人电脑开始改变办公室工作的 10 年后，随着这家拥有百年历史的公司面临危机和新商业帝国的出现，一种新型的资本主义效率正在形成。并不是说连续过程的效率被放弃了，它仍然存在，而且还让很多人发家致富，但在一直期待会出现“后工业时代”的西方，它已经失去了激情。相比之下，海外承包商可以从农村调集年轻人加入工业大军。

从 20 世纪 70 年代末到 90 年代初的这 20 来年是过渡时期，他们引入了高效组织的新模式，并采用了一些新的自我识别和贬义的名称：“里根主义”、“撒切尔主义”、“第三条道路”和（目前最受左派欢迎的）“新自由主义”。1945—1975 年是一个黄金时代。阿拉伯世界的石油危机和日本的崛起所制造的恐惧取代了广泛的乐观情绪。

一个重大变化是行政级别的减少。如今很少有人对等级制组织有好感。但我们必须提醒自己，在 19 世纪末和 20 世纪初，欧洲公务员的谨慎作风让一心想遏制任人唯亲和腐败的美国改革者羡慕不已。到了20世纪50年代末和60年代，这一切都发生了变化。在如小艾尔弗雷德·D.钱德勒（Alfred D. Chandler, Jr.）等一些商业史学家和理论家将多部门公司誉为技术理性的化身时，学术界和大众评论家却在嘲笑它的单一性、装配线的单调乏味以及中层管理者官僚化的思维方式。在20世纪70年代和80年代，当华尔街的企业家开始通过恶意收购和杠杆收购挑战管理层时，标志着一个新时代的到来，在这个时代，股价和股东价值的即时回报超过了旧式的企业政治家风范。德鲁克的《不连续的时代》中有几个章节涉及"管理""工会""政府""知识型工人"等主题，但没有提到股东或资本市场。

与行政扁平化密切相关的是股东价值理论的兴起。在一定程度上，由于私营和公共部门养老基金的增长，基金经理正受到机构投资者越来越多的审查，因为机构投资者希望为他们的客户带来最大的回报。质疑管理的孤立和自满，起初这似乎是一个进步的原因。具有讽刺意味的是，是新政自由主义者首先提出了这一想法。小阿道夫·A.伯勒（Adolf A. Berle, Jr.）和加迪纳·米恩斯（Gardiner Means）曾在20世纪30年代初警告说，控制公司决策但不拥有公司股份的专业管理阶层的影响力越来越大，现在是时候让投资者和所有者坚持自己的权利了。事实上，彼得·德鲁克在20世纪70年代就发明了"养老基金社会主义"这个短语，并在1976年出版了一本受到广泛好评的书《看不见的革命》。[26]

在"顺风顺水"的公司中，更多的高管直接向首席执行官报告，股票期权等激励措施在高管薪酬中的比重越来越大。结果令批评该公司的进步人士失望——薪酬变得更加不平等，然而，这类新公司似乎比以往任何时候都更有效率。[27]

20 世纪 60 年代末和 70 年代美国汽车行业陷入困境，催生了一场旧的效率理念的危机。受到苏联技术官僚推崇的福特胭脂河工厂位于密歇根州迪尔伯恩市，占地 2 000 英亩，在 20 世纪 30 年代达到顶峰时雇用了 10 万名工人。历史学家戴维 · L. 刘易斯（David L. Lewis）称之为“世界上最伟大的工业区”，“在纯粹的机械效率方面是无与伦比的”。虽然福特汽车总是从数千家小供应商那里购买零部件，但胭脂河工厂的理想是以直接购买铁矿石、煤炭、橡胶和其他原材料为起点，进而逐步整合这些原材料，这是受到当时的摄影师和艺术家赞美的一体化流程。尽管通用汽车公司旗下拥有“为每个钱包和每个目的”设计的多个品牌，而且对定制持友好态度，这似乎与福特的理念相反，但它仍遵循多级官僚机构的模式，甚至比 20 世纪 30 年代专制的家族式的福特更甚。通用汽车公司甚至收购了滚珠轴承制造商之类的供应商，而不是与它们保持一定距离。到 20 世纪 70 年代，外包取代了这种内包。正如管理学领域的历史学家詹姆斯 · 胡普斯（James Hoopes）观察到的，通用电气公司的杰克 · 韦尔奇能够（在他的顾问彼得 · 德鲁克的鼓励下）出售许多设备，因为更高效的计算机技术降低了交易成本。[28]

20 世纪七八十年代的全新模式不是来自通用电气，而是来自苹果电脑公司。与竞争对手 IBM 和迅速扩张的施乐不同，苹果保持着由设计人员、营销人员和策划人员组成的较小的核心，并将其许多其他职能外包。苹果的研究人员创造性地，甚至彻底地融合并修改了其他人的想法，但它几乎没有基础研究可与

IBM 的托马斯·J. 沃森研究中心或施乐传奇的帕洛阿尔托研究中心（PARC）的研究相提并论。苹果的理念在 20 世纪 80 年代被证明是正确的，当时施乐的个人电脑陷入停滞，苹果以消费者能接受的价格将其技术应用到麦金塔电脑上。

与此同时，高效的制造业本身陷入僵局。从未经历过大萧条的新一代年轻工人正在反抗管理层对生产速度前所未有的追求。“异化”从学术界渗透到流行文化中。现在看来，美国制造业的黄金时代被压力和疲劳所玷污。汽车行业后来出现医疗和养老金危机的一个原因是，那个时代的许多工人在合同中优先考虑的是提前退休的福利。[29]

伴随着新的高管薪酬模式，一种高效组织的新模式出现了，即韦尔所说的“工作场所裂痕”。组织的基本核心都是应急工作人员，临时业务往往外包，很少有工会，人员流动率很高。在 20 世纪 80 年代及以后的新公司环境中，管理层心目中理想员工的形象发生了改变。在弗雷德里克·温斯洛·泰勒和亨利·福特的主导下，员工会遵循由专业人士确定的固定程序，直到被提升为总监或退休。在新的灵活的企业里，员工需要对不断变化的政策做出迅速而富有创造性的反应。曾担任拉金公司高管的作家兼出版商阿尔伯特·哈伯德在其 1899 年出版的《致加西亚的信》中塑造了一个绝对服从公司的形象，这本书重印了 4 000 万册，被分发到从纽约中央铁路公司到美国陆军等机构的员工手里。这本小册子无处不在，反映了 1900 年左右各组织的效率学说。几乎在整整一个世纪后的 1998 年，一位名叫斯宾塞·约翰逊的医生出版了一本同样受到赞誉和厌恶的寓言——《谁动了我的奶酪？》。和之前要求一心一意遵照命令相比，这次新的看重灵活性的公司准备奖励那些适应能力强的人，他们不仅能应对变化而且能预见变化。维基百科援引消息人士的话说，《谁动了我的奶酪？》在出版的头 10 年里共售出 2 600 万册。批评者指责这些书都美化了服从，但两者是不同的。灵活的下属现在被描述为服从的不是某个人——将奖励忠实和热情服务的上司，而是服从于不可避免的技术和社会变革趋势，因为上司也会被迫追随这种趋势。实际上，到 20 世纪 90 年代，灵活的“学习型组织”——有时明显受到机体免疫系统的启发——在很大程度上取代了管理理论上的旧的稳定的准军事结构。[30]

正如灵活性取代了静态的等级制度，私有制侵蚀了贵族阶级在与竞争者和政府关系中的义务。冷战时期的企业——不仅是航空航天企业，还有像 AT&T 和 IBM 这样的科技巨头——与联邦政府关系密切。在某些方面，AT&T 和 IBM 是垄断企业，但它们通过对公共利益的姿态来对自己的地位做出补偿。正如乔恩·格特纳（Jon Gertner）在《思想工厂》一书中指出的，贝尔实验室以 2.5 万美元的相对低廉的费用向所有制造商发放了晶体管的特许经营权，而不是要求获得高额特许经营费。拉里·埃利森的甲骨文公司 2017 年的市值为 1 770 亿美元，其技术基于管理大型数据库的创新理念，这一理念是由 IBM 的计算机科学家埃德加·F. 科德（Edgar F. Codd）在 1970 年发表的一篇论文中提出的，从未获得过专利。这要付出高昂的机会成本，甲骨文公司的崛起对 IBM 的高管来说肯定是痛苦的，因为他们原本以为科德的突破是对他们现有产品的威胁，但他们选择了对此视而不见。[31]

1984 年 AT&T 和贝尔系统公司的解散表明，没有哪家公司会因为规模太大或太受尊重，而避免受到新来者的挑战。新效率的支柱之一已经确立，“镀金时代”的发财方式是把以前独立的石油生产商、钢铁厂和铁路公司合并成巨型组织，理由是通过规模来降低成本；现在，效率可能意味着在它们功能完全正常的情况下将它们分拆。科研投资不高和官僚作风较弱的、较精简的新竞争对手可能会提供压低以前优质服务和硬件的价格。以前默默无闻的中西部地区微波无线电企业家比尔·麦高恩（Bill McGowan）曾设法让美国政府支持他在1974年对AT&T提起反垄断诉讼，那次诉讼涉及贝尔系统公司大量的法律资源，这表明没有一个组织是安全的。[32]

新公司模式的一个必然结果是全球化。“镀金时代”的信托基金可能严重依赖外国资本，并在国际市场上出售，但它们几乎完全是由本国国民和永久移民经营的。如今，一家典型的美国大公司可能有80%的收入来自海外；如何对这一收入征税仍然是一个棘手的问题。正如商业记者丹尼尔·格罗斯（Daniel Gross）指出的那样，以“二战”前的标准来看，美国跨国公司的总部也是国际化的，“忘了影响政策吧，如今许多美国一流的首席执行官甚至不能在这里投票”。一些左翼批评者认为，新世界是一个超越阶级的世界，对彼此的忠诚超过了对同胞的忠诚。对这些国际化精英的怨恨对于唐纳德·特朗普在2016年总统大选中的获胜发挥了重要作用，但（与“胭脂河工厂”模式形成对比的是）许多关键行业对国际供应链的相互依赖可能会挫败经济民族主义。[33]

到20世纪90年代，管理理论学家开始修正长期以来对公司性质的假设。1989年，哈佛商学院经济学家迈克尔·C.詹森（Michael C.Jensen）预言了“上市公司的消亡”。在此前的10年中，他和其他学者培训了一代精英顾问和高管，让他们将回报股东视为企业的唯一目的，打破了平衡投资者利益与雇员、客户和公众利益的旧观念。詹森及其同事倡导的“代理人”理论已经赋予了企业常春藤盟校的血统，这些人可以把自己描绘成资产的高效再分配者和交易成本的敌人。如果高管对股东收入有真正的贡献，那么高管可以获得补偿，但这一承诺却从未实现其潜力。对于高管来说，有太多的方法可以用创造性的会计方式来操纵业绩，甚至在糟糕的年份，他们的薪酬也可以获得提高。正如坎贝尔定律所预言的那样，衡量利润的标准可能会被操纵，这使人们错误地认为应该衡量股东的长期利益。到 2014 年，有数百家公司使用非标准的会计方法来证明高管奖金的合理性。从长远来看，旨在减少高管与股东之间利益冲突的代理理论可能会增加这种冲突。[34]

第二次浪潮始于 20 世纪 90 年代的互联网繁荣。1995 年，《哈佛商业评论》里一篇由哈佛商学院教授克莱顿·克里斯坦森与哈佛大学约瑟夫·鲍尔（Joseph L.Bower）合著的论文中首创了“颠覆性创新”一词，由此开启了思考技术变革的新阶段。克里斯坦森的创新之处在于质疑传统的商业智慧，即倾听消费者的意见并满足他们提出的要求。新的革命性技术最初往往不如既定的技术高效。一开始，它吸引的不是现有用户，而是背景和需求各异的买家。克里斯坦森和鲍尔援引了计算机磁盘驱动器行业的例子。只有随着时间的推移和技术的进一步完善，计算机硬盘才能与传统产品竞争并最终主导行业，在这一行业中，老牌公司嘲笑最初降低存储容量的新型紧凑型硬盘，而正是这种硬盘最终使微型计算机和个人电脑行业成为可能。这可能不是最好的例子，该行业最初的制造商几乎没有存活下来的，但到 21 世纪初，希捷（鲍尔和克里斯坦森专门提到希捷）已经成为全球硬盘驱动器行业最主要、管理最完善的公司之一。然而，颠覆可能是实实在在的。自 20 世纪 90 年代中期以来，最引人注目的例子就是伊士曼柯达公司未能通过推广自己实验室开发的数字技术与其主要的胶片产品竞争。[35]

几乎在克里斯坦森的《创新者的窘境》出版的同一时间，一种新的商业模式也正在出现。平台模式开始挑战更早的“颠覆性”企业。在连续过程效率下，重点是物料的生产、零售分销和快速的货运。平台创业从 20 世纪 90 年代开始出现，它不是始于个人电脑，而是始于互联网和图形浏览器的普及。平台是一种基于网络的服务，为其他服务或交易提供框架。长期以来，经济学家一直认为，尽管存在种种开支和官僚作风，但公司是降低交易成本的必要机构。但是，如果技术能够匹配商品和服务的交换呢？这一想法似乎可以追溯到 1996 年出版的学术著作《隐形引擎：软件平台如何推动创新和产业转型》。平台公司可以结合委托销售、广告、信息经纪等功能。事实上它可能以职业介绍所或出租车公司的形式表现出来。它的吸引力在于，它将信息和服务集中起来，否则这些信息和服务都需要多方搜索。它可以将这些信息组织起来，形成消息和建议的信息流，并将用户的在线行为转化为可以出售给第三方的信息。对投资者来说最有用的是，它甚至可以诱使用户完成几乎所有的工作。平台公司可以自行制造、分销产品。微软、IBM，尤其是苹果仍在销售价值数十亿美元的硬件。但最大的增长空间出现在其他地方：从其他企业和个人那里获得收益，以提高交易效率。[36]

推动软件革命的不仅是众所周知的处理器速度和存储量的指数式增长。少数巧妙的想法减少了对硬件的需求，如纠错码（如果没有这一点，在线商务和通信就会崩溃）、数据压缩（使存储容量成倍增加）和公钥密码（使安全的互联网对话成为可能）之类的技术。这些想法使硬件的效率成倍增加，出色的算法可能相当于巨大的硬件及其强大的力量。它们基于以最快的方式解决问题的概念，这些想法可以用代码表达。以产品代码编号系统为例，它是电子商务的基础，也是 20 世纪 90 年代亚马逊网站迅速发展的基础之一。它是荷兰数学家雅各布斯·韦霍夫（Jacob Verhoeff）设计的，是一个在数字上添加额外数字的公式。这个数字本身没有任何意义，你可能会在这个数字之前看到一些代码，它被称为校验数字，只允许计算机程序通过处理一个复杂的公式来验证真实数字，从而得到个位数的答案。如果该数字与选中的数字不匹配（例如，由于客户错误地转换了两位数），就会出现错误通知。很少有人会想到如何生成和检查输入的数字。那是算法之美，遗憾之处在于，它让我们把数学产生的经济力量视为理所当然。[37]

我们都听说过亚马逊创始人杰夫·贝佐斯，但只有技术专家和历史学家听说过雅各布斯·韦霍夫。然而，当贝佐斯计划实施在线零售时，图书销售是一个自然的开端，因为就韦霍夫的算法而言，与其他商品类别相比，图书拥有标准化的产品条码。同样，直到最近，很少有人知道卡尔海因兹·勃兰登堡（Karlheinz Brandenburg）或其他德国和美国计算机科学家同行的名字。他们在 20 世纪 80 年代末和 90 年代开发的 MP3 和其他音乐压缩算法，使像史蒂夫·乔布斯的 iPod 之类的设备能够高效地进行数字存储。数字存储以令人震惊的方式破坏了音乐唱片产业，此前唱片产业以最低每张 16.98 美元的价格出售唱片，而其制造成本不到 1 美元。[38]

如果将互联网上远程计算机中的海量存储与高效的算法相结合，就可以使一种被称为大数据的新的定量分析成为可能。在幻灯片和打孔卡的时代，人们也曾感觉到被数据淹没，早期的商业教育在一定程度上是基于分析数据的技术。但是，存储和分析前所未有的记录的能力不仅仅只是连续过程时代统计思想的升级版本，它还使人们能够更准确地识别员工的生产率和利润以及客户的价值。迈克尔·刘易斯在畅销书《魔球》中暗示，任何经理都可以效仿奥克兰的总经理比利·比恩（Billy Beane），像他那样用更精密的衡量方法确定员工的潜在贡献。大数据的问题在于，竞争对手通常能够获得类似的数据集和算法，因此，竞争优势类似于会计师所说的递耗资产——随着时间的推移，工具、机器和其他东西会逐渐失去价值，而技术需要不断改进。平台公司积累了如此庞大的数据，以至于与运动员不同的是，它们很难失去领先位置。正如政治经济学家威廉·戴维斯（William Davies）所说，它们也有能力在没有公众监督的情况下关注并操纵公众情绪。19 世纪的数据统计在很大程度上是由一个公共机构完成的，21 世纪后的大数据统计正在成为一种专有工具。目前由于法官会优先考虑保密算法的结论，法院破坏了对刑事和民事司法所必需的有争议证据的竞争性辩护。[39]

反过来，大数据的基础是用户生成的信息。收集和录入数据是一项艰巨的工作，比如，在民意测验和焦点小组中就是如此。

平台效率的部分基础是鼓励客户在不付费的情况下创建数据，亚马逊的顾客评级系统是这一理念最有名的早期版本。更深刻的革命是谷歌的网页排名算法，与早期的搜索软件不同，它依赖于无数网站所有者选择的链接之间的关系。尤金·加菲尔德（Eugene Garfield）等信息科学家率先利用科学论文中的引文指出那些最有影响力，因而被认为质量和关注度最高的作品。谷歌的创始人、计算机科学研究生拉里·佩奇和谢尔盖·布林将这一理念扩展到了科学以外的整个互联网。我们将在第二章中看到这方面的更多情况。尽管存在公认的问题，而且需要不断修正算法以防受到操纵，但其搜索结果的相关性和质量依然很快超过了所有竞争对手。

这样做的一个必然结果是用户分类。19 世纪和 20 世纪初的系统化仍在试图建立一个单一的知识层次结构。21 世纪的读者，甚至一些专业图书馆员现在更关注标签，这些关键词可能是由外行读者提出的，而不是由分类专家制定的。例如，新泽西州普林斯顿大学公共图书馆仍然使用杜威十进制系统，但在从不同范围抽取的主题"单元"中放置非小说类书籍（如技术研究书籍）。

尽管来自社交媒体的信息越来越重要，而且人们担心脸书和推特成为默认的信息来源，但在控制数据激增方面，搜索作为一种信息习惯，似乎并没有让使用量下降。虽然谷歌没有公布每年的搜索量，但一个搜索行业网站将其声明解读为，仅 2012—2016 年，谷歌的搜索量就增长了 50% 以上，每年超过两万亿次，其中 15% 的关键词是之前从未搜索过的。社交媒体可能取代一些网站，但它们似乎也产生了更多的搜索。自 2012 年与人合写了一篇题为《追踪信息流向家庭》的论文后，通信学者 W. 拉塞尔·诺伊曼（W. Russell Neuman）和他的同事就一直在给这个领域的一项旧的特性赋予新的生命力。按照诺伊曼的说法，信息推送是指，在信息相对匮乏的时代，由有影响力的媒体进行信息传播；信息的吸引力在于用户按照偏好获得媒体产品（无论是通过搜索还是流媒体服务）。谷歌和其他现代搜索引擎使人们能够更主动地利用信息，明确地提出要求，而不是从数量有限的媒体上获取信息。[40]

信息拉取反过来又有助于实现平台效率的另一个决定性特征：个性化。工业时代的大众传媒按年龄、性别、地域和估计收入等特征将广泛的人口细分为不同类别的消费者。也有一些有特殊兴趣的群体被添加进邮寄名单，如关于仙人掌和多肉植物的书籍的狂热购买者等，尽管这些书价格昂贵，而且并不总是最新的。网络零售商和搜索引擎公司的大数据能够以更低的成本更准确地识别消费者品味和预测其行为。像谷歌和脸书这样的平台已经成为史上最赚钱的广告公司了。谷歌的用户会注意到，他们获得广告服务（不仅来自他们最初寻找的公司，也来自竞争对手）的频率之高，是任何印刷媒体或广播媒体都不可能与之媲美的。得益于这种力量，从 2005 年首次公开募股到 2016 年，谷歌的广告收入增长了 10 倍以上，从 63.7 亿美元增至 793.8 亿美元。[41]

对一些公司来说，平台提供了另一个战略机遇：非物质化。最初建立在实体产品分销基础上的技术公司，尤其是 IBM 和苹果，已经转向基于网络的服务。亚马逊现在从网络服务中获得的利润比从零售业务中获得的收益要高。[42]

在 1995 年之后的 10 年里，在经历了多次失败的开始之后，移动计算的惊人崛起使个性化服务和基于云技术的服务变得更受欢迎。在 iPhone 推出后，智能手机的普及速度是信息技术史上最快的一次。从 1976 年推出 Apple I 电脑到 2003 年，家庭购买个人电脑的比例增长到约 60%，这用了大约 25 年。而从 2007 年 iPhone 问世到 2015 年，智能手机仅用了 8 年时间就达到了这一普及率，且这段时间大部分处于历史性衰退中。（事实上，经济困难或许有助于推广这项技术，智能手机及其应用软件已经成为近 20% 的美国人，尤其是低收入群体和年轻人上网的主要途径。）因此，无论好坏，许多网络资源都针对个人的、移动的小型屏幕进行了优化，而不是主要面向办公室或家庭电脑显示器。社会科学家很快意识到了这一趋势的潜力。甚至在 iPhone 推出之前，心理学家谢里·特克尔（Sherry Turkle）就称这种新的移动信息潮流为“永远的，永远在你身上”。对平台公司和广告商来说，尽管消费者可以选择禁止泄露位置坐标，但基于实时定位来联系消费者的能力一直是他们追求的目标。[43]

平台是有史以来效率最高的商业企业类型之一，因为与其他类型的机构相比，它们需要的雇员要少得多，借助人工智能平台，甚至可以让公司结构变得更加扁平和精简。2015 年脸书的收入为 280 亿美元，员工只有 17 048 人。该公司同年的净收入为 100 亿美元，平均每名员工创造的收入超过 58.6 万美元。传统的 20 世纪科技公司 IBM 仍然以 119 亿美元的净收入略高于脸书，但 2017 年 IBM 有约 41.4 万名员工，每名员工创造的收入约为 2.87 万美元。尽管 IBM 的超级计算机“沃森”拥有强大的实力，但相较于向企业出售先进服务，利用算法从用户生成的数据中收集信息并对其进行分析以向消费者精准投放广告的利润要高得多。[44]

无处不在的计算技术利用了智能手机内置的全球定位系统，

创造了新的基于位置的效率类别。作为平台公司，优步、Lyft（来福车）和其他公司并不拥有出租车、豪华轿车，也不雇用司机。它们以超高效的中介身份出售其服务，通过跟踪位置并根据需求调整价格的算法来对客户和司机进行匹配。实际上，优步可以向大城市的客户保证：无论天气、交通条件如何，或是否有特殊情况，他们都可以在5分钟内以一定的价格乘车。因此，优步可能是消费者平台效率公司中最快取得成功的一家。研究过其运作方式的经济学家称，尽管人们对优步提出了许多反对意见，尤其是在欧洲，但它确实是高效的。对许多城市居民来说，即使乘车费用激增，也比买车、保养和支付保险更便宜。

无论人们如何看待优步公司及其针对自己的司机和竞争对手的政策伦理，至少它在匹配乘客和司机方面非常高效。根据经济学家史蒂文·莱维特（Steven Levitt）的一项研究（使用该公司的数据），至少在2017年年初，优步的费率（在许多地区低于成本）远远低于其客户愿意支付的价格。莱维特的合作者斯蒂芬·J. 杜布纳（Stephen J.Dubner）认为，2015年花费40亿美元购买优步公司服务的客户本来愿意多支付110亿美元，这为社会带来70亿美元的消费盈余，这是“经济学家的梦想”。受此类统计数据的鼓舞，私人投资者对平台经济的支持力度非常大，以至于2017年2月，优步公司的市值达到625亿美元，超过了福特汽车公司99亿美元的市值。尽管有人指控优步公司高管的行为不端，但该公司的市值在新首席执行官于2017年8月底上任时已增至近700亿美元。[45]

与许多较小的平台公司一样，优步的商业模式也部分基于美国劳工法和税法的含混不清。当一个人是公司雇员时，必须遵守最低工资法，并且雇主要缴纳税款和保险费，而当他是独立承包商时，他的权利和义务则往往并不清楚。软件可以使优步利用这种模糊性，将独立性（自由设定自己的时间并使用竞争性调度服务）与具有激励作用的竞争性调度服务相结合，该技术被称为“选择架构”。[46]

对于优步这样的服务，最常见的反对意见是，他们利用游说力量，通过改变监管规定，获得了相对于现有服务的不公平优势。提高价格是富人插队的另一种方式，但真正的问题可能在于，这根本不是一项根本性的创新，因此，对于创造一个更高效的社会没有多大帮助。比如，其鼓励了不必要的出行，而不是让司机和乘客的匹配更迅速。我们将在第四章中研究共享乘车程序的效果。

对平台效率的一个反对意见实际上是，它根本没有深远的颠覆性。最强烈的批评不是来自硅谷的进步派批评者，而是来自最认同颠覆思想的学者克莱顿·克里斯坦森本人。

克里斯坦森和他的同事德里克·范贝弗（Derek van Bever）以及布赖恩·梅祖埃（Bryan Mezue）最近区分了两种颠覆性：效率创新和创造市场的创新。后者是以更低的价格向更多人提供现有商品和服务。优步的目标不同，它的目标是以低于或高于传统公司收费的市场结算价格持续提供交通运输服务，而且它遵循的是效率模式。效率创新通常会减少就业。创造市场的创新会带来新的产品类别并创造就业机会。[47]

根据克里斯坦森、范贝弗和梅祖埃的分析，在 19 世纪 90 年代推出并一直沿用至今的自行车不仅比其中世纪的前代产品更快捷、更便宜，而且它重新定义并推广了一项新技术，将其在社会中的影响力扩大了几个量级。早期最受欢迎的自行车是所谓的"便士－法寻"自行车，在骑手下方有一个巨大的轮子，以及一个较小的尾轮。虽然轮子的大直径能将那个时代仍未铺柏油的道路的颠簸程度降至最低，但当轮子撞上障碍物时，它也有可能给向前倾的车手造成严重伤害。这种自行车实际上吸引了许多年轻和富有的男性冒险者，他们是最早的骑车人。在新的"安全"自行车中，菱形车架、充气轮胎和滚珠轴承的结合使骑行不仅更安全、更省钱、更舒适，而且实际上比以前的车型速度更快，从而受到了女性、中年人、老年人以及薪酬更高的产业工人和手工艺人的广泛青睐。在 1960 年的连续过程时代的晚期，另一项创造市场的创新是施乐 914 型复印机。这种复印机不仅能更好地替代湿法处理照片，而且有时能复制出比原版质量更好的复印件。它淘汰了爱迪生时代的油印机，并就此带来了历史上资本回报率最高的公司之一。（1960 年对施乐公司 1 万美元的投资到 1972 年增长到 100 万美元）。相比之下，除了通过智能手机运营外，优步或 Lyft 汽车与传统的黑车没什么两样。[48]

然而，当前的情况是，尽管更具挑战性的技术可能会使整个社会变得更高效（例如，改进蓄电池能简化可再生能源的使用过程，并扩大电动汽车的使用范围、提高其效率），但这些技术仍面临创新资金不足的窘境。冷战时期推动政府在基础研究方面持续投入的军事紧迫感已经减弱，气候变化成了一个党派问题。与电子网络和逻辑相比，物理和化学体系存在更多的挑战和限制。制造高效的设备可能需要多年表面上是浪费的实验。研究"二战"后美国喷气式发动机发展的历史学家菲利普·斯克兰顿（Philip Scranton）总结说，喷气式发动机的成功不是科学的项目管理，而是“非线性的、非理性的、不确定的、多边的、极富激情的技术和商业实践的结果。不是通过计划，而是通过坚持不懈的努力取得成功的。关键在于决心、对失败的某种漠不关心（这有助于保密）以及巨额的公共资金支出”。这一成功不仅使民用航空运输速度实现了飞跃，而且提高了可靠性。与依靠活塞式发动机的道路运输相比，每公里成本降低了。在 20 世纪 60 年代的爆炸式增长之前，施乐公司经历了漫长而艰难的初创期。在伊士曼柯达公司的阴影中，作为一家小型摄影用品公司，哈洛德公司（后来在突破静电复印技术应用后改名为施乐）进行了长达 20 年的研发，发明家切斯特·卡尔森（Chester Carlson）最终在 1938 年将干式照相专利转化为商业上成功的设备。碳粉在纸张上的高温定影可能会引起火灾，如果被复印的文件中有太多的零和字母 O，原版文件就会有着火的风险。该设备在 1960 年的一场大型贸易展会上就引发了一场小火灾，不过幸好没有被顾客注意到。即便是现在，最高效的锂离子电池也是一个潜在的危险。2016 年秋天，韩国电子巨头三星公司召回了几百万部旗舰产品 Note 7 智能手机，原因是两家不同的供应商的电池故障引发了数百起着火事故。高端电子产品的用户既需要紧凑的体积，也需要全天电量储备，但唯一可以满足这些要求的锂离子电池使用的是易燃电解质。正如《经济学人》所说：“一旦出了问题，就会着火……这是它们的自然属性。”[49]

因此，平台效率的第一个问题是，它带来的回报可能比创造市场的创新更快，这在很大程度上是因为算法能够以超过物理和化学创新的速度被测试，并被应用于更大的系统。现在，人工智能程序可以从经验中快速学习，人工智能不仅能在象棋和围棋这样的游戏中，而且在“无限制德州扑克”之类的竞赛中击败顶尖专业人士。卡耐基梅隆大学开发的人工智能程序击败了顶级扑克玩家，获得了180万美元的奖金。当然，软件和硬件的进步并非完全不同步，例如，锂电池需要复杂的程序控制才能安全运行，创造市场的创新的相对困难不大可能消失。这种差异有助于解释为什么在软件领域令人眼花缭乱的改进中，2008年经济衰退后的经济复苏速度要比20世纪的几次危机缓慢。[50]

平台效率的第二个问题发生在金融交易领域。新效率并没有减少金融所代表的社会管理费用，反而使管理费用进一步增加。20世纪90年代，《未来之路》[比尔·盖茨、内森·米赫尔沃尔德（Nathan Myhrvold）和彼得·林纳森（Peter Rinearson）于1995年出版]“硅谷宣言”的读者认为，他们期待着“无摩擦的商业”。事实上，对用户来说，亚马逊和其他领先的零售网站已经在很大程度上放弃了单纯的交易功能。亚马逊的Echo语音识别智能音箱的用户可以用该公司的Alexa系统下订单，而无须点击屏幕。微软、谷歌和苹果也推出了类似的电子语音助手。而那些高效的、愿意触碰某样东西的人，可以选择亚马逊公司支持Wi-Fi的设备，这种设备可以连接到家用电器上，用于即时订购相关品牌的易耗消费品，如洗衣机专用的洗涤剂等。微处理器巨头英特尔公司的研究人员在2009年预测，在未来，消费者也许会通过植入大脑的传感器接收到的想法下订单。虽然这家芯片制造商似乎在经济衰退期让这个项目悄然延后了，但它不太可能消失。[51]

不过，摩擦还是有办法避免的，至少能在一定程度上改进效率。亚马逊平台上有 200 万第三方商家，这些商家的商品与亚马逊自营的商品一起被展示。他们的一些订单是通过亚马逊的仓库配送完成的，其他订单则直接从卖家那里发货。供应商可能对相同的商品有不同的保修政策，消费者评级和收货时间也不同。此外，他们使用专门开发的软件来调整自己的价格，使之与亚马逊和非亚马逊供应商的价格相适应。在“动态定价”下，报价可以在不通知卖家的情况下自动更改。亚马逊使用一种复杂且秘密的算法在“购买框”中选择默认供应商，通过链接将商品添加到消费者的购物车中。这种算法不仅列出了获得订单的供应商之外的其他供应商，点击其他链接的客户还可以看到其他厂商。亚马逊的供应商使用特殊的软件来计算他们的价格，他们可能会设置一个更高或更低的价格。到目前为止，与通常最低价格、订购的便利性——亚马逊的界面设计得非常好——以及优享计划的交付速度相比，这些变化给用户带来的选择烦恼还不算大。来自亚马逊的竞争力有助于降低通胀，事实上亚马逊的销售利润微乎其微，（正如我们所提到的）它的真正利润来自它为其他公司和政府提供的网络服务。一个尚未解决的问题是，重大收购是否可能将亚马逊变成一家反竞争而非支持竞争的公司。[52]

只有当消费者愿意接受亚马逊的算法时，他们才能享受到该平台提供的充分的效率，而亚马逊的算法也正在与满意度各异的各种供应商的算法进行竞争。寻找最低价格的消费者可能不得不花更多的时间来考虑完整的清单并衡量供应商的声誉。令人印象深刻的 CamelCamelCamel.com 网站允许购买者查看亚马逊的历史价格，并在价格跌至预设水平时设置电子邮件通知，但这往往需要花更多时间来决定设置什么价格。它主要适用于昂贵的非必需产品，特别是消费类电子产品，它们会受到制造商季节性价格下调的影响。不管有没有此类价格追踪工具，最初作为一个简单而高效的购物系统的平台现在已经变成了一个复杂的系统，在这个系统中，最佳报价可能会突然出现或消失，这取决于竞争对手的算法和平台供应商对自己购物模式的监控。同样，在线旅游服务最初似乎通过比较最佳的酒店价格来简化决策，已有 kayak.com 之类的聚合平台出现，该聚合平台声称可以从其他预订网站上找到最优惠的报价。旅行预订平台的复杂性产生了意想不到的作用，曾经受到网络预订致命威胁的旅行社出现了复兴。[53]

在网络商品和服务网站以及社交媒体上对顾客评级进行评估也变得更加复杂。据《纽约时报》报道，将亚马逊用户评论与专业消费者组织报告以及转售价值进行比较的市场研究人员发现，用户评论对产品质量的评价并不可靠。2012 年，一位学术数据挖掘学者估计，网上的评论中有 1/3 是伪造的。一位出版社的工作人员靠在亚马逊上为自己出版的作品撰写评论，每个月能赚 2.8 万美元。我想在网上找一家附近的电脑维修店，但注意到一家被打了五星评论的维修店，其客户评论大同小异，这让人对客户的身份产生了疑问。比如，偶尔出现的温和批评会让客户评论看起来更真实，而且评论者也没有对任何其他类型的机构发表过意见。相反，对其他商品和服务的评论，尤其是对公寓出租方的评论，似乎都在致力于表达消费者的不满。更复杂的是，一些真正的在线书评家似乎对几乎所有事情都表现出真诚的积极态度。但核心问题是，评论受到了追随者效应和评级泡沫等社会倾向的影响。在产生真正积极的影响方面，虚假评论的影响力可能令人吃惊。[54]

不管评论是正面的还是负面的,都显示了坎贝尔定律的作用。这些评论的影响来源于发表评论者的行为，因此，有必要消除他们的偏见。社会学家和网站管理员创造了将真实评论与虚假评论区分开来的算法，但这些努力遇到了一个由来已久的问题。正如在文字和图片鉴别中一样，用于检测欺诈的工具可以被用来更巧妙地造假。最后，并不是说用户评论毫无用处，而是说用户评论的时间效率要比刚出现时低得多。经常需要花费大量的时间来阅读它们，并找到每种产品或服务的优劣之处。专业的书籍和产品测评者的确限制了消费者的信息获取,但如果你相信他们的判断,那么追随他们比试图去猜测大众的智慧更有效。[55]

目前还不清楚网络零售的平台经济是否比传统商店更有效率。有一种看似有道理的观点认为，与传统的实体购物相比，网购通过减少汽车出行来降低温室气体排放。理论上，在网上订购并送货上门的包裹会比多次外出购物产生的碳排放量更低。至少在 2012 年，亚马逊在其网站上的“网购效率”频道中声称自己提供“更绿色的购物体验”。实际上，算法效率的结果一旦开始与人类行为相互作用，就几乎无法对其进行衡量。努力减少碳足迹的确可以为人们节省出行里程和时间。但是，来自特拉华州的一项研究表明，其他人可能通过其他类型的活动，如娱乐来花掉自己节省的时间和里程。即时满足的效率还意味着更多商品被分装在不同的包装中运送给消费者,当这些商品被运送给零售商时,它们可能是被捆绑在一起的单独的盒装形式。正如电子库存控制使精益制造成为可能一样，一些消费者在智能手机应用软件的帮助下进行淘货，已经成为一种生活方式。一位傲慢的作家在文章中宣称:“未雨绸缪已经过时。”亚马逊大力推销收取年费的优享计划，许多产品可以在两天里免费送达，这鼓励了冲动购物。一种形式的高效——快速交付——与另一种形式的高效相抵触。在西尔斯百货公司提供商品目录的时代，消费者可以明显地注意到联合发货过程中的节约。虽然纸板行业一直是回收利用的领头羊，但由于网络购物的便利性，包装盒的销量一直在迅速增长，回收利用在运输方面也有其自身的环境成本。始于 20 世纪 90 年代的环保概念带来一系列悬而未决的问题，像亚马逊和微软这样的品牌也开始开设实体店。[56]

从零售业转向银行业和投资行业，我们会看到两件事。首先，按国内生产总值衡量，金融业在经济中所占的比重较低。当然，信用卡、网上银行、智能手机支付和其他创新，尤其是处理交易的成本下降，加上银行合并，预计都会减少金融所占的份额，正如种子、化肥和收割设备的改变减少了农业在国内生产总值中的份额一样。其次，随着评估新企业的更有效的财务手段的出现，以及科学期刊和杂志公布的不断涌现的创新，理论上，在 2008 年金融危机和经济衰退的复苏过程中，初创企业的数量应该增加。不幸的是，这种情况没有发生。

第一种预测是，社会金融服务成本会下降，但这一预测尚未实现。（我仅将其称为回顾性的预测，在 20 世纪 60 年代和 70 年代流行的未来主义书籍尽管对计算和自动化充满热情，但似乎对金融技术谈得并不多。）经济学家托马斯·菲利彭（Thomas Philippon）呼吁人们关注金融部门成本在国内生产总值中的比重日益增加的问题，他指出，金融部门成本现在大大高于 J.P. 摩根时期。在 1910 年左右，金融部门消耗了大约 4%

的国内生产总值。到 2014 年,这一比例增长了一倍多,达到 9%。其增长并不稳定，20 世纪 20 年代初期出现了上升，在大萧条和“二战”后初期则出现了下降，然后从 1970 年开始再次急剧上升。这种趋势与其他大规模采用新信息技术的行业，尤其是零售业的发展趋势形成了鲜明对比，在零售业中，扫描仪和精确的库存控制被广泛使用。菲利彭想知道为什么金融体系不能像沃尔玛那样变化，因为在采用新信息技术期间，零售和批发分销的成本均有所下降。[57]

金融业和零售业间的这种差异有两种解释。直接的原因是，金融机构一直在利用较低的信息处理成本以及算法的效率，通过进行更频繁的交易，以期获得更高的利润。菲利彭认为，2011 年市场上存在价值 700 万亿美元的衍生品，这是一种基于基础资产价格或其他金融数据的证券。自 1977 年以来，外汇交易量增长了 200 倍。没有证据表明交易量的增加会增强金融中介的经典目标：更准确的投资价格和更有效的风险管理。贸易机制可能并非造成 2008 年金融危机和经济衰退的罪魁祸首，但也并没有采取任何措施来阻止危机，经济衰退也没有改变效率低下的模式。《纽约时报》在 2016 年的报道中说，加拿大皇家银行的一项研究确定，一种证券在 12 个不同的市场上可能有多达 800 种价格。一位电子交易员抱怨说，“复杂程度已经达到了大多数市场参与者都不知道的程度。我们不是在寻找自然的买卖双方，而是在寻找中间商，并从复杂性中获益”。还有人感叹说，不可能知道订单执行的价格，金融系统的复杂性所要求的软件更新可能导致潜在的破坏性崩溃，就像奈特资本公司在 2012 年所经历的那样。新建立的 IEX 交易所声称,延迟一分钟将恢复交易的公平性,这将抵消采用最快算法的交易员的优势。但其他现有的 12 家交易所则表示反对，认为将 IEX 作为第 13 家得到承认的交易所只会使金融系统更加复杂，而不会给独立投资者带来好处。[58]

这样的改革建议，不管是否有效，都是一种目前尚未被完全理解的趋势的征兆。当前尚不清楚，银行及其他组织和个人为什么会如此积极地接受高频交易，或为什么“买入持有”策略不再受欢迎。像交易算法这样的技术创新很少能改变社会。必须有一种文化上的改变，这是一种对创新的潜在需求。伊士曼柯达公司和其他大公司拒绝为切斯特·卡尔森的静电复印技术专利提供资金，因为他们认为这个市场仅限于取代湿法工艺文件复制。他们没有意识到，如果价格能降到 10 美分或更低，会有更多人愿意复印文件。对这项新技术的抵制是理性的，在一项颠覆性技术的早期阶段，当它比传统技术效果更差、更昂贵时，接受它需要不寻常的想象力。同样，人们对高度复杂的自动化交易策略也有着潜在的需求，而这种策略只有在工具准备就绪后才能充分发挥作用。

是什么推动了这种文化变革？一种常见的解释将之称为“病态思维”。对华尔街持批评态度的进步派看到了贪婪和物质主义的泛滥，以及亿万富翁在所谓的“镀金时代”中重新抬头的傲慢态度。在美国和其他社会都不难发现极端的贪婪，但这并不算什么解释。正如菲利彭指出的，1910 年的资本家虽然对工人罢工进行无情镇压，但实际上在金融方面的开支远远少于他们现在的同行。另外，衍生品市场的许多参与者，包括彼得·德鲁克所说的“养老基金社会主义”——不是代表富豪而是代表公众和企业退休计划的参与者——在控制风险的同时，也在寻求尽可能高的回报，而这种行为有时会增加风险，危及回报。他们的一些客户可能是亿万富翁，但他们也在试图为自身的资金争取最好的交易。

我们大多数人至少间接地参与了算法驱动的市场。迄今为止，我们从电子效率的另一面获得了巨大的好处：指数基金保持着跟踪标准普尔 500 指数和威尔希尔 5000 指数等证券市场共同指标的投资组合。研究反复表明，没有哪个活跃的投资组合经理能够获得和指数同等的回报，部分原因是，从长远来看，没有哪个经理是一贯正确的，在没有交易佣金或高薪分析师的情况下，管理成本要低得多。总部设在宾夕法尼亚州的领航投资的创始人约翰·博格尔（John Bogle）一直走在指数基金编制的前列，在诺贝尔经济学奖得主保罗·萨缪尔森的鼓励下，领航投资于 1976 年引入了指数基金。在领航投资的博客上，该公司的一名分析人士称这个概念是"效率的怪物"，理由是过去 40 年来管理费用不断减少。在他看来，编制指数可能是扭转菲利彭所强调的金融管理费用增长的最佳机会。但是，随着编制指数继续变得越来越受欢迎，它也变得越来越重要，管理着超过 30% 的股票和债券，从而可以影响市场。标准普尔 500 指数等所包含的企业，其与业绩相关的估值高于不在该指数中的同行业的企业。因此，如果指数基金和机器人交易管理的资产比例上升，那么它们的规模可能会以意想不到的方式影响市场。事实上，一些批评者已经警告说，通过以效率的名义减少活跃分析师的数量，指数投资正在危及有关公司前景的信息质量，而这些信息正是证券价格应该提供的。[59]

少数经济学家和管理学家一直在研究算法驱动的市场背后的价值观。他们看到了经济态势的深刻转变，这种转变可能难以捉摸，因为它反映的是假设，而不是意识形态。保罗·H. 登宾斯基（Paul H. Dembinski）认为，20 世纪的两种趋势是他所说的金融化崛起的背后原因。这不仅意味着金融服务业的发展，而且还意味着将金融衡量标准视为社会成功的关键指标。他认为，金融化背后有两股现代力量。一是“效率精神”，即生产率是商品的最终衡量标准。二是风险管理，即通过可接受的成本和限制可能损失的手段来保护金融资产的制度。现代投资组合理论将效率和风险管理统一起来，经济学家哈里·马尔科维茨（Harry Markowitz）在 1990 年获得了诺贝尔经济学奖。在那一年之前，现代网络计算刚刚兴起，登宾斯基认为，马尔科维茨等人帮助创造了一种新的经济行为主体，他们关注的不是农业或制造业，而是在不确定的情况下“暂时闲置的流动性储蓄”的优化配置。(正如马尔科维茨在 1990 年所说的）“足够的计算机和数据库资源”通常只提供给机构。效率理论意味着，受托机构控制上市公司的股票，不管对公司员工、客户或社区的长期影响如何，它们都有义务支持管理层进行改革，增加股东的资产。[60]

与此同时，经济学家杰拉尔德·F. 戴维斯（Gerald F. Davis）认为，金融业的兴起无异于美国自身以及商业机构的一场转型。虽然他没有用“金融化”这个词，但与登宾斯基一样，他也认为金融行业的霸权是经济的驱动力。这种转型超越了服务经济的增长，而服务经济的增长是随着工业生产力不断降低制成品成本、增加可支配收入而产生的。金融业的兴起与一种新的方式有关，这种方式将生活视为一种投资组合，不仅是对常规金融资产，而且是对人格和人际关系：我们受的教育和拥有的能力是“人力资本”，我们的家庭成员和朋友网络则是“社会资本”。正如戴维斯所描述的，在“投资组合社会”中，人们可能对银行和共同基金公司等中介机构为他们托管的基础资产知之甚少,甚至一无所知。由于个人电脑和网络的高效率,个人可以通过调查信用卡对账单和抵押贷款余额,对其银行账户和证券中的所有资产和负债一目了然。事实上,只要有无线网络或手机服务,这些信息就可以下载并以图形方式显示。我们可以套用笛卡儿的话说,“我监控和交易,故我在”。[61]

对生活管理工具的宣传掩盖了个人财务状况令人震惊的一面。根据 2017 年年初公布的一项调查,各个年龄段的大多数美国人都生活在“月光”的状态下。63% 的美国家庭,甚至包括大多数年收入超过 7.5 万美元的美国家庭,都缺乏应对紧急情况的 500 美元现金储备。虽然有一些鼓励储蓄的应用程序,但可能是大量金融信息的净效应给了我们一切尽在掌握的错觉。[62]

金融化的最后一道防线来自硅谷的传奇。对于表现欠佳的公司及其高管来说,金融化可能是严酷的,但它为变革性的新企业调动了资本,并且鼓励挑战老牌企业的创新者。事实上,高科技创业在 2008 年经济衰退期间和之后都在蓬勃发展。正如经济和技术作家詹姆斯·苏罗维耶茨基(James Surowiecki)报道的,从 2007 年到 2012 年,硅谷获得投资者支持的初创公司数量翻了一番,从 2010 年到 2015 年,风险投资总额达到 2 380 亿美元,这在一定程度上归功于新的技术工具。不过,有迹象表明,初创企业的黄金时代已经结束。在网络时代早期,个人和小型合伙企业似乎可以与大公司竞争。事实上,许多公司可以加入竞争,因为大公司采用新系统需要更长时间。20 年后,竞争优势似乎又回到了大企业那里。在大公司工作的美国人数量一直在增加,而不是减少。在社交媒体等平台企业中,集中度尤为明显。麻省理工学院经济学家最近的一项研究表明，虽然初创科技公司的数量比以往任何时候都多，但在最近启动的项目中，取得成功的初创公司则较少。在社交媒体上，即便是此前拥有精英用户群的领英网，也几乎是迫于股价下跌而不得不在2016年被微软收购。尽管推特有自己出色的用户画像以及可能在2016年美国总统大选结果中发挥了决定性作用，但其股价依旧长期疲软。也许在争夺网络关注度的斗争中，每个领域都只会留下一个盈利平台。（搜索引擎必应是个例外，它虽然仍被谷歌公司压制，但却是微软公司的利润来源之一。）[63]

规模与效率并不冲突。规模可能不利于平等，不利于民主，但在连续过程时代，它往往会创造真正的规模经济。研究表明，今天的大公司不太可能把研究投入基础性创新中，而更可能把重点放在改进现有技术上。但是，通过高效和合理地利用资源，它们也可能跳过了使技术更加高效而必经的导致效率低下的过程。

有时，知识产权实际上是免费的，正如我们看到的贝尔实验室的晶体管和IBM的关系数据库概念，这些组织往往具有慷慨的公共精神。壳牌石油公司在20世纪70年代中期决定出版《北美和中美洲地层学地图集》时，授权普林斯顿大学出版社免费使用本来可以获利丰厚的版权。能源繁荣时代的壳牌公司高管看重的是学术上的信誉（当时该行业正在争夺地球科学专业的毕业生），而不是额外的利润。壳牌公司所要求的一切——而且很容易就能被批准——体现在低价的装订版地图集中。在硅谷的崛起中，主导行业的不一定是理论和纯粹研究的先驱，而是他们所在行业反应敏捷的快速追随者。施乐公司开发了图形化个人电脑界面和鼠标，但无法以可接受的价格开发操作系统，苹果的麦金塔系统则用施乐公司的技术改变了电脑的使用方式。更糟糕的是，施乐公司 20 世纪 70 年代的高管都是像福特汽车公司的罗伯特·麦克纳马拉那样大幅削减成本的高手，而不是像约瑟夫·C. 威尔逊（Joseph C. Wilson）这样的有远见的企业家，后者在柯达的阴影下改变了施乐这家默默无闻的家族企业后于 1966 年退休。[64]

一些经济学家认为，即便有充足的资金用于创造市场的根本创新，这种情况现在也很少见了。在过去的 200 年里，从连续过程的工业化时代到平台的后工业化时代，我们发明了所有的基本要素，而且已经达到了收益递减的临界点。正如我们所看到的，罗伯特·J. 戈登（Robert J. Gordon）和泰勒·科恩（Tyler Cowen）等经济学家最喜欢的比喻是“我们已经收获了唾手可得的果实”。军事技术史学家戴维·埃德格顿（David Edgerton）已经证明，如今的很多技术是对旧观念的改进。甚至电动汽车也是基于已有 25 年历史的锂电池原理，大多数改进都出现在软件控制方面。技术分析师帕斯卡尔·扎卡里（G. Pascal Zachary）曾哀叹，与人们的普遍印象相反，“停滞的幽灵笼罩在世界创新者的头上。低垂的果实在数字电子、生物医学装置或太空技术等重要领域是看不到的”。与这一观点相反的是其他经济史学家的乐观态度，尤其是乔尔·莫基尔（Joel Mokyr）。他认为，虽然果实可能更高，但改进的仪器让我们建造了更高的梯子。[65]

与以前的技术相比，谷歌、脸书和亚马逊等平台可以更快捷、更便宜地完成很多事情，但它们的效率并没有像基于新原理的电池或微芯片那样提高整个社会的效率。然而，世界上现有的金融机构似乎并没有收获莫基尔所说的高梯上摘下的果实。

效率的矛盾之处在于，向更高效率迈进可能是一种浪费。一系列管理原则承诺削减成本和减少开销，从而在短期内增加利润和股东价值。然而，在具有创新文化的企业中，这种战略可能威胁长期增长。一个著名的实验是，3M 公司实施了名为“六西格玛”的程序，该公司的产品以从 20 世纪 30 年代的玻璃胶带纸到 20 世纪 80 年代的自粘便笺而闻名。便笺的发明者，后来成为 3M“公关大使”的杰夫·尼科尔森（Geoff Nicholson）认为，在 3M 及其他地方寻找可预见的有利可图的创新的努力是失败的。“‘六西格玛’程序扼杀了 3M 的创新，”他对科技网站 Zdnet.com 说，“最初的情况是，在‘六西格玛’程序中，员工需要一个 5 年的商业计划。我们不知道它是如何运作的，我们不知道有多少顾客（会接受它），我们还没有把它拿出来给顾客。”[66]

硅谷议程的前沿不是工业过程或商业决策，而是家用电器将在物联网中进行交流。对这些计划最有名的保留意见来自安全专家，他们正确地观察到，如果连政府机构的网站（包括中情局本身，其机密已被反复泄露给维基解密）和大公司的网站都出人意料的不安全，那么破解家用技术可能更容易。这意味着，电子通信所节省的时间中的大部分都将被安全软件的监测和更新所消耗。由于物联网还将整合众多厂商的产品和软件，因此，解决不可避免的冲突和沟通不畅对家庭来说也将是挑战，这些问题很可能随着接入产品数量的增加而大幅增加。

具有讽刺意味的是，在最新和最家庭化的应用场景中，效率运动根本不是聚焦于资源优化，而是通过更复杂的网络连接恒温器和基于应用程序的电灯开关在理论上节省能源。这些目标都是很脆弱的，《纽约时报》记者尼克·比尔顿（Nick Bilton）在

2016 年 1 月的报道中说，他家先进的恒温器软件发生的未被确诊的故障，导致电池迅速耗尽，继而使他家中温度降到 64 华氏度（约 17.8 摄氏度）。他接着说，这样的故障不仅会导致体感不适，还会导致管道爆裂和设备严重损坏。硅谷的使用条款也使弥补损失变得比老式机电设备失灵时困难得多。在一个相互依赖、信息共享的系统中，一个故障可能很容易发生，进而导致其他一连串的故障。这可能导致悲剧性的而不是有趣的结果。研究人员发现，就连看似无害的应用程序控制的 LED 灯泡也能让黑客控制整个家庭的照明，并打开闪光灯和其他效果。物联网的拥趸可能会反对说，有办法保护家用网络免遭黑客攻击，但为了节省起床调整灯光的时间而花费时间调整网络设置的效率并不高。事实上，这可能适得其反，因为在久坐不动的工作中，如果经常受到短暂干扰的话，我们会更健康、更警觉。许多桌面程序和移动应用程序被设计用来鼓励站立和走动。[67]

许多专家和记者都认为，物联网是最新的网络形式对效率追求的终极体现。虽然它确实在很大程度上为商品化程度较高的家电行业提供了一个参与电子产品计划报废和溢价的机会，但它也令人遗憾地表明，复杂性掩盖了技术上的死胡同。硅谷高管很可能会喜欢回到这个世界，这是他们在工作中处理的网络管理问题的延伸，就像手表收藏家喜欢昂贵且可以看到的复杂功能（如天文表和月相表）一样，他们不太可能使用这些功能，但家庭恒温器的插曲说明了为什么许多消费者可能会三思而后行。

现在需要的是产品和服务，这些产品和服务不仅有助于更顺利地完成现有的工作，而且能像施乐复印机那样扩展我们的能力。

要做到这一点，我们必须认识到，基础创新效率低下，需要一种“六西格玛”程序和其他系统无法模拟的直觉和决心。经济学家艾伯特·O. 赫希曼（Albert O. Hirschman）对发展项目进行了反思，他把亚当·斯密关于市场这只“看不见的手”的想法与新企业的“隐藏之手”相结合。如果人们事先就知道最大的项目将面临的障碍，那么也许就不会去尝试了。赫希曼援引马丁·路德的话说，如果上帝向他透露了教会改革所必须经历的一切，那么他永远不会动手。我们通过夸大未来的好处来激励自己，赫希曼还引用了波兰哲学家莱谢克·科拉科夫斯基（Leszek Kolakowski）的比喻，即一辆大篷车受到前方海市蜃楼的吸引，从一个水坑驶向另一个水坑，痛苦地穿过沙漠。没有人比美国人更容易受到这种心态的影响。事实上，自欺欺人、低估风险和高估利润——而不是遵照严格的理性——才是美国社会扩张的真正驱动力。探险时代的许多航行——西班牙人、葡萄牙人、法国人和英国人是借助地图和简单的仪器完成的，但以今天的标准来看，这些航行有严重不足，而且他们往往对原住民知之甚少。如果真正的风险是已知的，那么仍然会有一些大胆的冒险者，但未必会吸引同样乐观的投资者。

我们熟悉的淘金潮中采矿者的成功率及其惨淡，总的来说，采矿者是受到了“看不见的手”的祝福或诅咒。历史人类学家安东尼·F.C. 华莱士（Anthony F. C. Wallace）在分析 19 世纪宾夕法尼亚州一批无烟煤矿山的高灾害率后发现，企业家系统性地低估了火灾、爆炸和洪水的发生频率。消息人士表示，投资者认为自己与其说是精于算计的逐利者，不如说是业界的英雄。尽管受伤率惊人，但矿工（独立雇工）也为遇到危险还能生还而自豪。

19 世纪和 20 世纪初的伟大工程面临一个又一个无法预见的障碍，遭遇了引人注目的失败。例如，法国最著名的工程师费迪南德·德莱塞普斯（Ferdinand de Lesseps）主导的巴拿马运河项目宣告失败。美国运河项目的成功则克服了几乎无法估量的障碍。我们已经注意到，喷气发动机在安全和经济方面取得胜利之前，其发展也一度面临着极高的风险。在从最初开发静电复印技术专利到引进一种安全和经济的办公机器的 20 年中，施乐的经历近乎于一场灾难。就连在太空计划中，从最初的阿波罗任务到最新的载人火星飞行计划，都显示出“看不见的手”的影响。想想太空飞行任务中令人震惊的 4%的死亡率，这可能是没有完全预料到的危险。至少有一名前宇航员里克·豪克（Rick Hauck）已经承认，如果他知道其中的风险，他绝不会参与该计划。效率学说使我们的决策更加理性，也限制了我们的抱负。[68]

硅谷中最受欢迎的成功案例不是用历史和市场数据以及算法，对风险和回报进行理性计算的，而是凭借直觉的自信做出决策。比尔·盖茨、保罗·艾伦和马克·扎克伯格都辍学了，但数据明确表明，拿到本科学位通常是有必要的。每个人都有正确的直觉，没有可靠的数据支持，那就很难估量时不我待的机会最终是好还是坏。当拿到工程学学位的杰夫·贝佐斯还是量化对冲基金管理领域的年轻明星经理人时，他也知道，严格说来，这种理性的可能性与他的互联网商业计划背道而驰。他辞职的原因是，不管发生了什么，他都不想让自己后悔没有抓住机会——他把这种分析称为“遗憾最小化框架”。贝佐斯的前雇主、计算机科学教授戴维·肖（David Shaw）采取了严格的基于数据的理性态度，让他的门徒离开。[69]

无论是左翼的再分配主义，还是硅谷的市场驱动学说，都无法让我们超越平台效率。正如罗伯特·戈登等人所认为的，我们确实有可能耗尽了技术真正的低成本红利，计算机能力将停滞不前。但我们不能假设这一定会发生。要说我们应该回归19世纪那种常常非理性的冒险也是不够的，因为这种冒险要付出我们现在认为人类生命和资本都不可接受的代价。我们需要认清“看不见的手”，找出能够对真正创新的低效过程风险的补偿方式。

第二章　信息爆炸的初衷落空

如何衡量精英科学对民粹主义文化的赋能

平台经济在20世纪90年代和21世纪初逐步成形，其影响慢慢显现出来。亚马逊最初只是一家在线零售商，其网络服务云平台直到2002年才推出；1999年成立的Napster是第一家提供点对点音乐共享的服务商。20世纪90年代初，《不列颠百科全书》的销售团队仍然很强大，但他们真正的竞争对手不是在线信息服务，而是微软公司制作的光盘式《芬克与瓦格纳尔斯百科全书》，它的另一个名字是“微软百科全书”。信息经济在当时仍然只是一种零敲碎打的实物产品。就连旅行者公司这种技术先驱制作的多媒体教育光盘也无法在网上获得，而且在旅行者公司消失多年后，网上仍然没有相关内容。卡尔·夏皮罗（Carl Shapiro）和哈尔·R. 瓦里安（Hal R. Varian）在1999年为商界人士撰写的关于网络经济学的开拓性分析报告几乎没有提到音乐文件共享、搜索或社交网络。硬件的改善、互联网连接速度的加快、苹果的iTunes数字音乐授权平台的建立以及2005年后移动信息设备的兴起，使真正的平台信息经济成为可能。[1]

历史学家通常对“史无前例的变革”这种说法持怀疑态度，但从 20 世纪 90 年代中期开始的 20 年正是这样的时期。1989 年的世界展现出了严重的不连贯性，当时已经是个人电脑和苹果电脑推出 10 年之后，而印刷版的《不列颠百科全书》依旧畅销，达到了销售的顶峰，到 2012 年，情况发生了变化，《不列颠百科全书》停止发行纸质版，通过互联网获取文本和图片的效率似乎很早就预示了实体媒介将彻底消失。

没有什么比搜索引擎的兴起更令人吃惊的了。2002 年 2 月，我参加了由国会图书馆赞助的在加利福尼亚一个度假胜地举办的情景规划研讨会，研讨的主题是“想象未来的可能性”。其中一个悬而未决的问题是，对获取在线记录至关重要的谷歌来说将如何自我完善和发展。我记得有一位与会者提出，联邦政府需要接管谷歌，以使其成为一种全国性的资源。听到这时，我们谁也没有笑，也没有人知道当时这家羽翼未丰的公司即将成为历史上最成功的广告公司。仅仅过了两年，谷歌公司的年利润猛增至 2.86 亿美元，2004 年的首次公开募股使其市值达到了 230 亿美元。[2]

2010 年，我们在第一章提到的拉塞尔·诺伊曼和他在密歇根大学的学生用知识史学家忽视的方式对信息供需的变化进行了量化研究。他们调查了 1960 年美国家庭平均可获得的报纸、杂志、书籍以及电视和无线电频道，并估计一个典型美国家庭每年获取信息的时间不到 100 个小时，这是（将平均阅读速度考虑在内）他们实际上观看、收听或阅读的时间。（诺伊曼研究的是电台、电视台、杂志、报纸以及最近出版的普通图书，而不涵盖公共或学术图书馆的资源。）针对类似的家庭，诺伊曼的研究团队还调查了他们在 2005 年所有可获得的数字和常规信息来源，得出的结论是，家庭信息消费时间已经超过 2 900 小时，这似乎就是几十年前许多未来主义者所感知和预测到的信息爆炸。[3]

诺伊曼和他的合作者并不赞成许多媒体预言家和批评家得出的推论，即公众因信息超载而受到压制，甚至感到惊慌失措。诺伊曼主张，信息选择要和人的行为相适应，实现从被动接受到主动汲取的转变。连续过程时代的传统信息体制向消费者提供了数量有限的产品，往往只有电视有线和无线频道、书店和图书馆中的印刷版书籍和录制音乐，以及最多再加上几份地方报纸和全国性综合杂志。这种局限性的积极方面是能塑造出共同的温和观点，少数值得信任的电视网络主持人和报纸专栏作家代表了这种思维方式，而对激进的保守主义思想传播不利。根据研究，尽管信息源发生了巨大变化，但平台时代似乎没有几个人感到不知所措，因为人们发展出了一种新的信息消费方式。这种新方式不是跟踪相对较少的信息来源，而是人们会更倾向于找出那些与朋友和同事推荐的信息有关的来源。

随着互联网的发展，一种美好的自由主义精神出现了。由于不少人相信只需坚守自己的想法就能发财，拥有一个激进的观点对实现目标是有帮助的。作为硅谷文化的旗舰——《连线》充斥着各种广告。其创始执行主编凯文·凯利将他的著作《失控》免费发布在网络上，同时印刷版本的销售情况也不错。10 年来，许多报纸和杂志出版商似乎都实现了两全其美，作为新收入来源的在线广告会抵消印刷广告的减少。全国性的出版物可以为广告商提供他们想要的富裕的受过良好教育的受众，“内容为王”成了经常被提到的口头禅。由于期刊读者习惯了广告，所以网页上出现所谓的横幅广告并没有造成额外干扰，至少在出现更多侵入式弹窗广告之前是这样的。

尽管如此，包括小企业网站和个人网站在内的免费网站的激增还是改变了人们获取信息的习惯。在诺伊曼及其同事记录的信息丰富的新兴时代，选择要访问的网站——主动获取信息而不是推送——是一项挑战。于是两种互补的服务出现了：门户网站和搜索引擎。像雅虎、美国在线这样编排和列出网络资源的网站，通常会雇用专业人员来挑选他们认为用户最感兴趣的网站。当搜索成本很高时，训练有素的专业人士会将查询转化为严密的论据，以获得精确的结果。其中一些人拥有图书馆和信息科学的学位，其他一些人拥有类似的经验。随着误导性甚至欺骗性网站的涌现，这些指南只选择最真实的网站。但在20世纪90年代中期，专业人员人工指导的概念似乎已经过时了。雅虎错误地承认了这种情况，又造就了一个等级森严的主观魔咒。[4]

这种策略在20世纪90年代后期吸引了数百万用户，但却存在致命问题。新网站和网页出现的速度比专业人士评估的进度要快得多。其中一些网站和网页业已消失或重命名，门户网站管理者的分类方案饱受争议。比如，弥赛亚犹太教应该根据自我认同和许多信徒的起源被归为犹太教，还是根据其福音派神学被归为基督教？专业人士无法避免耗费大量时间处理这类宗教、种族和政治争议，而这些争议的处理结果很难让各方都感到满意。

此外，分类只是用户期望的一部分。他们希望在网上搜索到特定信息。新平台公司必须成为参考资料的图书馆员和信息采集者。由于早期搜索软件的局限性，要做到这一点很难。大多数网站的所有者允许被称为“爬虫”的软件程序检查其页面并构建索引，让用户能够发现与其搜索匹配的页面。如果用户正在寻找一些不寻常的东西，如关于稀有物种的论文，这可能会很好用。但寻找一个常见的表达方式就不是那么容易了，如搜索一个名人的名字。搜索软件没有按质量对网页进行排名的有效方法。按照相关性进行搜索时，平台会根据关键词出现的频率列出页面，但据坎贝尔定律，博弈测量系统的尝试无处不在，网站所有者可以通过包含数百个隐藏的副本来提高自己被列出的概率。

像阿尔塔维斯塔这样没有经验的早期搜索引擎用户曾遇到过早期程序员准则中所说的行为："电脑不会做你想让它做的事情。它只会按照你的指令行事。"搜索引擎尽职尽责地显示搜索结果，因为它们无法推断出用户真正想要什么。例如，它们不善于寻找同义词。如果不使用"节食"这个词的话，那么搜索结果中可能不会出现关于减肥的重要文章。这对开放网络的外行用户来说是一件恼人的事，但对使用数据库的专业人士来说却是一个机会。在许多早期数据库中，熟练的图书馆专家必须与学者和科学家合作，编写一系列包括或排除在外的词汇——有时由于彼此接近而受到进一步的限制——以尽量减少查询目录的时间。直到 20 世纪 90 年代后期，图书馆才开始允许注册用户免费研究数据库，其中许多数据库按主题和关键词编制了专业索引。因此，开放网络的低效仍然是注定的。[5]

哲学家和技术评论家戴维·温伯格（David Weinberger）指出了雅虎和其他门户网站所面临的核心问题。从中世纪到 20 世纪的大部分时间里，文化当局试图建立分类制度，将人类知识按顺序分类。美国图书馆专业的创始人、开发了现代档案卡的企业家梅尔维尔·杜威（Melvil Dewey）建立了一个数字序列，尽管温伯格指出了包括欧洲宗教中心主义和关注超自然现象在内的一些陈年偏见，但这个数字序列到现在仍然适用。例如，我所在的地方公共图书馆的电脑书籍就按照这一序列很好地分类放置。但随着书名数量以及跨学科和混合学科的激增，自上而下的模式变得越来越无效。特别是网络是由无视任何单一秩序的前向和后向的链接链组织起来的。一本书、一篇文章或一幅图片可能含有几十个关键字或用户提供的标签。温伯格对传统标签的攻击或许有些夸大其词，但仍然是直指目标：一切都越来越错综复杂。[6]

在20世纪90年代末，似乎没有人预言到这一瓶颈会得到解决，技术史学家托马斯·P. 休斯（Thomas P. Hughes）就曾借用军事术语，把这类问题称作“逆向突进”问题，将其作为效率提高前沿的阻力。即便是乐观的未来主义者，也不总是抱有完美解决问题的预期，就像晶体管能克服真空管技术的耗电量、热量和失效等问题一样。伟大的科幻小说作家阿瑟·C. 克拉克（Arthur C. Clarke）也被阻止为他所描述的未来通信卫星申请专利，因为真空管烧坏的速度太快了，需要宇航员来替换它们。谷歌的网页排名算法是一项比较激进的创新，在不需要任何新型硬件的情况下，它逐渐解决了搜索中老生常谈的问题，给人们或多或少提供了他们想要的内容，而不是他们要求得到的内容。[7]

网页排名只是谷歌不断变化的秘密算法的一部分。透明度有其固有的局限性，如果这些细节像谷歌开源的安卓软件那样为人所知晓和了解，那么它们将更容易被人利用。虽然专利方程式的技术性极强，但回过头来看，其原理（与许多其他深层观点一样）

是显而易见的。不是主要依靠专业人员（即便是现在，他们在谷歌依旧能发挥作用）来选择网站，而是靠谷歌的算法来计算网站之间的关联。网页排名采取的是一种平民主义的方法，这种方法矛盾地根植于科学书目的有组织的精英主义之中。在 20 世纪 50 年代中期，拥有化学和图书馆学学位的尤金·加菲尔德启动了一项追踪科学、工程学和医学（以及后来的一些社会科学和人文）期刊参考文献的服务。订阅科学引文索引的读者可以查找每篇论文被其他论文引用的频率，以及被谁引用的频率。与要求专家根据自己的主观判断给同行排名相比，重视学术的院长和行业雇主可以看到哪些论文被认为具有重要意义，可以被其他论文所引用，尤其是能看出被引用次数最多的作者包括哪些人。因此，研究界一直在间接地对彼此进行排名。参考文献服务还在书写自己的历史，记录研究人员之间的联系，并帮助他们随着期刊数量的不断增加而深入了解自己的领域，如确定每一篇引用自己或同事的作品的论文。[8]

引文索引作为参考书目的一部分，受到了人们的好评。引文索引目前是论文质量的衡量标准，但其一开始曾遭到批评，学者认为其无法很好地替代诸如评议信件等传统的定性手段。我记得 20 世纪 80 年代在一家中餐馆与一位前数学教授共进午餐时，他对这个概念非常愤怒。他宣称要给加菲尔德博士写一封抗议书，但我不确定他是否写过。作为一名科学书籍编辑，我发现这些索引在识别潜在作者方面几乎毫无用处。稍后我将更多地讨论引文索引其他方面的问题。与此相关的是，到 20 世纪 90 年代末，科学界有不少人开始使用这种测量方法，特别是在发现结果可以通过电子搜索的方式很快找到，而不用耗时费力地通过翻阅大量印刷品或后来的光盘去查找之后。加菲林公司卖给国际媒体公司汤森路透的科学信息研究所在 1997 年作为科学网站上线。到 2009 年，知识网——在经过多次扩张后改成了这个名字——包括 2.3 万种期刊和 7 亿篇参考文献，这些文献最早的可以追溯到 19 世纪初。2016 年，作为汤森路透一揽子服务的一部分，知识网相关业务被出售给私人股本基金。《自然》杂志的一篇报道说，这款产品仍然非常有利可图，很可能被转售。[9]

当两名斯坦福大学计算机科学专业的研究生拉里·佩奇和谢尔盖·布林在科学网上线前后研发出自己的搜索引擎时，他们知道加菲尔德的（以及其他人的）索引方法。他们引用了加菲尔德在美国 6285999 号专利中的研究成果，即“在链接数据库中进行节点排名的方法”，尽管目前谷歌搜索引擎的算法已经变得更加复杂，但它依然可能是有史以来最有利可图的一项专利。就像科学网一样，网页排名展示了向后和向前链接（以脚注为例，在另一个网页位置嵌入所谓的超文本，读者通常只看重点显示内容）如何显示一个消息源的影响力。期刊的影响力排名最靠前，其次是网站。就像《纽约时报》《华盛顿邮报》《华尔街日报》，以及其国际同行被无数网络出版物和博客联系在一起一样，发表在《自然》《科学》《新英格兰医学》《柳叶刀》等刊物上的论文被引用的次数要比更专业的刊物上的论文多得多。相反，如果其中一家高级期刊经常引用一篇文章，那它就更有可能值得一读。无论是好还是坏，引用分析都有助于在出版物中建立基于数量的排序，就像我以前的老师担心的那样，这会对科学家和管理人员的行为产生影响。[10]

当然，谷歌的崛起远超最初的想象。作为一家初创企业，谷歌最初编制索引的页面少于其竞争对手，查询的点击率也较低。早期用户发现，其结果更接近于他们希望找到的结果。谷歌没有提供所有的答案，但它通常能更有效地找到更好的答案。它的索引软件网络的“爬虫”被重新编程，以减少它们对网站性能的影响。这种效率是有成本的，为了响应用户的要求而存储页面副本所需的巨大服务器消耗了大量能源并产生了巨大的热量。当然，结果似乎是值得肯定的。例如，谷歌的算法及其主要竞争对手必应的算法知道用户所在的位置以及许多请求的可能用途。2012年，当谷歌高管丹尼尔·拉塞尔（Daniel Russell）由于《搜索质量与用户幸福》一书被普林斯顿大学授予令人羡慕的“于贝尔技术领先者”的头衔并发表演讲时，我在问答环节向他提问，谷歌是否正致力于提高搜索结果的质量。他回答说，用户的相关性和可靠性因地点和文化而异。他观察到，以医学问题为例，针灸等替代医学在美国东海岸的搜索排名要低于东亚城市。

使用网页排名和类似算法进行搜索的效率并不一定等同于为搜索者提供最佳结果的效率。例如，2002年的一项研究将谷歌自己对搜索结果相关性的排名与多伦多大学的教授和研究生等人类（精英）评委进行了比较。评委非常赞同彼此的排名，但与搜索引擎的相关性不一致。从那以后，我还没有发现过类似的研究，但众所周知，谷歌和必应雇用人类评审员来检查搜索结果的质量。如果达到了两个合理的条件，结果就问题不大：首先，人们愿意把眼光投到搜索出的第一页结果之外；其次，他们通常具备评估结果的背景知识。但不幸的是，两者并不容易满足。事实上，丹尼尔·拉塞尔对谷歌用户的研究显示，谷歌用户在基本计算机技能方面存在一些惊人的差距。例如，只有 1/10 的人知道最有效的快捷方式，即使用 Ctrl+F（Mac 操作系统中的 Command+F）快捷键，用于查找关键词。[11]

正如技术评论家尼古拉斯·卡尔（Nicholas Carr）在其新书《浅薄》中的夸张说法，谷歌和互联网让我们变得愚蠢。谷歌和必应确实改变了人们的思维习惯，原则上可以帮助人们从死记硬背中解放出来，转向更具创造性的思维。但卡尔和威廉·庞德斯通（William Poundstone）等评论家指出，创造性地使用网络对用户的背景知识有要求，用户要能识别哪些算法保留的链接可能质量更高。专业人士——至少我们认为——都有这方面的能力和知识。医生、律师或社会科学家了解出版商和期刊的声誉以及它们的政策偏差，很容易重新排列算法的优先顺序。像 JSTOR 这样的学术数据库的用户经常这样做。严肃的外行也能很快看出什么是最相关的。理想的情况是，我们的个人记忆和我们的电子资源能共享知识。两者都专注于自己最擅长的事情—— 一方面了解基本原则和事实，另一方面获取海量数据——以提高效率和效益。[12]

真正的问题在于，现有的搜索引擎——即便是那些被认为仅限于像谷歌学术那样更可靠的信息的搜索引擎——在吸收陌生主题方面效率低下。用户需要的正是他或她希望找到的知识——这个想法可以追溯到柏拉图的《美诺篇》，它提出了一个人如何在不知道的情况下进行学习的问题。更糟糕的是，不知情的人并不总是能意识到自己的无知。根据社会心理学家贾斯廷·克鲁格（Justin Kruger）和戴维·邓宁（David Dunning）的研究，有些人有时对自己不了解的话题反而态度最坚定。另一名调查者布伦丹·尼汉（Brendan Nyhan）发现，面对挑战自己观点的公认事实时，许多人会重申他们的立场。搜索引擎助长了这种趋势，因为它使人们很容易找到信息来证实任何观点。因此，尽管谷歌最初的目的是要整理全世界的信息并使之有用，但它并不比用户的知识和态度好。结果是，只有不到 9% 的谷歌搜索者将目光投向了第一页以外的搜索结果，约 1/3 的搜索者选择了排名靠前的链接。[13]

即使在全球政治和安全领域，搜索引擎优化也可能产生古怪的后果，使高质量信息的搜索效率低下。各国政府在反恐项目上投入了数十亿美元，但在搜索与“圣战”相关的信息时，显示的绝大多数结果却是支持“圣战”的。例如，阿拉伯语单词“哈里发”（泛伊斯兰国或哈里发国）将 9 个极端主义网站的链接导向了一个中立网站。在这种情况下，谷歌可能会对其算法的中立性进行例外处理，或者在未经过滤的算法可能对某个群体不利时，对其进行修改以产生更可接受的结果。搜索引擎优化器未必是这种情况的罪魁祸首。该算法可以从搜索的措辞以及同一个用户的相关搜索中推断出，他确实是在寻找极端主义网站。这给搜索引擎开发人员带来了一个尴尬的困境：似乎要容忍甚至教唆暴力，或是对言论和思想进行审查。社交媒体程序员可能也渴望中立，但却无法避免个人在编写算法时的偏见；一些保守派人士认为，脸书的文化使其提供的内容偏向自由派。与搜索引擎一样，社交媒体网站也面临着对有争议的结果的两难境地。如果他们的秘密算法被公开以显示他们的公正性，资金雄厚的特殊利益集团就会利用这些算法来影响结果。但是，只要算法仍然保密，就不能排除有意识和无意识操纵的可能性。[14]

不过，效率方面的一些最严重的问题并不涉及极端主义、商业欺诈和个人利益。专业研究人员和学生都依赖于开源的参考网站维基百科，该网站创建于 2001 年，并没有推出由为传统出版的参考书籍做出贡献的同类专家撰写的免费在线百科全书。维基百科的基础是，无论资历或教育程度如何，任何人都可以自由地创作或修改一篇文章——当然，也可以由其他用户来修改。它过去是，现在仍然是非营利性的，网站并没有广告，依靠志愿者来提供双方有争议问题的证据。虽然维基百科的管理者声称，电子和人类的监督有效地发现和消除了破坏行为，但仍然出现了一些新的案例，包括在一篇关于炎症的文章中添加了一句老生常谈的恶作剧的内容，大意是火山岩会导致炎症。原则上，维基百科是不断自我修正的，因为每篇文章都有太多人关注。其机制在吸收新信息方面效率惊人，如名人之死或地理边界的修改，这些信息传统上要花费数年时间才能登上独家出版的参考书。最重要的是，它对任何能接入互联网的人来说都是免费的，而且还可以自由地转载和改编。[15]

尽管在开放性方面令人钦佩，但维基百科的效率也有自我破坏的一面。它与搜索引擎算法结合得很好。维基百科词条在谷歌的搜索结果中常常排在前列，但这也可能是一种威胁。谷歌自己的文本框是由使用维基百科信息的算法编纂的，它与作为信息源的百科全书项目竞争，可能减少了维基百科原始条目的点击量。保护网站和确保文章符合百科全书的高标准的需要也改变了组织方式。由于拥有多级权限和机器人算法，可以自动删除明显不符合规定的条目，它已经从一个自由的集体变成了一个管理更严格、等级权限更明确的团队，就连一些支持者也警告说，这样的团队可能会成为保持内容新鲜和多样化的障碍。（在内容贡献方中，女性的比例明显偏低。）在维基百科的查询经验依然有效、内容不断扩大的同时，其操作也更加烦琐。作家汤姆·西蒙尼特（Tom Simonite）建议把座右铭“任何人都可以编辑”换成“任何懂得规范、将自我社会化，避开半自动化排斥的无形壁垒，还希望自愿贡献时间和精力的人都可以参与编辑的百科全书”。商业化的专业百科全书的撰稿人通常只获得一份微不足道的酬劳，也可能会遭到同事的表扬或责难，但至少不必担心自己的作品被匿名的陌生人删除或随意改动。[16]

大多数新闻报道仍然是署名的，不能随意更改。但它还面临其他技术挑战，移动设备的效率对报纸出版产生了好坏参半的影响。1995 年，我在安纳伯格—华盛顿项目的一次会议上发言时，就有媒体评论人士担心，随着新闻转移到早期的网络上，广告的影响力会越来越大。事实上，蓬勃发展的科技成为报纸广告的丰富来源。例如，《纽约时报》的“电路”栏目充斥着 J&R Music World（一家自 2014 年以来不温不火的前电子产品卖场）和个人电脑制造商的广告。许多报纸出版商和记者确信，在数字化的未来，编辑质量将会占上风。广告商想要富有的、受过良好教育的消费者，而这些人会访问具有权威性、提供可靠信息的网站。因此，尽管印刷可能过时，但媒体会成功转型。在网络时代的早期，新闻编辑室持续扩大。哥伦比亚大学新闻学院 2009 年发表的一份报告称，从 1964 年到 1999 年，以每 10 天为一个衡量周期，报纸上的新闻内容翻了一番。进入 21 世纪后，报纸同样有乐观的理由，当时报纸广告收入继续增加，2005 年达到近 500 亿美元。

而到2013年,这个数字下降了一半以上,跌至236亿美元。因此,主要行业组织美国报业协会（现更名为新闻媒体联盟）自那时起一直没有发布令人气馁的全行业的广告统计数据。皮尤研究中心利用必须将这些信息纳入股东报告的上市公司的数据计算得出,2014年的广告降幅为6.4%，2015年为7.8%。与此同时，数字报纸的读者数量少于许多未来学家的预期。超过一半的读者仍然局限于纸质版报纸上。只有17%的读者是只使用数字媒体的新闻用户，只有5%的读者是只使用手机的新闻用户。其余的读者都是“杂食动物”。关于杂志的统计数字更难找到。杂志的总发行量似乎强于报纸，但广告销量额也在下降。[17]

报纸的问题即使在其鼎盛时期也是显而易见的。《华盛顿邮报》文化记者保罗·法尔希（Paul Farhi）2005年在《美国新闻评论》上撰文指出了该行业的传统优势（包括合并后的地方垄断、大量报道人员和精英读者）。一位分析师说，报纸23%的利润率是所有行业中最好的。但法尔希也颇有先见之明地指出了报纸的致命弱点。丰厚的利润表明，报纸要靠资本为生，在读者数量减少而没有投资于“工厂和人员”的情况下，报纸的价格也会随之上涨。与此同时，网络公司开始争夺令人厌烦但利润丰厚的分类广告业务，该业务占报纸利润的36%。免费分类广告网站克雷斯对报纸关键领域的破坏尤为严重。即使对招聘广告收费，它也能削弱城市日报的一个主要利润源，而且它还损害了主流报纸之外刊登零售信息和展示企业广告的其他报纸。[18]

在报纸达到高盈利点之后的10年中，网络社交媒体在吸引读者注意力方面表现出的高效，加上平台公司新的广告模式，令报纸和一些杂志陷入了混乱。不幸的是，年轻人不仅抛弃了纸质报纸，还放弃了数字报纸阅读，转而选择新的网站和视频。新网站和视频成了广告的竞争者，于是，谷歌在 2006 年斥资 16.5 亿美元收购了广告支持的视频网站 YouTube。到 2016 年，《纽约时报》的一篇文章估计，YouTube 的年收入在 40 亿美元到 80 亿美元之间。对报纸来说更糟糕的是，各大平台公司一直在从报纸和杂志那里争取对网络广告的控制权，以接受和植入广告。长期以来，广告一直是出了名的低效行业，就像与之交织在一起的娱乐业一样。19 世纪末的百货公司巨头约翰·瓦那梅克（John Wanamaker）曾建立了大型零售商与都市报之间的紧密联系，他以其妙语而著称：花在广告上的钱有一半被浪费了，但却不知道哪一半的钱花得值。自互联网诞生之初，企业家和硅谷就试图通过将营销与客户数据捆绑在一起，把营销建立在更理性的基础上。用户信息，包括以前的购买、搜索和浏览模式，至少原则上有助于目标广告的投放。通过超文本和与其他网站的链接，不仅能衡量看到广告的读者数量，还可以看出真正访问广告商网站的读者比例。这就好像一个传统的直邮公司能够判断一个信封是被打开了还是被丢弃了一样。[19]

最成功的广告服务器是谷歌的 AdWords。向读者展示这些小广告不是广告商的决定，而是源于一个算法。以前广告商认为某份出版物会是一个很好的展示平台，这有助于维持亨利·卢斯（Henry Luce）在 20 世纪 30 年代将《财富》杂志卖出的高价，不过现在广告商的看法已经改变。最新的广告模式是一场竞价，取代了旧的为每千次点击付费的模式。竞价的基础是广告商愿意为每次点击支付的报酬。价格从几美分到 50 美元不等。

利用现代拍卖理论（曾获得诺贝尔经济学奖）①，谷歌向竞价获胜方收取的费用不是其出价的全部，而是出价第二高的广告主愿意支付的数额。脸书的崛起，以及它从一个与真正的朋友接触的网站扩展到一个全面的门户网站，给报纸制造了新的麻烦。到 2016 年 5 月，脸书声称其用户平均每天会在网站上停留 50 分钟，这几乎相当于吃饭和喝水的时间，大约是阅读其他内容的时间的 3 倍。早期的网络媒体专家喜欢谈论如何抓住人们的眼球。脸书成功地吸引了人们的注意力，而其他许多网站，包括试图成为城市全方位门户的报纸网站，都以失败告终。脸书的专家在个性化方面做得非常出色，超过了网络上的任何内容。脸书算法根据个人的心理模式来选择展示内容，旨在鼓励用户尽可能多地返回并在上面花费尽可能多的时间。用户阅读的不是其朋友发布的所有帖子，而是从朋友的帖子中挑选出来的内容以及其他链接，为的是提高参与度。（心理学家仍在争论，互联网和社交媒体上瘾是不是一个普遍的问题，长时间使用脸书是否会损害健康和生活满意度。）鉴于这种关注度，授权发布报纸和杂志内容对脸书来说是自然而然的一步。与谷歌一样，脸书实际上已经成为一家盈利丰厚的广告公司。大多数网站愿意让搜索引擎的“爬虫”来索引甚至存储它们的内容，这并不令人震惊，因为这都是为了引起注意。谷歌意识到其对出版商收入的影响受到越来越多的批评，谷歌对此的回应是，加大力度控制可以通过搜索引擎访问的免费内容。如果出版商对非订阅用户的访问过于严格，它们会在搜索结果中受到惩罚。[20]

① 美国学者威廉·维克利在 1996 年凭借对拍卖理论的研究获得了诺贝尔经济学奖。

有人认为社交媒体为报纸开辟了新的广告市场，其将被视为一个良性的延伸市场，就像20世纪20年代和30年代的大众市场中再版平装书和图书俱乐部对图书出版业来说是净红利一样。事实上，搜索和社交媒体广告并没有补充报纸自身的广告销售，无论是印刷版的还是数字版的。总的来说，搜索和社交媒体蚕食了报纸的广告份额。谷歌、脸书、推特、雅虎和韦里孙这5家平台公司占据了数字广告市场的65%以上。从2014年到2015年，仅脸书的广告份额就从25%增加到了30%。到2016年年初，新的数字广告收入的85%流向了谷歌和脸书。不幸的是，在信息时代，互联网作为媒体行业岗位来源的长期记录一直表现不佳。根据美国劳工统计局的数据，报纸和杂志的总就业人数从1996年3月的57.62万人减少到2016年3月的27.68万人，净减少幅度超过50%。与此同时，互联网出版和广播行业的就业人数从3.2万人增加到近20万人。但这只增加了约16.8万人，只略高于之前损失的工作岗位的一半。所谓的传统媒体的麻烦已经蔓延到仅有数字功能的网站。2015年，硅谷著名科技博客网站Gigaom倒闭了，2016年夏天，Mashable和Salon也都开始裁员。到2016年12月，《赫芬顿邮报》和《国际财经时报》也进行了裁员。[21]

在某些方面，新时代的报纸远比之前几百年的印刷发行效率要高。但在美国，即使在一些最大的城市，由于铁路等基础设施很差，要找到那些发行量很高的市外的报纸也很难。（相比之下，英国的报纸在全国范围内发行，影响非常大，以至于在2014年，英国亚马逊与英国的报纸快递公司Connect签订合同，让后者协助其完成发货。）许多美国主要的报纸现在都不允许在网络上免费获取其文章，数字订阅的费用只是投递的一小部分。电子出版物也使阅读习惯全球化。根据皮尤研究中心的《2016年新闻媒体状况报告》，伦敦《每日邮报》和《卫报》的电子版被列入美国人阅读量最大的5家报纸之列，《每日电讯报》和《独立报》也进入了前10名，来自澳大利亚、加拿大、印度、爱尔兰和新西兰的其他报纸进入了前50名。2016年2月，《纽约时报》网站每月有3 000万国际访问者，其中大约5%是订阅的读者，《纽约时报》很重视订阅数。原则上，在许多驻外分支机构关门之际，这种全球影响力为增加广告收入和付费订阅以及扩大国际报道提供了新的机会。[22]

电子出版的效率并不局限于影响国际发行，它也改变了记者与读者以及与其他人的关系。20世纪70年代，曾经做过记者的历史学家罗伯特·达恩顿（Robert Darnton）引用了社会科学家伊蒂尔·德索拉·普尔（Ithiel de Sola Pool）和欧文·舒尔曼（Irwin Shulman）关于报纸撰稿人及其读者的研究成果。研究人员发现，记者很少直接了解读者对其作品的反馈。记者都把读者想象成朋友或熟人，他们会抱有“支持”或“敌视”的态度，记者则会根据预期进行解释。现在的网上评论区部分提供了更多的具体反馈，但由于评论太多或过于宽泛，因此，管理评论区任务繁重，也带来了额外的成本。达恩顿当记者时，报纸的版面分布不仅是信息分类地图，也是记者层级和工作任务的地图。在今天的网页上，尤其是在移动设备上，这个组织结构就没那么清晰了。当我们在智能手机上阅读《纽约时报》或《华盛顿邮报》，并将其与纸质版的版面进行比较时，我们能看出文章的紧凑编排和滚动带来的效率。保存一篇文章或将其分享到社交媒体上很便利，但我们失去了（不管是好是坏）对该报编辑如何看待当天报道的重要性以及他们彼此之间关系的感觉。如果没有折页，我们不太可能注意到记者的字里行间哪些表述更重要。对于主要使用智能手机社交媒体的年轻人来说，他们对一份出版物的整体兴趣可能较小。越来越多的新闻报道是通过搜索或社交媒体的推荐被阅读的。然而，如果订阅者——尤其是印刷版订阅者——的基础继续遭到侵蚀，可以参考的新内容和原创内容可能就会减少。[23]

从记者的角度来看，与为假定的持支持或怀疑态度的读者（按照普尔和舒尔曼的说法）写作相比，能获得关于读者实际行为的信息可能是一大进步。在衡量读者阅读一篇文章和社交媒体帖子所花费的时间时，出现了一些有价值的见解。有令人鼓舞的迹象表明，一些报纸利用这样的数据来改善内容，尤其是改变读者不太感兴趣的话题。例如，亚拉巴马州的一家报业集团汇集了3家报纸的资源，发布了一份关于该州监狱虐待行为的网上调查报告，通常读者会忽视这个话题，但该报告的浏览量超过了50万次。基金会支持报纸和非营利新闻机构开展此类项目。但数据测量中存在三个核心问题。首先，读者参与度指标越来越多，这让我们想起了有关技术标准的老生常谈，因为可以选择的东西太多了。其次，谷歌、脸书和其他广告程序的专有指标既高度复杂，又至少部分是保密的。因此，报纸不仅必须自己进行参与度分析，而且必须预测平台公司和其他广告供应商不断变化的算法。至少有一家大型日报社拥有专职工作人员来评估搜索引擎和社交媒体网站推荐文章所使用的算法，这样，记者和编辑就可以选择主题和调整风格，最大限度地增加点击量。这需要从报道和写作的实际工作中获得资源。最后，读者研究可能没有定论。让一部分读者感兴趣的话题可能会让另一部分读者感到厌烦。对短期受欢迎程度的过度关注阻碍了新闻界早日发现问题，并使新闻生产的效率和长期效益降低。[24]

如果读者分析在性别、年龄、种族背景、受教育程度和收入等方面显示出了参与度的人口统计学差异，这也会出现两难的情况。例如，研究表明，稍微调整一下标题，就可以让阅读人数增加一个数量级。但也有可能的是，为了获得更大的影响力而调整写作，会强化新闻界学者早在网络出现之前就意识到的从众心理。

到 2016 年，记者和读者都认为，由于新闻传播的效率，社交媒体正在危及所有新闻的可信度。虚假信息并不是一个新问题，甚至在美国独立之前就已经出现。当前的学者认为，尽管保罗·里维尔（Paul Revere）的作品被纳入了无数美国历史教科书，但他对 1770 年波士顿大屠杀的著名刻画是对真实事件煽动性的和不准确的描述。正是这种对流血事件的夸大和对英国人罪恶感的片面描写，才使这篇文章如此受欢迎。另一位美国偶像霍雷肖·阿尔杰（Horatio Alger）① 不经意间指出了错误的事实，他指使他的妹妹烧掉他的信件，因为他担心暴露自己的同性恋身份。（年轻时，他因一起虐童丑闻被迫离开了马萨诸塞州前往纽约。）阿尔杰的第一任传记作者赫伯特·R. 梅斯（Herbert R. Mayes）后来承认，他在 1928 年的研究中编造了这些缺失的信息。与此同时，这些“事实”甚至被收录进了《美国传记词典》的第一版。在

① 美国儿童小说作家。作品有 130 部左右，大都是讲穷孩子如何通过勤奋和诚实获得财富和社会成功。

第二版中，权威的阿尔杰学术传记作者加里·沙恩霍斯特（Gary Scharnhorst）遗憾地指出，对阿尔杰晚年生活的三段描述都是基于梅斯的作品，而其他参考资料也是如此。里维尔和梅斯的作品证实了在网络时代流行的东西。人们接受了他们想相信的事情，不管是英国军队的嗜血还是个人的成败。不同的是，网络加快了捏造事实传播效率。计算机科学家埃米利奥·费拉拉（Emilio Ferrara）研究了虚拟人物的流行程度，其中一些人物是政府和政客创造的，这些人得到了“假粉丝”的支持。[25]

2016 年 7 月英国就欧盟成员国身份举行的公投表明，自动转发社交媒体上的帖子已经变成非常突出的问题，对于试图跟踪和衡量公众情绪的记者来说，这些帖子可能具有巨大的迷惑性。研究人员发现,在2016年6月英国“脱欧”公投中,自动程序（机器人）重复转发了有关“脱欧”和“留欧”的信息。推特上 1% 的账号发出的内容占到所有相关信息的 1/3，即 50 万条。其中许多信息很可能是机器人自动发出的，其中，“脱欧”信息的转发次数是“留欧”的 3 倍。另一项研究表明，在最活跃的 200 名转发者中，90% 是机器人用户。机器人的流行是由于社交媒体在开设新账号和接受及传播信息时都是免费的，也很高效的。机器人似乎没有改变公投结果，有人指责脸书在这个问题上存在“回音室”效应，即阻止用户看到持不同观点的帖子，但脸书并没有阻止用户看到支持脱欧的政客的帖子。英国的小报在这个国家衰落的工业区依旧强势，对公投结果的影响可能更大。同样，没有明确证据表明捏造的故事决定性地影响了美国 2016 年大选的结果。一项经济学研究表明，尽管人们在选择和评估新闻时遵循着众所周知的确认偏差原则，但只有不到 10% 的人愿意相信支持自己立场的任何事情。[26]

真正的问题并不在于邪恶力量扭曲选民的选择，至少不是通过社交媒体传播的虚假故事。研究假新闻的经济学家发现，假新闻必须像 36 条电视广告一样强大，才能在总统竞选中发挥作用。否则，编造的故事就像入侵物种扼杀本地野生动物的新闻那样没多少人关注。在一个更健康的传播和广告环境中，假新闻只会带来小麻烦，但在压力重重的情况下，它们可能是一种严重的威胁。职业假新闻写手保罗·霍纳（Paul Horner）在2016年11月对《华盛顿邮报》的记者说，他的作品让唐纳德·特朗普在投票中高居榜首。这种表述或许是最大的假新闻，但考虑一下黑幕网站通过高效的广告播放程序所吸收的广告预算，你就会觉得有一定道理。仅霍纳一个人就号称每月能赚 1 万美元，其他许多假新闻网站则宣称每月赚 5 000 美元。许多东欧虚假新闻传播者不一定是被唐纳德·特朗普的个性或政策所吸引，而是被他的追随者对党派幻想的欲望所吸引。选举的双方都有很多狂热分子把对方的负面故事当成是讽刺而不是真相，更多的像是洋葱新闻而不是如实记录。（事实上，一些洋葱新闻会被网站的新读者信以为真。）[27]

关于假新闻的争议源于 20 世纪 90 年代以来美国极端主义党派力量的发展，这一趋势显然与电台和有线电视节目的崛起有关，但至今仍未被人理解。这不应该让人感到意外，要在里程碑式的选举中把原因与影响区分开来，厘清问题的相对权重，需要在政治学、经济学、社会学和历史学的交叉领域进行数十年的研究。然而已经有证据表明，转发有关贝拉克·奥巴马、希拉里·克林顿和唐纳德·特朗普的新闻的选民可能认为这些故事是具有挑衅性的，是揭示有关反对派性格更深层真相的虚构故事。例如，有关奥巴马是一名秘密穆斯林的谣言可能根本不是植根于奥巴马的非洲血统或阿拉伯语中间的，而是植根于他在印度尼西亚的成长经历，植根于他小时候在爪哇岛学会的冷静自制——这种特质对他来说在政治上很有用，但不支持他的选民可能会将其看作异类。假新闻可能更多地属于对民间传说和城市传说的研究，而不是宣传和造谣的黑暗艺术。[28]

正如《连线》杂志总结的那样，到 2017 年年初，唐纳德·特朗普及其发言人指责民主党人编造了关于他的假新闻，但有时却否认客观事实的存在，转而支持"另类"事实。然而，本着针锋相对的精神，民主党人也对特朗普的竞选活动提出了质疑，例如，它依赖大量由俄罗斯政府盟友设计的或由英国大数据公司剑桥分析公司编辑的机器人，这与唐纳德·特朗普的对冲基金的亿万富翁支持者和计算机科学家罗伯特·默瑟（Robert Mercer）有联系。《华盛顿邮报》的报道表明了这些担忧是多么夸张，包括特朗普的推特假粉丝比贝拉克·奥巴马的假粉丝要少。剑桥分析公司的能力也可能不足以引起进步人士的怀疑，它并没有为最初的客户、共和党总统参选人参议员特德·克鲁兹（Ted Cruz）带来什么奇迹。另一位怀疑论者、彭博新闻社记者列昂尼德·贝尔希茨基（Leonid Bershidsky）指出，剑桥分析公司的算法向他发出了大量捐款请求，但众所周知，贝尔希茨基是俄罗斯公民，不能参与捐款。[29]

对 2016 年总统大选结果的一个更有可能的技术解释是，希拉里·克林顿的竞选团队使用的大数据有致命弱点。2016 年 9 月，网络杂志《政治报》（*Politico*）刊登了希拉里的大数据专家（分析主管）埃伦·克里格尔（Elan Kriegel）的文章，同时称赞他在识别关键选民的身份以及与他们接触的渠道方面带来了新的效率。这篇文章嘲笑了唐纳德·特朗普对数据价值的轻视，并援引了一位共和党数据分析师对其政党被这一趋势抛弃的担忧。回想起来，希拉里竞选团队负责人罗比·穆克（Robby Mook）对克里格尔模型的信心（以及员工的个人冲突）可能是致命的弱点。这款名为 Ada 的软件可以进行数十万次模拟，但是据研究该程序的一名计算机科学家说，克里格尔和他的工作人员所做的假设存在缺陷，这些缺陷使它无法应对失去支持的局面。希拉里竞选团队的真正问题或许在于数据量不够庞大，他们没有获得最新的民调信息，而这些信息可能显示，希拉里在密歇根州的支持者一直敦促她在布鲁克林总部开展由数据驱动的外联活动，信息不完整让希拉里失去了支持。[30]

然而，真相危机超越了政治，甚至超越了削弱对所有有说服力的新闻报道的支持所产生的经济后果。正如政治经济学家威廉·戴维斯所说，对大量数据进行分析本身就对作为事实基础的 19 世纪的经典统计分析提出了挑战。许多公民不再相信政府数据的完整性或准确性。这种怀疑背后有着重要的政治和社会趋势，有时在提出问题和收集数据方面也会产生实际影响。但是，大量的、自动产生的、私人拥有的、经过分析的人类行为和态度记录正在发挥越来越大的作用。“情绪分析”——从人们的网络语言中推断出谁是消费者和人们的政治态度——开始取代人们普遍接受的、由进步人士和保守派人士一起争论的数据。报纸的成功与否并不取决于社交媒体是否找到了检测欺诈性文章的方法——按照坎贝尔定律，欺骗只会变得更加隐蔽，而取决于它们是否能开发出自己能得出结论的技术。[31]

最大的威胁不是网上宣传的单条谣言或责难，而是怀疑和愤世嫉俗的蔓延。假新闻的声音已经开始污染所有新闻，因为记者发现他们很难忽视社交媒体的喧嚣，甚至在揭露假新闻时也很难传播真实的观点。算法或大多数公民乃至记者都无法区分谎言和半真半假的新闻。我们依赖的专家也往往依赖其他专家的看法。还有迹象表明，年轻人辨别网上信息来源质量的能力可能较差，难以区分核实过事实的媒体的产品和社交媒体的帖子。更令人担忧的是，大众的怀疑主义（打着“假新闻”的旗号）有可能演变为信息虚无主义，因为所有的调查结果都是立场性的断言，要根据自己的身份或政治倾向来选择接受或拒绝。科学史学家罗伯特·普罗克特创造了“不可知论”一词来定义烟草业和其他特殊利益集团故意传播的无知信息。尽管绝大多数美国人信奉事实核实的原则，但如果网上的大部分内容都被怀疑充斥着谎言和虚假信息，那么所有的新闻都会被怀疑带有偏见。不足为奇的是，一项调查表明，在从脸书获得消息的人中，只有 27% 的人信任这个来源，而信任纸质报纸的读者占 75%。其他研究表明，50%~75% 的在网络上看到虚假新闻的美国人会相信这些内容。曾经被视为对立的“怀疑”和“轻信”现在似乎不仅可以共存，而且作为后真相综合征的一部分，它们反常地可以相互促进。[32]

鉴于托马斯定理，我们认为人们的认识倾向产生了新的现实，关于假新闻的争议严重损害了政治辩论的效率。希拉里·克林顿的前营销专家马克·佩恩（Mark Penn）在《华尔街日报》上撰文说，俄罗斯黑客持有的假新闻账户比例太小，无法决定任何事情。然而，在任何研究结果公布之前，就有高达 82% 的民主党人和 54% 的 CNN 受访者认为，黑客影响了唐纳德·特朗普的选举。特朗普自己的数字部门负责人格雷格·帕斯卡尔（Greg Parscal）说，把特定选民（实际上是宾夕法尼亚大学首创的概念）作为电子目标确实决定了选举结果，但这是特朗普本人和他的公司努力工作的结果，没有得到俄罗斯的帮助。与此同时，英国咨询公司剑桥分析公司也希望能分享这一成果，但却受到了一些指责。这种主张和反对声共存的结果是，政治越来越被视为技术人员操纵的一种电子竞技游戏，选民是游戏中的小角色，而不是理性的行动者。或许造成对所有新闻——而不仅是唐纳德·特朗普的当选——的不信任才是外国干预的真正目的。[33]

批评人士斥责报纸即使在其全盛时期也充斥着寡头垄断、自满和肤浅，而现在报业有可能被一个新的钛合金时代——如果不是黄金时代的话——所撼动。《纽约时报》公布了自己的变革路线图。但是，没有任何东西可以替代已经消失的各州和地方的报道，正如由充满战斗性的记者转变成学术媒体评论员的本·巴格迪基安（Ben Bagdikian）所指出的那样，那些报道对于准确了解美国的政府官员是必不可少的。尤其是由于这些报道层面的损失，仅从 2007 年到 2015 年，在日报社工作的全职记者人数就从 5.5 万人下降到了 3.29 万人，岗位减少了 40% 以上。不过，纽约市报业的就业一直很稳定，华盛顿特区和洛杉矶的工作人员实际上也在增加。诚然，数字出版物的就业岗位从 2005 年的 3 410 个增加到 2015 年的 10 580 个，在一定程度上抵消了报纸岗位减少的趋势。然而，这个曾经充满希望的部门自 2013 年以来却一直停滞不前。[34]

杂志面临着与网络发行和平台广告的效率不同的挑战。根据2016年皮尤研究中心的媒体报告，虽有来自网络视频和其他新媒体的竞争，被列为“新闻杂志”类的出版物的发行量一直非常稳定。这再现了20世纪50年代至70年代电视兴起时期的杂志的遭遇。当时，电视在广告市场收入中所占的份额迅速增加，到1960年，电视广告收入几乎是杂志收入的两倍，到1970年，电视广告收入几乎是杂志收入的3倍，到1982年，几乎是杂志收入的4倍，但杂志广告收入也在继续增长。杂志之所以能在电视的兴起中生存下来，是因为它们有能力根据读者的特定背景和兴趣来确定发行量和广告。例如，《时代》周刊在经常乘坐飞机的旅客中很受欢迎。它甚至为这一群体印制了一份特刊，就像其为收入最高的家庭和女性订阅用户印制特刊一样。从这个意义上说，杂志总是比非金融类报纸在广告销售方面更有办法。[35]

和报纸一样，杂志通过在自己的网络版中加入广告来适应网络。随着博客在21世纪头十年的繁荣，这一做法面临着技术和金融现实的挑战。搜索引擎和网络链接将很大一部分流量导向了数量相对较少的博客，其中一些发展成盈利的数字出版物，另一些则被传统媒体和平台公司所收购。记者本杰明·卡尔森（Benjamin Carlson）报道称，到2009年，排名前50的博客占据了42%的流量。因此，孤身一人的网民用尖锐的评论左右公共决策的幻想几乎烟消云散了，而大量业余的免费内容的涌入将毁掉专业写作的噩梦也没有成为现实。“马太效应”[①]——50年前由

① 马太效应，是指强者愈强、弱者愈弱的现象，广泛应用于社会心理学、教育、金融以及科学领域。

社会学家罗伯特·K. 默顿根据福音书命名提出的概念——继续适用，一些力量通过网络链接结构积累了优势。机构博客的影响力淹没了仅剩的一些个人博主。事实上，独立的写手和机构博客都拯救了杂志，使之适应互联网时代的新闻周期，这些周期曾有可能使月刊甚至周刊都变得过时。[36]

老式刊物最成功的变种很可能是《大西洋月刊》，它把从政治、技术到体育等的一系列博客作为纸质杂志的补充，从而明显削弱了“月刊”的意味。我既为《大西洋月刊》写过文章，也为该杂志的数字博客平台写过文章，我可以证实，引用我的文章的读者很少能将纸质或网络版杂志和博客区分开来。他们将一切都视为杂志的一部分，事实上，一些博文已经被律商联讯和 Factiva 等在线数据库所收录，这些数据库获得了多份出版物的文本授权。一些文章出现在书目中，但却没有具体内容；上面提到的本杰明·卡尔森在博客上发表的文章是 2009 年 9 月出版的《大西洋月刊》的一部分，但在该刊在线目录上，以及至少 Proquest 和 EBSCO 两个主要图书馆数据库中都没有出现。杂志的管理层当时也不太关心这种区别，《大西洋月刊》前总编兼总裁詹姆斯·本内特（James Bennet）称自己对印刷版的未来前景“并不清楚”。[37]

《大西洋月刊》的模式表明，严肃的杂志对广告商的吸引力仍然存在，即他们能够让自己的产品和服务吸引富有的和有影响力的读者的注意。但新的数码印刷杂志仍然效率低下，因为它比以往任何时候都需要更多的资源，这不仅包括创建了经典的《大西洋月刊》印刷版的那些知名思想家，还包括年轻的编辑记者，以及（至少在我为杂志撰稿时）与外部作者合作。要维持《大西洋月刊》2016年春季报道的每月2 700万次点击量，需要一台无穷无尽的内容生成机器，并保证质量始终如一。矛盾的是，《大西洋月刊》和其他一些精英出版物得益于其他刊物的不景气。2009—2016年，有超过1 000家杂志停刊。尽管出现了大约同样多的新机构，但新闻岗位的大量涌现还是为编辑兼博主创造了一个买方市场，他们可以通过社交媒体吸引年轻读者。当然，高质量的观点类刊物确实很少盈利，不过能得到富有的所有者和智库的大量补贴。但是，在被脸书创始人拥有4年后，《新共和》杂志在2016年宣布倒闭，这表明，就连一些超级富豪也不再相信为拥有杂志的声望而付出代价是值得的。(《大西洋月刊》的传统竞争对手《哈泼斯》杂志由家族基金会拥有，它选择了与《大西洋月刊》相反的战略：坚定地致力于印刷出版，并依靠收费墙的付费订阅。)[38]

一些经济学家可能认为《大西洋月刊》是杂志新效率的典范，尽管它的做法代价高昂，但问题在于，它是上层中产阶级杂志黄金时代的几乎唯一的幸存者。它成功地打造了一个几乎完全属于自己的平台，将传统杂志的内容与《赫芬顿邮报》等网站的博客以及雅虎和美国在线等20世纪90年代的门户网站的内容融为一体。

相对而言，印刷版杂志最拿手的领域仍是时尚，不仅因为纸质印刷品依然是奢侈品的最佳展示平台，而且因为时尚出版物的编辑方针传统上与知名品牌保持一致。随着时尚营销人员通过社交媒体将部分预算从印刷品转向促销活动，领先的杂志仍然是他们的合作伙伴。因此，康泰纳仕出版集团能够通过向新品牌提供新产品来接触到其1亿在线读者和1.75亿社交媒体粉丝，抵消印刷广告方面的损失。自 2013 年以来，所有出版物上的奢侈品印刷广告的收入均下降了约 8%，降至 26 亿美元，但数字行业却增长了 63%，略高于 10 亿美元。这一成功恰恰凸显了其他类别的杂志所面临的困难。几十年来，关于编辑部门与广告部门之间隔着一道“墙”的规定一直在瓦解。在接受调查的杂志出版商中，超过 2/3 的出版商，甚至包括《纽约时报》，现在利用自己的编辑人员为赞助商制作特色广告（即原生广告）。因此，正如一份在线贸易出版物所言，大多数记者现在可能是兼职的文案工作者。但在奢侈品和时装市场之外，这种权宜之计也带来了一些问题，尤其是读者对社论和广告素材之间界限的困惑，这可能是以读者的信任为代价的。期刊广告领域的一个亮点是，《华尔街日报》和《金融时报》等报纸的光鲜杂志副刊不断增加。2017 年 8 月，尽管其母公司新闻集团的广告收入总体下降了 7%，但《华尔街日报》报道说，该集团的报纸发行和收入都增长了 5%，达到了历史最高水平。[39]

2017 年秋天，好几位著名杂志编辑的辞职和退休引发了传统媒体行业新一轮的不祥预感，《纽约时报》的媒体记者将他们的离职和退休与时代华纳公司新发布的宠物视频系列进行了对比。2017 年 11 月时代华纳出售给梅雷迪思公司证实了许多人的担忧。然而，对出版行业乐观的人可能会在同样的事件中展望未来，并回想起几乎所有的杂志都遵循的周期。亨利·卢斯（Henry Luce）在大萧条时期创办了《生活》杂志，他买下了一份在 20 世纪 20 年代滞销的月刊的名字。《名利场》于 1935 年被康泰纳仕出版集团作为独立出版物停刊，20 世纪 80 年代在小塞缪尔·纽豪斯（S. I. Newhouse，Jr）带领下复刊。其他国家的证据表明，美国仍然存在未占领的市场。英国拥有宽带互联网的家庭比例超过美国，但纸质版的严肃杂志和讽刺杂志都在继续繁荣发展。2017 年夏季，双周讽刺和时事新闻杂志《第三只眼》的发行量几乎创下新高。[40]

将报纸和杂志放在一起观察，极端效率的积极和消极影响是显而易见的。为了在获取消息和在阅读新闻方面更有效率，我的 iPhone 手机上有十几种报纸和杂志的应用程序，还可以通过推特获得出版物的信息。一些批评人士指责说，互联网制造了“回声室”，两极分化的公众只能看到符合他们政治观点的新闻。但目前尚不清楚真正的问题是否在于对知识多样性的压制。就连怀疑论者叶夫根尼·莫罗佐夫也在一篇关于埃利·帕里泽的《过滤气泡》的评论中断言，个性化实际上可以提高偶然性。这是一个很难证明也很难反驳的观点，特别是（正如莫罗佐夫指出的）路易斯·巴斯德的“机会偏好有准备的头脑”的名言广为流传。不管是否接受过正规教育，有些人可能比其他人更愿意接受偶然的发现。至少有证据表明，两极分化的主要原因并不是对对立观点的无知。芝加哥大学全国舆论研究中心对年轻人使用网络的情况进行的一项研究表明，不论喜好如何，绝大多数人都能从各种渠道获得消息。[41]

对脸书持批评态度的人士指出，算法的偏见不仅包括怀疑脸书忽视他们观点的保守派，也包括通过算法察觉到审查的进步人士。的确，占主导地位的移动操作系统提供商苹果（IOS）和谷歌（安卓）在没有有效申诉权的情况下压制了应用程序。有时候，它们的目标是不符合其利益的应用软件，如那些攻击制造智能手机的工厂工作环境的应用。然而，主要问题在于，编写算法既不是为了推进政治前景，也不是为了确定真相，而是为了最大限度地增加平台公司的流量和广告收入。计算机社会学家泽伊内普·图费克奇（Zeynep Tufekci）将其描述为“数十亿独通一窍的迷你科学怪人……在客观性和科学的幌子下，对我们不能仅凭数字来判断的问题，时不时地给出答案”。这听起来很可怕，但这真的比编辑在印刷时代的巅峰时期经常做出的同样武断的决定更糟吗？事实上，在2016年美国总统大选和之后的选举中，随着极端民族主义和种族主义的抬头，许多人认为，应该利用算法来遏制网上仇恨言论的传播。潜在的问题可能是，激进的右翼和左翼分子通过煽动用户参与赞成或反对的表达来压制中间立场。正如巴里·戈德华特（Barry Goldwater）预言的那样，适度或许是没有好处的，极端主义也不是邪恶的。[42]

另一个问题是，社交媒体算法没有取代人类编辑，而是在编辑和读者之间插入了另一个层级，这是一个不透明的过程，是一个黑箱。出版商还必须支付为IOS和安卓两个平台开发应用程序的费用，让这些应用程序获得平台公司的批准，并根据新的操作系统版本对其进行修改，还必须保留其出版物的电脑桌面版本，读者可以同时使用桌面版本和移动版本。图书出版商也需要技术熟练的员工为亚马逊和所剩无几的连锁书店整理数据。事实上，正如作家克雷格·兰伯特（Craig Lambert）所说，高技术的许多好处都是通过将服务外包给用户实现的，而这些服务曾经是卖方员工免费提供的，用哲学家伊万·伊利克（Ivan Illich）创造的一个短语来说就是“影子工作”。对那些除了顺从之外别无选择的公司来说，方便用户的东西可能反而给自身带来大量额外工作。[43]

不像大多数报纸和杂志那样依赖广告客户的信息来源，处境又如何呢？它们的编辑不必为平台寡头的算法操心，然而，即使在这些文化生产领域，对效率的追求也导致了对至少某些种类重要信息的利用效率很低。正如本章前面所指出的，谷歌的网页排名算法是对精英监视技术的平民化改编。与此同时，由于商业和非营利的扫描和数字化项目，人文和社会科学以及自然科学领域的研究人员从印刷品出版之初就获得了大量的信息。20 世纪 90 年代以前，期刊最新一期的电子版和印刷版之间经常有差距，读者可能不得不从图书馆的远程存储中调出后者，或者更糟糕的情况是，只能在缩微胶卷中查阅。最终用户能够搜索几十年来的作品，这有望纠正大部分读者只看眼前的现象以及他们旧事重提的倾向。尽管人们普遍认为科学进步如此之快，旧的作品已经过时，但研究人员实际上对它们更感兴趣。许多 19 世纪的书，尤其是查尔斯・达尔文和詹姆斯・克拉克・麦克斯韦这样的大人物的书，仍然受到尊敬。信息科学家甚至确定了一种被称为“睡美人”的旧文章，它最初并不出名，后来被重新发现并经常被引用。有些人的作品几乎不为他们同时代的人所了解，如格雷戈尔・孟德尔（Gregor Mendel）1866 年在《摩拉维亚省杂志》上发表的有关豌豆遗传学的论文，它或许不像历史学家曾经认为的那样晦涩难懂，但它真正产生影响是在几十年之后。即使是最伟大的人也不能幸免，阿尔伯特・爱因斯坦在获得诺贝尔奖后，曾在 1935 年与鲍里斯・波多尔斯基（Boris Podolsky）和内森・罗森（Nathan Rosen）合写了一篇论文，该论文过了几十年才被广泛引用。信息科学家亚历山德罗·弗拉米尼（Alessandro Flammini）及其同事在对2 200多万篇论文的研究中发现了无数这样的例子。[44]

医学知识尤其容易被遗忘。医生兼作家奥利弗·萨克斯（Oliver Sacks）列举了他自己行医时接触的一些病例，包括在他还是一位年轻的神经科医生时遇到的病人头痛过程中出现幻觉的例子。虽然这些幻觉在20世纪60年代的教科书上没有记载，但被遗忘的作家在100年前的书籍和期刊上却描述过。被忽视的社会科学论文也可能有很大的潜在价值。管理理论家克雷格·普里查德（Craig Pritchard）在《当代组织》杂志上查阅了8篇完全没有署名的论文，发现尽管对这些论文的忽视有社会学方面的解释，但至少其中一些论文对美国白人和非洲裔工人薪酬差距等重大问题有着潜在的宝贵见解。看来一些被忽视的论文实际上可能有偶然性的价值。除了常规的引用分析外，我们或许可以研究一下，是否有办法确定哪些论文值得被重新审视。19世纪和20世纪初的期刊和目前公共领域的书籍可能隐藏着观察和理论的宝藏。已经被用于当前科学研究的数据挖掘软件可能会被应用于对旧文献和近期文献的研究。计算机科学家认识到，近1/4的重大科学发现都依赖某种形式的、显然是偶然的发现，因此，他们一直在研究如何寻找并推荐在传统文献中可能并不显眼的作品。位于华盛顿州西雅图的艾伦人工智能研究所的语义学者项目是这方面最著名的项目，尽管我认为其研究结果不如谷歌学术项目。[45]

新的搜索效率，以及将引文索引扩展到旧的论文，将导致人们更多地关注旧的作品。容易的发现应该有助于拓宽搜索视野，但事实恰恰相反。社会学家詹姆斯·埃文斯（James Evans）在对1945年至2005年各学科领域3 500万篇论文的引用模式进行研究后发现，从总体上看，研究人员实际上更多地关注数量有限的论文，而且通常关注近期的论文。这似乎是不可能的，也受到了其他一些具有科学影响力的学者的质疑，但埃文斯并不接受他们的反对意见。科学影响力的社会结构有助于解释这种情况。当科学家不得不仔细研究纸质期刊时，并没有合适的方法来判断论文的相对重要性，因此，过去的文献被更广泛地引用。电子出版物将较早和较新的研究放在了更平等的位置上，但它也使科学家更容易发现哪些论文最受同事欢迎，并与这种趋势保持一致。埃文斯警告说，这未必有利于科学创新。共识可能不是衡量真理或重要性的标准，电子期刊通过放大微小的质量差异来加速达成共识，其结果可能是学界没有迅速采纳的有希望的结果和概念从人们的意识中消失。20 世纪 90 年代，经济学家菲利普·库克（Philip Cook）和罗伯特·H. 弗兰克（Robert H. Frank）在更广泛的社会研究中注意到了“赢者通吃”现象，电子链接可能会进一步加强这种情况。相对原始的标题和作者索引（主要在核心期刊上）实际上有助于整合知识，这是效率低下的一个意外的积极后果。浏览纸质文献可能是偶然地、鼓励人们更多地关注富有成效的发现的方式。[46]

当然，科学的流行并非始于电子出版物。第二次世界大战后，大科学的兴起以及对政府和基金会拨款的争夺，使科学处于被关注的前沿地带。行为经济学家提醒我们，群体智慧指的是结合独立判断的价值。当人们进行交流和集体思考时，这种效应就消失了。尽管由于期刊的大量涌现以及自行出版物的激增，现在比以往任何时候都更容易分享新思想，但强大的社会力量仍在塑造共识。互联网让人们易于访问各类信息，网络的普及和兴起凸显了声誉的重要性，支持流行观点承受的声誉风险比支持不受欢迎的观点要小得多。如果大多数人都犯了同样的错误，那就不会有耻辱感了。相反，攻击得到大笔赠款和人员充足的实验室支持的有影响力的人物的工作是有风险的。追随潮流是建立个人声誉的短期有效策略，但从长远来看，这种行为会降低科学发现的效率。[47]

对于新的出版模式和测量技术给科学本身带来的影响，社会科学家提供了不同的见解。社会科学家已经证明，如果引用分析仅限于传统的原始数据，那么引用分析具有不小的误导性。在最基本的层面上，年代更久远的论文显然有更长的时间来积累引用率，因此，应当对同一年的出版物进行比较。但是，期刊也有不同的编辑出版政策，这些政策反过来会影响其论文的引用率，而与论文的质量没有必然的联系。最大的挑战可能是，对年轻科学家的职业生涯影响最大的短期引用未必能反映其工作对某个学科的长期影响。对科学影响力进行定量分析的一个前沿是研究文章和书籍的全文以及参考文献。然而尚不清楚的是，这些方法中的哪一种能够抵消测量本身所带来的累积优势。更复杂的代价是，掌握最新的测量技术需要花费更多的时间，时间成本可能会让研究人员和管理人员在实际工作中付出更大的代价。有研究证实，糟糕的宣传可能对引用有好处。一篇质量可能并不高的作品，如果它对批评进行引导和反驳，而不是置之不理，那么它也可能得到较高的引用率。正如丹尼尔·布尔斯廷（Daniel Boorstin）把名人定义为“以擅长卖弄而闻名的人”一样，论文也可以在不一定具有特殊价值的情况下获得长盛不衰的名声。在皇家学会期刊影响力方面，物理学家、复杂系统研究人员马查兹·佩尔克（Matjaz

Perc）发现，一些论文之所以被引用，仅仅是因为它们经常在其他地方被引用。事实上，即使在搜索批评累积优势的文章时，也几乎不可避免地会偏袒一些作品，这些论文更符合谷歌或谷歌学术搜索的算法，因而更容易被排在资源列表的靠前位置。[48]

引用模式显示了两种效率的冲突。例如，科学和技术研究——那些基础的电子存储和检索——使生活更有效率，但真正的创新往往无法高效地实现。虽然失败的重要性同样激发了科普和写作的灵感，但就像我在前言中提到的那样，真正的挫折是很难克服的。许多富有的硅谷企业家都一度同失败的企业联系在一起，但微软、亚马逊、谷歌和脸书的创始人都是从年轻时就开始富有起来的，而史蒂夫·乔布斯脱离苹果的时间相对较短。同样重要的是，风险投资家的思想是开放的。如果只是因为大多数研究群体的发展速度过快让资金跟不上，就导致同行评议规则的失败，这会让许多精英科学家感到沮丧。诺贝尔奖得主、生物化学家罗杰·科恩伯格（Roger Kornberg）说："尤其是在目前的环境下，资助决定是最具保守性的。如果你打算做的工作看上去上并不成功，那么就不会得到资助。当然，我们最希望看到的是处于另一个极端的，具有开创性的、创新性的工作。"诺贝尔物理学奖得主彼得·希格斯（Peter Higgs）怀疑他的工作效率是否足以获得今天的资助。现在更频繁、撰写更短的论文成了他的常态。技术效率并不能决定詹姆斯·埃文斯所认可的模式，但确实有助于扩大这种模式。[49]

跟踪科研论文之间关联的效率也影响了期刊出版商、学术管理者以及个别研究人员的行为。尤金·加菲尔德的科学信息研究所的创新之一是引入了一项衡量每期《科学》杂志中文章的平均被引用次数的标准，即所谓的影响因子。这看上去是一个简明的公式，是对期刊上发表的合格论文的引用次数的划分。加菲尔德从不认为它是衡量期刊质量的主要标准。因为各领域论文被引用的方式各不相同。例如，数学论文被引用的次数远少于生物学论文。可一旦这个衡量标准可以使用，院长、部门负责人、高级行政人员以及许多监管机构就开始把它理解为一份期刊的价值。一些机构在他们的科学家出现在像《自然》《科学》《细胞》这样的刊物上后，会支付数千美元的额外奖励。期刊的编辑也相应地调整了他们的论文组合，以偏向那些被别人大量引用的作者。就像电子期刊的使用往往使研究局限于最流行的方面一样，影响因子测量也会鼓励编辑选择流行的方法。信息技术远远没有像 20 世纪 90 年代许多狂热分子所预言的那样能带来均等的机会，而是使较为成熟的实验室、大学和出版商享有特权。衡量影响力本身也有风险。在发现学术造假行为之后，影响力较大的期刊的撤稿率更高。[50]

影响因子还带来了一个意想不到的后果。它放大了引人注目的数据的价值。研究结果越是出人意料，论文就越有可能被发表在影响深远的期刊上，从而增加研究人员晋升和获得进一步资助的机会。除了众所周知的造假案例外，当其他科学家的成果再现失败时，就会有越来越多的撤稿案例。（我们将在第五章考虑这一趋势对医学的影响。）越来越常见的情况是，后来的实验对原始论文的支持力度减弱,这种倾向被称为“衰落效应”。通常论文不存在刻意欺骗，当结果明确时，放弃早期运行和发布的数据是有正当理由的。享有盛誉的期刊渴望被引用以保持其排名，它们也在寻找将被广泛引用的研究结果。这些期刊发表复制研究的可能性较小，大多数论文根本没有被重复验证。因此，坎贝尔定律将科学家和期刊编辑引入了一个反馈循环中，即奖励即时且引人注目的研究结果，而这些成果有的可能站得住脚，有的可能站不住脚。[51]

埃文斯的工作还产生了另一个科学效率问题。一些批评者质疑埃文斯对不符合逻辑的科学的关注，他们质疑大多数进步是否只是知识的增加而非革命性思想的结果。埃文斯对此做出了重要的回答：电子工具让研究人员能得到其他人研究工作的最终结果，但他们无法轻易获得重要的底层数据，如在历时 25 年的 DNA 研究中所进行的亿万分子的相互作用。他总结说，电子搜索实际上加速了对基本数据的忽视。情况可能比埃文斯认为的还要严重。他的论文发表几年后，一篇对发表于 1991 年到 2011 年的 516 篇生态学论文的数据研究表明，80% 的数据在 20 年后变得无影无踪。的确，目前处于一个硬件（Zip 驱动器）、软件（Lotus1-2-3）和操作系统快速变化的时期。尽管现在的数据格式可能更加稳定，但许多领域获得数据的效率产生了新的问题。根据哲学家和政策学者马克·萨格夫（Mark Sagoff）撰写的一篇文章，欧洲核子研究中心的大型强子对撞机每秒钟产生 700 兆字节的数据。这一挑战在基因组学领域最明显，新的基因测序技术将每兆字节的成本从 2008 年的 1 000 美元降至 2012 年的 10 美分，这是有史以来技术效率方面最引人注目的成就之一。最新的基因检测范式产生的数据量是惊人的。问题在于，储存效率需要一年时间才能翻番。“廉价”的大数据需要成本较高的储存来做媒介，更不用说确保数据完整性并最终将其转移至新硬件的技术人员的工资了。虽然一些期刊对作者发表的数据有明确的规定，但目前仍没有完善的解决方案。DNA链信息编码存储一直是最吸引人的选择之一，但每兆字节3 500美元的价格，使它不太可能很快在经济上具有可行性。与此同时，IBM的一项研究估计，在过去两年里，全球的电子数据增加了90%。因此，即便摩尔定律①继续适用，绝对存储成本的增加也很可能超过近期存储成本的降低。[52]

人们常说的数据海啸揭示了大数据时代的效率悖论。科学家更有效的办法是收集大量数据，然后对它们进行解释，而不是围绕预期结果——所谓的“无假设科学”或“发现科学”——来设计实验。这一概念仍在争论之中，例如，一些流行病学家试图用搜索频率和用户位置来追踪传染病。2014年，经济专栏作家蒂姆·哈福德在回顾谷歌流感趋势未能比疾病控制和预防中心（依靠医生对实际治疗病例的报告）更准确地预测流感传播时预言，该计划将“反弹，用新数据重新校准”。然而，截至2017年6月，流感趋势仍不明朗，谷歌只提供了历史数据。与此同时，2017年6月发表的一篇论文断言，“谷歌的预测似乎更多的是受媒体的影响，而不是真正承担起监控流行病的责任”。对谷歌来说，搜索数据意味着只有很少或根本没有额外的数据收集或存储费用。对于缺乏强大的新硬件或超级高效算法的学术人员和政府研究人员来说，获取海量数据可能变得极其昂贵，也可能会产生误导性结论。数据采集的效率给生物医学研究带来了悄然无声的危机。[53]

① 摩尔定律是由英特尔创始人之一戈登·摩尔提出的。其内容为：集成电路上可容纳的晶体管数目，约每隔两年便会增加一倍。

当然，科学可能是个例外。科学家是一个组织严密、竞争激烈的群体的一部分，在这个群体中，多个实验室争分夺秒地解决同样的问题，比起获得报酬，他们优先考虑的是结果，经济学家将这一过程称为“竞争”。因此，有趣的是，在流行文化中高效网络表现出了低效效应。例如，对音乐的有效推荐就是这样一种制度，即最受欢迎的艺术家也往往是被公众评判为作品质量最高的艺术家，这就像达尔文式的“适应性最强”一样。流行音乐市场让我们看到了科技效率的影响，却没有看到享有盛誉的守门人的复杂性。像媒体研究学教授克莱·舍基（Clay Shirky）这样的数字文化爱好者认为网络技术好比谷登堡的活字印刷术，释放出了一些令人遗憾的冗余信息，但从长远来看，它也赋予了人类合作与创新的力量。15 世纪至 20 世纪的出版商常常不得不猜测公众想要购买什么书籍，而在线出版商却让我们所有人都去争夺大众的关注。这种观点认为，与强大的中间出版商的猜测相比，文化生产者和消费者之间的在线合作将能更有效地确定产品质量。计算机科学家杰伦·拉尼尔（Jaron Lanier）对混音文化和集体思维文化表示遗憾，认为它们是“数字激进主义”，而不是对个人才能进行奖励。叶夫根尼·莫罗佐夫质疑民粹主义的兴起，认为人们对专业评论家的洞察力不屑一顾，之前人们普遍认为评论家的经验和洞察力能推动文明的进程。莫罗佐夫半认真地推测说，有朝一日，即使是对大众的集体评判，也会被对其他算法塑造的作品进行评论的算法所取代。但是，即使是这些对数字效率的反对意见也可能忽视了技术在汇聚大众品味方面的一个更根本的缺陷：它在反映人们真实想法方面可能没那么有效。[54]

文化上的成功和失败的确与科学在“先发优势”方面有某种

共同之处。在某个领域发展早期发表文章并不能保证得奖，一篇非常有前瞻性的论文在被重新发现其洞察力之前，有可能成为“睡美人”。不过，物理学家 M. E. J. 纽曼（M. E. J. Newman）在对引用模式进行研究后得出结论，一篇相对平淡的但预测明年热门话题的论文要比当前一篇出色的关于时下的文章获得更多关注。一旦科学家获得早期承认，他将继续积累进一步的偏好和获得资源的机会，这将使最开始可能只是略微占优势的成果成倍增加，这就是罗伯特·默顿在第二章中提到的马太效应。[55]

音乐、文学和艺术领域似乎受马太效应的威胁较小。而为实验室提供设备需要巨额资金，因此，被剥夺早期机会的人往往很难获得第二次机会。也许艺术能带来的财富不多，但至少准入门槛较低。其成功取决于广大公众，而不是数量相对较少的资深同行、管理者和拨款委员会成员，尽管这些人也能助一臂之力。然而，马太效应在这些领域仍然适用，根据 2006 年社会学家马修·J. 萨尔加尼克（Matthew J. Salganik）、彼得·谢里登·多兹（Peter Sheridan Dodds）和邓肯·J. 沃茨（Duncan J. Watts）在社交媒体时代早期发表的一项研究，当大量的人在网上评价和推荐音乐和其他文化作品时，先发优势是多种多样的。自第二次世界大战后对口碑传递进行首次研究以来，个人推荐的力量已经被广泛承认。后续研究证实，即使在电视广告影响力饱和之后，人们在做许多购买决定时，受到朋友、亲戚、邻居，有时还有医生的影响更大。直到 20 世纪末，在网络评论出现后，人们开始更广泛而直接地讨论选择。在唱片和 CD 的时代，音乐商店的所有者和店员也可能影响决策，因为他们可以选择艺术家和唱片公司的作品来建立存货。例如，20 世纪 80 年代普林斯顿大学商店的音乐部门经理是一名专业的音乐家，他擅长灌制巴洛克式音乐CD。萨尔加尼克、多兹和沃茨着手研究网络时代如何以匿名和电子的方式表达影响力，有超过1.4万人参与了相关调查。[56]

研究人员的方法是，比较推荐链接和受欢迎程度随着时间的推移与音乐质量之间的关系，这种比较依据的是同一批人的判断，而不是音乐家或乐评家的观点。如果用户推荐和评级是有效的，那么音乐的流行程度应该与听到它且没有受其他信息干扰的人的判断密切相关。事实上，排名和音乐质量之间存在正相关，“最佳”音乐很少出现在乐坛排行榜的底部，“最差”音乐则很少出现在顶端，这一趋势出奇地一致。这对作者的影响在于，推荐的过程往往会倾向于放大适度的开端（我们看到过的科学研究），并将其转化为公众在回顾时可能会认为显而易见的巨大累积优势，从而形成名声的循环累积。正如大多数产品一样，对大多数音乐作品来说，成功和失败可能是随机的，换句话说就是运气。这种效应并非始于亚马逊排名或者像iTunes这样的音乐下载网站，也正如弗兰克所指出的，即便在当面推荐的年代，它也是存在的。[57]

从商业和税务文件到十诫等宗教经典，列表是一种古老的形式。4 500多年前，美索不达米亚地区最早的书面记录之一是一份乌鲁克城的120名官员的名单。排名这一形式的出现则要近得多，甚至古希腊人在奥运会上都还没有设置获得第二名和第三名的奖项。有些书由于热销而著称，但报纸上最初并不会比较不同图书的销售量。从维多利亚时代末期开始，出现在报纸上的书单是文化当局推荐的“最佳”图书的汇总。直到20世纪30年代，人们才开始对流行程度的量化产生了兴趣，而在那之前，对销售额的比较一直只是贸易期刊的话题。被广泛宣传的图书榜单首次宣称列出了大众偏好:《纽约时报》从 1931 年开始制作畅销书排行榜,《公告牌》杂志从 1936 年开始发行金曲排行榜。大概从 20 世纪 70 年代的克莱·费尔克(Clay Felker)创立《纽约》起,杂志编辑开始在他们的封面故事中加入诸如“十大最佳餐厅”之类的主题。自 20 世纪 90 年代以来,随着报刊亭空间日益缩小带来的竞争加剧,以及读者感到时间紧迫,列表已经成为一项不可或缺的内容,因为编辑能够通过列表缩短注意力跨度,提供易于消化的信息。无论是在网上文章中还是在印刷品中,“榜单”无处不在,以至于人们很少再讨论这一现象。媒体心理学家斯图尔特·菲肖夫(Stuart Fischoff)称这些榜单是“我们没有时间跟上,但仍然渴望跟上的节奏”。[58]

不过,在出版物的网络版中,榜单的发展最迅猛。《大西洋月刊》的资深编辑德里克·汤普森(Derek Thompson)报道说,读者在看完一篇文章后,第二次点击最多的并不是其中一个有特色的新故事,而是不断出现的最受欢迎的新闻榜单,尽管这个列表可能位于页面的底部。汤普森承认,即便是过时的文章,其累积优势可能也会持续数年,这种做法对于《大西洋月刊》自身的排名和广告收入来说非常有利。[59]

前 10 名榜单和排名的影响力超越了报纸和杂志,进入了整个网络中。诚然,亚马逊、苹果 iTunes 和其他平台公司做了很多赚钱的生意,而作品的销量却相对较少,这是克里斯·安德森著名的“长尾”① 分销。总的来说,有些书的销量超过了畅销书排

① 长尾,是指那些原来不受到重视的销量小但种类多的产品或服务由于总量巨大,累积起来的总收益超过主流产品的现象。

行榜上的所有书，是因为其中许多销量稳定，而一些极受欢迎的书则迅速高开低走。尽管如此，对最畅销产品的关注放大了萨尔加尼克、多兹和沃茨所指出的效应，把最初的小优势变成了大收益，而这完全是由这些书的本身品质造成的。音乐和智能手机软件也是如此。正如经济学家马修·杰克逊（Matthew Jackson）所说："在应用商店的前 10 名中，排名第 11 位的应用程序与第 10 位的大不相同。"[60]

当我们考察算法对信息、新闻和文化的影响时，效率的积极方面是毋庸置疑的。即使在收费墙的发展以及一些有价值的出版物关闭和减少之后，世界各地的读者仍然可以免费获得前所未有的数量的信息源。维基百科也许不完美，可能与理想中的读者兼编辑群体相去甚远，但它在与新资源建立快速连接方面远远优于传统百科全书。科学引文索引使研究人员对其领域的了解远胜于印刷文献时代的任何专家。剽窃可能更容易,但也更容易被发现。社交媒体可能只是浪费时间，对那些从用户数据中获利的企业来说，它是一种"影子"工作，也是一种迅速分享信息和想法的非常有效的方式。现在的人们和 19 世纪 90 年代到 20 世纪 50 年代所谓的文化黄金时代的文化界人士一样，都会对时代的趋势感到遗憾。怀旧是错配的。

然而，如果我们不是把现在与感情用事的过去相提并论，而是与信息技术带来的希望和潜力相比较，那么情况会更加暗淡。搜索引擎算法已经发展到使用机器学习等人工智能技术的阶段，这对花钱聘请搜索引擎优化顾问来提升自己排名的企业和名人来说是一个挑战。那些负担不起这种服务的人可能处于不利地位。

内容的个性化可能不是一些批评者担心的“过滤泡沫”，但可能需要特别努力才能看到与用户观点相左的内容。用户点击率带来的广告回报似乎更具个性化，却助长了戏谑和耸人听闻的风格，而这些内容很可能会遭到同一家出版物的印刷版广告部门的拒绝。最重要的是，社交媒体算法的效率将重要的广告收入从出版物转移到了平台公司，回过头来看，这带来了明显的影响，但在进入网络时代之前，似乎很少有编辑和出版商预见到这一点。新的环境需要专门的工作人员监测“读者参与度”，并优化搜索和社交媒体的内容。这笔额外开销与 2005 年《未来之路》① 所承诺的“无摩擦”② 世界截然不同。[61]

技术爱好者可能会反驳说，新闻人才转投到嗡嗡喂和沃克斯这样的网站会带来更高的效率，因为这些网站实际上改善了新闻内容。但是，正如维基百科的编辑们所做的那样，大多数作者仍依赖其他来源。维基百科甚至禁止编辑在文章中加入原创内容。这种以移动为导向的新信息机器唯一真正有效的地方在于，平台公司能够获得比以往更高的收入，并长期威胁它们所依赖的媒体。

在数百年对信息的连续加工技术中，制造商和分销商似乎对信息拥有过大的权力。从 20 世纪 80 年代到 2008 年经济衰退，

---

① 微软的联合创始人及 CEO 比尔·盖茨、微软执行总监纳丹·米尔沃尔德以及记者皮特·瑞尼尔森于 1995 年共同完成的作品，该书主要讲述了个人电脑的革命以及信息化对未来的巨大影响。

② 美国学者勒维斯在 1997 年出版了《无摩擦经济——网络时代的经济模式》一书，从此无摩擦经济一词便开始流行起来。其大致含义是 20 世纪 90 年代以来，随着网络技术的发展，某些产品的生产和交易成本逼近于零，同时网络使信息不对称的工业社会条件下产生的搜索、分销成本基本消失，从而使既有的商业模式从“传统经济臃肿的流通环节、高成本商业模式中，令人耳目一新地跃出来”。

像本·巴格迪基安（Ben Bagdikian）和诺姆·乔姆斯基（Noam Chomsky）等媒体进步评论家认为，企业集团及其盟友企业广告商通过寡头垄断和所谓的新闻审查制度，对民主构成了威胁。与此同时，像出版商威廉·拉舍（William Rusher）和专栏作家乔纳·戈德堡（Jonah Goldberg）这样的保守派评论家则认为，一群坚定的自由派对所有者和公众的价值观提出了反对意见。而这两种明显矛盾的观点在某种程度上却是一致的：按今天的标准来看，印刷广告曾经收入颇丰，它们建立了读者群，并认为获得收入比推进政治议程更重要。谷歌和脸书都没有出现在 2004 年出版的巴格迪基安所著的《媒体垄断》第二版的索引中。但是，广告收入的损失——流入了生产有限内容的平台公司的口袋——使这场旧的争论毫无实际意义。正如我们所看到的，数字初创网站对广告收入的担忧与传统出版物有些相似。[62]

报纸、杂志和网站面临的是同样挑战的不同版本。我们所熟知的报业诞生于 19 世纪 80 年代和 90 年代，当时报纸大亨约瑟夫·普利策、威廉·伦道夫·赫斯特、阿道夫·奥克斯（Adolph S. Ochs）以及杂志投资者 S. S. 麦克卢尔（S. S. McClure）等意识到，大众发行和广告可以相互加强。随着价格降低、销量增加和广告收入增加，报纸实际上可以提高质量。这种模式在大萧条时期（《财富》杂志是一个很好的例子，尽管当时在报刊亭的价格是堪称天价的每份 1 美元）、第二次世界大战、电视流行时期、“9·11”事件中，甚至在网络出现的第一个 10 年中都实现了盈利。媒体正在将新的未来与数字出版（充其量是短期解决方案），减少人员和出版频率以及更高的订阅价格（带来年龄更大且更富有的读者群）结合起来。但新闻报道的效率越高，这一方案似乎就越行不通。[63]

还有一个显而易见的问题。社交媒体广告和谷歌的广告计划 AdSense（与 AdWords 不同，它不取决于用户的搜索，而是取决于网页内容和用户数据，包括其位置）之类的程序预示着广告商的最好的前景。人们担心营销人员使用私人数据，也担心脸书和推特等平台无所不知，这是可以理解的。但社交媒体广告管用吗？它能既有效率也有效益吗？这可能是一个不公平的问题。迈克尔·舒德森（Michael Schudson）在 20 世纪 80 年代的经典研究中指出，广告的成就通常难以记录。数据驱动的个性化网络广告可能会有所不同，它确实为广告商提供了更准确的数据，显示了他们发布广告的次数。至少根据盖洛普公司 2014 年发表的一项研究，广告在实际决策中的作用（除了网上直接销售之外）更难追踪。只有 5% 的美国人认为社交媒体营销对他们的购买决定有“很大”影响，30% 的人认为有“一定”影响，62% 的人认为没有影响。在千禧一代中，认为社交媒体营销具有中等影响力的比例较高，达到 43%。但千禧一代中认为社交媒体营销具有较高影响力的只有 7%。就像所有的发行报告一样，这些数字也存在疑问。人们受到的影响可能比他们记得的或者愿意承认的更多或更少。当然，印刷广告和出版物直接出售的网站广告可能也是如此。[64]

谷歌的广告计划 AdSense 主要面向较小的网站投放广告。一家名为 Doubleclick 的谷歌子公司及其 Doubleclick for Publishers 计划可与较大的在线出版商和广告商进行匹配。这些细节对那些没有直接关注的人来说过于复杂，就像没有订阅广告的电视观众通常不知道广告是如何制作和投放的一样。差别在于，谷歌能够实现令人印象深刻的精准性和监控能力，以及它作为一个以平台为基础的媒体而拥有的主导地位。新闻网站 TPM（“谈话要点备忘录”）的所有者乔希·马歇尔（Josh Marshall）在 2017 年 9 月的一篇名为《谷歌农场的农奴》文章中明确表达了自己的感受。谷歌的垄断地位“可笑的伟大”，它的 Chrome 浏览器强化了这一地位。虽然（与脸书不同）它与 TPM 分享了数百万美元，但也造就了一种依赖性。关键是谷歌并非以高效著称。例如，马歇尔称他的网站对连环杀人犯迪伦·鲁夫（Dylann Roof）的描述引发了关于 TPM 可能被归类为仇恨网站的警告。这次或其他的谷歌的虚假警报并未造成明显的收入损失，但可能是因为其占据垄断地位，谷歌几乎没有动力来改进其筛选软件，而出版商则会面临压力和时间上的损失。[65]

因此，基于硬数据的似乎是永久性的转变，可能与基于直觉的判断并无多大差别，“土生土长的”广告可能会回到报纸和杂志上。通过支持高质量的出版物（以及更多有问题的出版物，这是事实），广告可以显示出效率低下的积极一面。新一代广告商可能会重新挖掘出已经过时的机构广告，肯定而不是试图击败潜在的广告的不确定性。但我必须承认，这种支持现在看是前景暗淡的。2016 年年底，由于广告收入下降，《华尔街日报》大幅裁减了纸质版的采编人员。虽然已经有证据表明网络广告的力量被夸大了，宝洁公司从 2017 年夏天的预算中抽出了 1 亿美元，声称这对其销售的影响微不足道，但该公司的这一做法迄今为止没有被其他公司所效仿。[66]

关于搜索业务，就连其中的一个平台巨头也在重新考虑搜索速度。微软公司的研究员贾梅·蒂文（Jaime Teevan）与学术同行撰写了一篇论文，他们重新考虑了用户对即时搜索结果的迫切需求。事实上，正如蒂文等人所言，公众已经将速度与效率等同起来。观察一下，我们会发现，我们所期待的快速答案可能并不是搜索引擎所能提供的最佳答案，如果有更多的时间，搜索效果会更好。如果搜索引擎被允许花费几分钟而不是几分之一秒来完成任务，它们就能找出更复杂的问题的答案。它们还能以更有用的方式来呈现结果。蒂文的论文提出了一个重要观点，即我们常常把速度错当成效率，因为我们没有体验过速度较慢、更有深度的高质量搜索结果。韩国人甚至愿意为一种基于短信的服务付费，该服务向许多订户发送查询以获得答案。未来的搜索引擎界面将提供更深入和更复杂的搜索选项，它们会更有效地给出最有用的答案，甚至可能包含某种偶然因素。[67]

还有一些服务试图提供偶然性算法。它们的工作方式是将用户的个人兴趣列表、对网页的好恶以及其他与有着类似兴趣和喜好的用户的反应结合起来。但这些服务只能吸引那些同意分享内容的出版商和网站。例如，Stumble Upon 向我展示了一些枯燥的文章，而不是更多来自主要科学评论期刊的文章，此外，还有许多引人注目的、无疑是用 Photoshop 修过的图片。至少到目前为止，通过在推特上订阅个别出版物和作家的频道，我可以得到更多的偶然链接。我认为 Flipboard 是最有发展前途的应用程序，因为除了它自己的算法建议之外，还有机会发表评论和关注个人，其移动图像用户界面甚至比脸书和推特好。Flipboard 本身不能解决支付原创写作费用的问题，但它表明算法可以用来扩大知识，而不是使其过于狭隘地个性化。[68]

回到由引用所推动的科学世界，Flipboard 展示了如何在更高的专业水平上发挥建议的作用，识别可能被忽视的论文，跟踪数学和数据分析方面的新技术。报纸和杂志还可以向付费订阅者提供探索和建议工具，使他们更方便地对长期趋势和主题进行研究，重新发现可能再次相关的旧想法。我们在开发发现型和建议型软件方面仍处于早期阶段。谷歌的网页排名算法花了 20 多年时间来补充诸如律商联讯公司之类的网络数据库的基本搜索选项。

尽管如此，完全依靠算法来弥补其他算法的失真是错误的。我们必须继续为模拟学习腾出空间。算法有时能发现隐藏的可能性（例如，发现价值被低估的运动员或探索陌生的国际象棋布局），但它们也很容易自我强化，它们可能会让组织机构变得异常脆弱。如果 10 年的工作经验表明，某类背景特征与某项工作是完美匹配的，算法就会总是相应地对应聘者进行筛选，那么短期的效果可能令人印象深刻。但成功的代价可能是形成一种组织文化，它将不同资质的人排除在外，或者至少难以搭建起不同背景的组合。算法通常被视为面向未来的技术，但却只能告诉我们历史，包括可能被逆转的趋势。

在许多应用中，模拟技术确实已经死亡。但与模拟媒介打交道有一种偶然性，正如黑胶唱片在电子下载和流媒体传播的情况下略有复苏一样。部分原因可能是模拟信号的音质较好，但这并不是问题的全部。如果发烧友的意见被纳入考量的话，古典音乐黑胶唱片将会有更大的市场，但事实上其转售价格仍然很低。二手唱片搜索有助于像普林斯顿唱片交易市场这样的商店维持运营，那里每天接待 600 名顾客，周末的顾客数量还会翻一番。这并不是说我们要恢复黑胶唱片，而是说模拟信号是一种不同的听音乐的方式，在制作、分发和收听方面效率低下，但仍然是一种具有潜在启发性的体验。[69]

我们将在第三章看到，偶然模拟储备的原则不仅适用于成年人的信息经济，而且适用于各级学校和高等教育。如果拒绝不惜一切代价追求效率，我们就能变得更高效和更有成效。

第三章　教学机器的幻影

为什么在摩尔定律提出了 50 年后，学习仍是一件苦差事

有望通过信息技术来提高效率的最有前景的领域并非新闻媒体、科学出版物，也不是我们在第二章所说的日常搜索，而是教育。在家庭买得起的用于教育的电脑诞生 40 多年后，教育仍然是劳动密集型产业。2013 年，美国有超过 500 万名各级教师。从 1900 年左右开始，全国的学生 – 教师比持续下降，在 20 世纪七八十年代早期电脑出现的时代依旧如此。虽然后来学生 – 教师比略有上升，但在 2012 年仍然为 16 ：1 左右，还不到 J.P. 摩根生活的时代的一半。大多数外行和教育工作者都认为，较低的学生 – 教师比是一种进步，而不是生产力的浪费。相比之下，农民曾经占美国人口的近 40%，现在是 2%。尽管教育学、心理学和计算机领域的一些最杰出人士付出了努力，但与机器学习和自动驾驶汽车的兴起相比，教育仍然相对低效。自计算机问世以来，学生的大多数测试成绩也没有显著提高。这并不意味着信息技术在教育中毫无用处，恰恰相反，它可以提高经验丰富的教师的工

作效率。但是，在教师资质不足、硬件和软件资源短缺的情况下，有证据表明，一些使用计算机的能力可能更容易让人分心，诱使过度玩电子游戏，而不是让计算机成为学习的助力。[1]

自电力时代早期以来，企业家就将教育技术革命看作当务之急，这并非20世纪70年代才有的趋势。19世纪末20世纪初，美国首屈一指的技术专家托马斯·爱迪生最喜欢的一个项目，就是拿机器教学作为电影专利的一种应用加以推广。爱迪生在1922年声称，当时的教科书的效率只有2%。他接着说："我认为，未来的教育将通过电影媒介进行，那是一种直观的教育形式，通过这种方式，应该可以获得百分之百的效率。"（他从未明确表示效率达到100%对教育意味着什么。他推测有了最好的视听材料，同样的知识可以在1/50的时间里就能学到。）他在1925年再次预言称到1935年，"作为主要教学媒介的教科书将像现在的马和马车一样过时……摄像机有无限可能"。[2]

据他的传记作者保罗·伊斯雷尔（Paul Israel）说，爱迪生对这一未来抱有强烈的信念，他为此投入了大笔资金，但最终还是失败了。爱迪生本人是一名自学成才的电报员，是精通机电修理的原始极客文化的成员。他重视大学中的科学教育，并招募训练有素的大学毕业生作为助手。爱迪生对未来持乐观态度，尽管当时的电影放映商向普通观众提供大量票价低廉、以耸人听闻为卖点的作品，但他依然保持着维多利亚时代的中产阶级新教徒对道德提升的热情。为了绕开放映商，吸引来自国内、教会，尤其是学校的观众，爱迪生甚至发明了一种新的电影放映系统，即1912年推出的家庭投影仪。该仪器为了防止高温自燃，使用了新型不可燃薄膜做外壳，对封条、胶片进行了巧妙设计，只用

77 英尺的胶片就能放映一场标准的 1 000 英尺胶片的内容，胶片放映到结尾时会重新开始。爱迪生计划通过他的公司出售一万台这样的投影仪，他对这一新教育媒介满怀信心，且个人出资提供了相关的教育内容。[3]

就像之后几十年里进行的其他教育效率试验一样，早期的新闻报道对爱迪生的尝试也热情高涨，部分源于爱迪生在美国工业领域中的标杆地位，而且他能向焦躁的记者们提供令人难忘的新闻稿。（一篇文章称："托马斯·爱迪生完成了照亮世界的任务。现在他正致力于一项发明，以照亮人们的思想。"）尽管爱迪生具有巫师般的权威魅力，但老师和教育管理者却态度谨慎，否认新技术能取代他们的角色和固有的教学方法。他们指出，这些由爱迪生实验室专业人员创作的影片在阐述科学和工程原理时，不符合教师的需要。爱迪生给 1.6 万名学校管理人员寄去了产品目录，却无人问津，最终只能结束这个项目。事后看来，其中的问题是显而易见的。爱迪生显然没有与教师合作并解决他们在课堂上遇到的挑战，而是认为他的声望将促使教育工作者修改他们的课程。[4]

爱迪生有一个更深层次的问题，对效率的偏执形成持续困扰。在思考教育问题时，他拒绝承认往往需要通过低效和浪费，最终才能创造出某种高效的产品。毕竟爱迪生本人因为有关天才、灵感和汗水的言论而闻名，尤其是因为他坚持不懈地钻研细节才创造出了便宜实用的电灯。爱迪生曾夸海口说："我可以在半个小时内用移动图片的方式向一个班的学生传授地理知识，这要比教育工作者一个月里教的知识更准确……在传播知识方面，电影将在很大程度上对印刷课本形成补充。"[5]

尽管爱迪生自己没有上过地理课，但他不准备花几个月甚至几年时间与地理教师合作，而是制作比传统讲座和课本更有效的电影。他大大低估了创造一款成功产品所需的时间和金钱。这不仅仅因为他不熟悉教学，作为一名电影制片人，他在强行提高效率方面也犯了类似的错误。第一次世界大战期间，电影的海外收入下降，爱迪生保留了一名“效率专家”，并规定了 4∶3 的拍摄比例——使用全部拍摄镜头的 3/4——这一政策要求大部分镜头一次拍摄成功。20 世纪 90 年代，在赛璐珞①时代晚期，好莱坞的这一比例是 15∶1。其他制片人很清楚，创造力往往需要更多投入来培养，使其在明星体制和被爱迪生视为奢靡的薪酬间保持平衡。[6]

20 世纪 30 年代，教育片随着有声电影和 16 毫米放映机的普及而越来越被广泛使用。研究表明，虽然电影确实像爱迪生预测的那样对学生有激励效果，但这种方式在经济上并不划算。而且影片本身可以做的并不多，教师必须做充分的准备才能使用好它们。影片可以使教育更高效，但制作和使用影片需要同样或更多的资源，后来每一代计算机技术都在重复这一教训。[7]

第二次世界大战的结束和存储程序计算机的兴起，才使技术提升教育效率迎来了真正的未来。这一基本概念的提出甚至早于

① 赛璐珞（Celluloid），一种合成树脂。早期在制作动画的时候，美国使用以赛璐珞制作的透明胶片，把人物画在胶片上面，背景画在纸上面，就可以做到很多不同的效果。比如拖动胶片层起到角色在背景上移动的效果。在数码时代因为有了电脑做后期，色彩上多了很多加工的余地，看起来和以前的动画风格差别很大。

爱迪生的家庭投影仪。在 1912 年发表的一篇文章中，具有开创性的心理学家爱德华 · L. 索恩迪克（Edward L. Thorndike）提出了这样一个概念，即只有在学生理解前一页书之后，才允许他们翻开新的一页。正如企业家和电脑教育史学家布赖恩 · 迪尔（Brian Dear）观察到的，通过互联网与其链接网页的能力，这一概念最终被实现。在索恩迪克和爱迪生之后，教学计算机的发展分成了两个方向。给本科生讲授编程课的伟大先驱、达特茅斯大学的约翰 · 凯梅尼（John Kemeny）根本没有提到高效率思维。他认为计算机是加强教育的方式，而不是教学的替代品。像麻省理工学院的诺伯特 · 维纳一样，凯梅尼也是一名有中欧背景的美国人，他认为计算机是最新、最有前途的学术资源。（凯梅尼合作开发了 BASIC 语言，这开启了个人电脑时代。）还有另一种更为务实的变化使爱迪生的梦想被重新燃起：心理学家 B.F. 斯金纳（B. F. Skinner）认为，精心策划和个人反馈可以加速学习进度。与强调教学技术的自由精神不同，西摩 · 帕佩特（Seymour Papert）和马文 · 明斯基（Marvin Minsky）曾尝试用新的计算机语言来增强儿童的创造力。斯金纳是一名彻头彻尾的工业化崇拜者，他特意选择了“教学机器”这个带有蓝领内涵的短语，毫不犹豫地按照爱迪生和亨利 · 福特都认可的方式提出了生产率的要求。但他的项目失败了。他以机电为出发点的思考与已经蓬勃发展的个人电脑格格不入。尽管他感到失望，但他还是忍不住回到最初的想法上来。1984 年，也就是苹果公司为麦金塔电脑做的“超级碗”广告，它承诺将个人从专制主义中解放出来的那一年，斯金纳在《美国心理学家》上发表了一篇题为《美国教育的耻辱》的文章。他大胆地宣扬自己的教育效率，认为它可以使学习事半功倍。这种方法是把学习编入程序，逐步提供信息，根据即时测试问题的回答来决定进程。学生可以按照自己的节奏系统性地进行学习，在掌握每个基本概念后会立即得到奖励。美国国家历史博物馆保存了斯金纳的一台原型教学机器，那是一个有大号公文包大小的木箱，上面有插槽，显示着旋转纸盘问题和机器式磁带，学生可以在上面写下答案。在学生做出回答并推进录音带后，正确的答案会出现在插槽中。几十年来，还有其他教育心理学家开发出了更复杂的机电和电子教学装置。斯金纳和他的追随者相信，一次只让一个班级接受教学，哪怕只是听课，都是浪费精力。期待孩子们自己发现数学和其他学科的原理也是如此。有新发现的最有效的方法是通过个性化的指导尽快拥有该项能力，这些指导是目前处于教育技术研究前沿的“适应性学习”的先声。[8]

正如 4 年后的一篇评论（也发表于《美国心理学家》）所揭示的那样，机器教学起源于 19 世纪，远在斯金纳出生之前。但到 1988 年，这场运动似乎已经走进了死胡同。“一代儿童像机器人那样被动地坐在全自动教室里，对这种奥威尔式的恐惧还没有消除。”心理学家小路迪·本杰明写道：“如今，孩子们大部分时间都在盯着屏幕，他们盯着的是电视屏幕，而不是电脑。”正在兴起的认知心理学运动——斯金纳对此颇为鄙夷——主张避免程序化学习，认为它有潜在危害。伊利诺伊大学的柏拉图辅导系统（PLATO）利用先进的等离子屏幕和有别于斯金纳的制式开发的程序学习形式，从 20 世纪 60 年代的自定进度教学体系，逐渐发展成全球首个社交网络和视频游戏行业的大本营。大型计算机制造商控制数据公司投资了 6 亿多美元用于这个项目，该项目承诺降低教育成本和提高质量。然而，独立评估发现，用户满意但收效甚微，柏拉图系统在向个人电脑、苹果电脑和网络过渡的过程中没有生存下来。20 世纪 80 年代，苹果启动了一个耗资 2 500 万美元的试验性项目“苹果明日教室”（ACOT），将最新技术带到了美国各地的一些学校里。它的目的不是通过用电脑代替教师，或者通过减少学习所需的时间来提高教学效率。该项目提供高科技来支持教学，而不是颠覆性的创新，项目的部分资金来自微软联合创始人比尔·盖茨。田纳西州广告企业家克里斯·惠特尔（Chris Whittle）的“爱迪生计划”则以有线电视节目的方式重新推动类似爱迪生家庭投影仪的方案。这些项目在最初都掀起了宣传浪潮，但结局却寂静无声。赞助商通过一系列评估来宣称大获全胜，而怀疑论者则否认它们对传统教学有所改进。政府、企业和基金会的赞助此起彼伏。像往常一样，大多数创业者都失败了，甚至连我们在第二章提到的旅行者公司的光盘那样出色的产品也无法在现有电脑上播放。这一循环与占主导地位的平台公司的颠覆形成了鲜明对比。平台公司包括苹果的 iTunes、亚马逊的 Kindle 阅读器、谷歌图书搜索、脸书、推特和其他公司，这些公司进行了大规模、稳步和全球性的扩展，而斯金纳所设想的适应性学习，以及教学反馈和个性化的电子教学辅导仍然未能实现。[9]

为什么控制数据公司会与成为教育领域的亚马逊这个目标渐行渐远？（该公司在 1989 年卖掉了柏拉图系统，该计划的终极版本虽然直到 2008 年还在为英国出版业巨头培生公司盈利，但并未在此后不久的经济衰退中幸存下来。）为何如此多的教育实验半途而废，而其他高科技梦想却变成了现实？一个答案是，个性化的辅导教育可能仍然有效，为开拓者提供了支持。最初的研究人员往往如此有影响力，以至于矛盾性地被遗忘，当其他人提出新的想法时。罗伯特·K. 默顿在科学文献的引用领域中也发现了类似的模式，即合并吸收（OBI）。尽管施乐公司侥幸存活了下来，但只有为数不多的业内资深人士和爱好者才知道它在启迪麦金塔的图形界面方面发挥的作用。在布赖恩·迪尔的柏拉图系统之前，知道伊利诺伊大学电子工程学天才唐纳德·比策（Donald Bitzer）的人就更少了，后者开发出了这一系统极其引人注目的橙色等离子终端屏幕。[10]

另一个可能的答案是，解决机器教学的问题为时尚早。不久的将来取得的突破最终可能给教育带来技术效率的提升。有朝一日，教育辅导系统可能会从学生的错误中吸取教训，并适用于解决命题，就像机器学习使“阿尔法狗”击败了围棋领域最强大的人类棋手之一一样，电脑“深蓝”虽然在1997年的国际象棋对决中击败了加里·卡斯帕罗夫，但人类棋艺大师曾在很多年里对电脑保持了压倒性的计算能力的优势。未来的计算机将能比最好的教师更出色地使用人类的教学方式。当然，同样有可能的是，这些任务如此复杂，以至于不存在有效的算法。[11]

即使有所谓的突破，代价也将是高昂的。控制数据公司在航空和其他行业以及预算充足的政府机构的雇员技术培训方面取得了真正的成功。它的课程质量令人失望，无法满足学术需要。控制数据公司的创始人和首席执行官威廉·诺里斯（William Norris）没有注意到学校管理者对其系统的高昂成本的反对意见，因为他认为控制数据公司最终会接管这些学校。尽管他在柏拉图系统上投资了数亿美元，但1982年《明尼阿波利斯论坛报》的一项调查表明，学生虽然喜欢柏拉图系统，但从它那里学到的东西并不比从常规教学中学到的多。当记者谈论机器打败人的时候，他们实际上是在描述由技术高超的专业人士组成的团队的工作，其中包括人类棋艺大师。机器通过运算法则和调用像《国际象棋布局》书籍之类的存储数据库击败了人类棋手。机器学习算法——让计算机能够识别模式并对技术进行试验，随着时间的推移提高性能——也需要编程，尽管新的工具能使之达到一定的水准。教育技术效率的挑战并非理论上不可能完成的任务，而是在经济上受到了现实的限制。在拉塞尔·塞奇基金会 1995 年发表的一份报告中，心理学家和计算机科学家厄尔·亨特（Earl Hunt）解释了为什么"以教师为中心"的技术（这种技术加强了传统教学，但未必使之在爱迪生的意义上更高效）优于智能计算机辅助教学（ICAI），这更接近斯金纳的观点。智能计算机辅助教学对高技能开发团队的需求与学校有限的预算无法匹配。亨特尽量求同存异，将重点转向企业和基金会寻求支持。他提醒说："随着算力成本的下降，计算机程序变得越来越复杂……昂贵的非教学人员工资总是公共预算削减的目标。"[12]

尽管克林顿政府和技术高管在20世纪90年代提出了新举措，但对此仍有疑虑。随着《侠盗猎车手》等游戏的发布，学生对计算机价值的期望越来越高，但这于事无补。到了 2011 年，《纽约时报》记者马特·里希特尔（Matt Richtel）走访了一个已经被批准为一项技术密集型项目大幅增税的学区，结果发现，和其他预算较低的学区的学校相比，该学区在标准化考试分数方面没有明显差别。然而，保护性技术教育改革运动历来倾向于测验和客观的衡量尺度，因此，从长期来看，尽管好的软件可能会改善某个科目的结果或引起持续的兴趣，但倡导者很难断言测验是否能衡量出无形的好处。[13]

从 2010 年开始，让新科技驱动教育的改革者开始将注意力从之前长期追求的适应自定进度教育机器这一乌托邦式目标，转向提升传统课堂教学的效率和效果。他们努力将大数据用于改进传统课堂环境中的教学并使其个性化，我们将在第五章中讨论的电子病历的相关进程也是如此。

在《华盛顿邮报》教育作家瓦莱丽·施特劳斯（Valerie Strauss）看来，这方面最有名的项目是比尔·盖茨和梅琳达·盖茨基金会赞助的一个名为“开放”（inBloom）的项目，该项目共获得了 1 亿美元的资金，大部分来自参与该项目的公立学校系统。“开放”项目的目的是编制大量学生成绩数据库，可以通过数据库进行分析以改进个人教学，使教师更好地了解学生成绩。在索尼 PlayStation 家用游戏机的 7 700 万用户的账号遭到黑客攻击、隐私问题——这始终是计算机教育中的一个重要问题——继续加剧之际，该组织在并不恰当的时间启动了这项计划。各界对教育领域集权的官僚机构的不耐烦已经显而易见。[14]

盖茨基金会在 2011 年和 2012 年为一个更具争议性的试点项目提供了拨款，该项目使用手环来测量学生的“皮肤电流反应”，以便向老师反馈他们上课时的参与程度。甚至连主要负责人肖德拉·戴利（Shaundra Daily）——她同时是一名电气工程师、计算机科学家和专门从事教学技术的企业家（而不是小学或中学教师）——也承认，手环读数无法判断学生是否全神贯注或心怀焦虑，也无法判断学生是否觉得无聊还是精神放松。正如在“开放”项目中一样，盖茨基金会本应预见到反对的声音。收集统计数据是一回事，记录和储存儿童（推断的）的情绪状态是另一回事。这无助于盖茨基金会的事业，因为手环使用了大家熟悉的测谎仪中测量汗水的原理。老师们也对戴利的数据不放心，尽管她称这些数据可以用来判断学生的表现——这也是盖茨基金会澄清它最初在宣布拨款时的措辞。[15]

通过收集和分析大量数据来追求教育效率和个性化教学的运动在 21 世纪头 10 年中期陷入了明显的僵局。教育研究人员可能会重提这个概念，但他们要面临同样的障碍。学前教育和政治一样，都是地方性的。每个学校都有自己的环境和文化，而且往往各不相同。改革者倾向将统一的网格强加于不同的环境、各异的家长和学生文化之上，而不承认当地可能要求在实施改革时采取因地制宜战略的情况。这种对组织实际运作方式的忽视，导致了最初的泰勒主义被抛弃，在 21 世纪的效率运动中仍然存在这种风险。[16]

与此同时，在教学方面，新的基于网络的教学举措不断涌现，特别是视频教学。但它们也都面临着各自的困境。个性化高效教学尤其困难，而且可能成本很高，因为很少有专家能够像初学者那样看待这个世界，经济学家和心理学家把这种结果称为“知识的诅咒”。当我作为客座讲师讲授信息史研讨课程时，我发现了这一点。我的教学大纲和阅读书目在教师委员会看来似乎不错，一个学术委员会甚至将其重印。尽管一些具有丰富历史背景的学生喜欢上了这门课，但其他人（包括我欢迎的那些理工科学生）发现，我的要求太多了。脑部扫描甚至表明，学生和专业人士的思维过程在生理上是不同的。物理专业的学生和教师实际上可能在同一个计算模型中看到了不同的现象，很多学生把自己的开题报告看成一套需要死记硬背而不是需要深刻洞察的规则。扭转这一趋势——使教育在传授更好的技能和更多的知识方面更有效率——本身是不可能的。要找到有效的办法需要经过很长时间的实验。第一次讲授的原创课程很可能只是测试版。[17]

这些障碍并没有阻止教育工作者和慈善家在网络上对爱迪生和斯金纳的笨重设备，甚至20世纪七八十年代柏拉图系统优雅的等离子触屏等进行多种多样的后续研究。其中一项研究是名为“梦盒学习”（DreamBox Learning）的数学教学项目，该项目利用人工智能定制辅助课程，参与课程的人有虚拟的个人身份，每完成一个单元，可以增加积分，这受到了视频游戏的启发。它的赞助人、视频平台奈飞的首席执行官里德·黑斯廷斯（Reed Hastings）认为，奈飞使用的个性化推荐软件也能改变学习方式。斯金纳肯定会吃惊的是，该项目每小时为每个学生记录5万个数据点，不像他的录像带那样只看答案，而是把获取答案的过程都记录在案。这部分得益于黑斯廷斯的支持，2017年有200万名学生在使用“梦想盒子”学习，而家长和老师说许多人无法得到足够的学习。和柏拉图系统一样，评估者也不确定“梦想盒子”给传统教学增加了什么内容。“梦想盒子”的负责人杰西·伍利－威尔逊（Jessie Woolley-Wilson）称，尤其令人鼓舞的是，一项独立研究至少表明她的项目没有影响学生的进步。她指出，大多数教育技术甚至做不到好坏参半。持反对意见的人说，学生成绩的提高或许是因为教师的激励，而不是技术带来的。[18]

可汗学院是一个简洁的在线指导程序，回避了视频游戏的生产价值。它最初的新奇之处在于，其创始人、精通数学的前投资银行家萨勒曼·汗（Salman Khan）并不是一位专业的数学家，因此，他可能拥有更接近初学者的观点。他相对粗糙的产品价值观与2008年经济衰退时的社会情绪相一致。一些学生利用他的数千段网络视频来理解数学概念，使自己的学习进度迅速超过了他们的同学。观看这些视频可以得到虚拟的徽章作为奖励，这也是斯金纳倡导的方式。萨勒曼·汗是硅谷英雄。在慈善领域，萨勒曼·汗得到了最大捐赠者之一的比尔·盖茨的支持。但是，萨勒曼·汗那种过分的随意性——最初他是为给堂兄弟做家教而开发的——也有缺点。老师从中发现了一些重大错误（如对负数的误导性讲解），怀疑他的课程是否能让人产生深刻的理解，抑或只是新瓶装旧酒。[19]

可汗学院的局限性表明了另一种可能性。如果提供免费在线教程的导师是特定领域的专家，并有好评如潮的课程怎么办？计算机科学本身是否适合成为一种新的、更有效的教学方式，以遏制不断上涨的学费和学生贷款？这能否实现爱迪生和斯金纳对未来教育的梦想呢？最著名的慕课（MOOC，大规模开放在线课程）是塞巴斯蒂安·特伦（Sebastian Thrun）开设的人工智能课程，他现在是斯坦福大学计算机科学的兼职教授和企业家，之前曾在斯坦福大学任教并担任谷歌公司的高管。到2013年，全世界有7 500人成功完成了他的慕课课程，比他在斯坦福大学过去12年中最受欢迎的课程的选修人数还多。很难将效率的概念应用到这一结果上，因为95%的课程学员已经退学。这让特伦感到困扰，但对另一位著名的计算机科学家、普林斯顿大学的罗伯特·塞德格威克（Robert Sedgewick）来说，这并不是问题。在启动慕课课程前，他和同事凯文·韦恩（Kevin Wayne）教授开设了一门几十年都非常受欢迎的算法常规课程（全球都在使用其讲义）。塞德格威克是一名慕课爱好者，他发现许多所谓的辍学者实际上只对课程的一部分感兴趣。（在线课程报告网站将特伦的课程排在选修50强的第40位，总选修人数为16万人，而塞德格威克和韦恩的《算法1》排在第7位，总选修人数超过了75.1万人）。[20]

不管流失的原因是什么，慕课的辍学率表明，这远不是斯金纳理想中的在线家庭教师，能够按照自己的节奏向任何人教授任何东西。在线教学在提高效率方面面临着更严峻的挑战。我从塞德格威克在普林斯顿大学的公开演讲和一次电话回访中发现，一门真正精良的慕课的准备费用，可能会让你负担不起。塞德格威克有着丰富的经验和大量学生反馈，但为了给他的在线授课准备有用的动态案例，他不得不为每一个小时的在线教学花费50到100个小时——而不是像萨勒曼·汗的早期课程那样，是在几乎没有任何准备的情况下的即兴发挥。爱迪生曾梦想用“100%效率”的电影取代“2%效率”的教科书，但像塞德格威克这样的课程，学生很难在没有参考文本的情况下跟上进度或复习。到2013年，塞德格威克和韦恩992页的算法教科书共四版累计卖出了60万册，塞德格威克认为，慕课使该书的版税收入增加了一倍。虽然慕课的确可以免费提供精英教授的讲座，而且有些课程提供的结课证书可以省下数千美元的学费。即使大多数教授用自己的时间来开发慕课，但他们实际上依赖的是富有的教育机构。慕课就像“免费增值”软件一样，增加了对全价产品的需求。[21]

通过信息技术来追求喊了近百年的教育效率，这是具有讽刺意味的转折。尽管实现这个目标存在种种实际问题，但斯金纳对通过技术进行教学辅导的信心从未遭到质疑。设备和网络对实现教学目标有所帮助，但只能在一定程度上发挥作用。经济合作与发展组织最近的一项研究表明，尽管适度使用是有益的，但对教育技术的过度投资实际上可能会损害最终结果。比如，在电子设备上花费时间最多的学生，数学成绩往往较低。心理学家 K. 安德斯·艾里克森（K. Anders Ericsson）认为，在过去一个世纪里田径和音乐领域惊人的进步，主要是通过更好的训练和"正念练习"而不是靠电子设备取得的。由于经济合作与发展组织报告这样的研究结果，就连身处信息技术行业的许多父母现在也认为，在孩子年幼时，应该控制其看屏幕的时间，使其接受更具人性化的教育方式。他们最推崇的潮流之一是华德福学校的教学方法，该学校是在近百年前由托马斯·爱迪生的同代人奥地利神秘主义哲学家鲁道夫·施泰纳（Rudolf Steiner）创建的。施泰纳脱离了技术领域，在歌德的精神和印度教教义的基础上发展出了一个教育体系。这所学校的宗教基础不是什么秘密，关于施泰纳对种族观点含混不清的争论也众所周知，然而，家长似乎并没有转而信奉施泰纳的人智学的信条，也没有明确接受其大多数学说。（华德福运动的官方网站将人智学定义为一种"精神哲学"，它"努力弥合自中世纪以来人类在科学、艺术和宗教之间形成的鸿沟"）。相反，家长似乎都是实用主义者。如果真正的效率不仅是将变量插入方程式中的能力，而且是创造性地解决不熟悉的问题的能力，那么，效率低下的方法实际上可能是最有效的选择。几十年来的研究表明，华德福学校学生的考试成绩至少和传统学校一样好。关键并不在于华德福学校更胜一筹，而是老师对学生个人的关心比技术和精神信仰更重要。[22]

虽然华德福学校有一种独特的准宗教哲学，使它们不适合公共教育，但芬兰的学校体系表明，以人为基础的个性化教学并不需要密集的技术。它依靠的是让老师成为一种精英职业，训练有素且报酬优厚，鼓励老师根据学生的目标与学生一对一合作，给予老师试验的自由，以及避免高压测试。不过度关注考试的结果是，芬兰的国际教育评估分数是世界上最高的。由于他们在课堂上明智地使用计算机，芬兰人不仅在识字率和计算能力上大大超过美国人和加拿大人，而且在“在技术多样的环境中解决问题”的测试中也是如此。[23]

美国没有像芬兰那样拥有相对同质化的国家和社会团结，以及传统的地方支持和控制，却面临着技术带来的特殊问题：富裕学校和贫穷学校之间的差距越来越大。芬兰学校的成绩更多地归功于老师的精心准备和士气高昂，而不是教学设备。宽带计算机在美国学校的推广对解决以下问题几乎没有影响：最严重的不平等，许多教师对有效利用信息技术准备不足，以及低收入学区的教师缺乏接受继续教育的资源等。初衷是为保证学生机会均等的技术似乎正在加剧不平等。[24]

无论是华德福学校还是其他宗教学校，无论是日本人还是芬兰人，技术在教师的选拔、激励和培训中仍然是次要因素。培养教师的成本通常很高，因为在具有学术技能的人才中，能成为优秀的中小学教师的比例并不高，他们的教学技能需要时间和专业监督才能逐步培养出来。最有效的方法是接受这一过程固有的低效率。

技术的重点从组织教学转向了学生个人技术，在 2006 年到

2016年的10年间，移动计算领域发生了一场革命：智能手机的普及改变了学校的原有经验。皮尤基金会的一项研究表明，到2015年，近3/4的美国青少年和一半的小学生都有智能手机。其他研究表明，青少年每天在移动媒体上花费9小时。纽约市的学校曾试图禁止智能手机，但这一规定无法执行。20世纪90年代，西摩·帕普特（Seymour Papert）宣布了"每个孩子拥有一台笔记本电脑"的目标。现在，大多数孩子，甚至许多来自低收入家庭的孩子，拥有的智能手机都比20世纪末的笔记本电脑的功能强大得多，但学校不知道该怎么做。[25]

尽管信息硬件的发展速度超过了大多数技术先知的预期，但全数字化的生活方式并没有进步，尤其是在学校里。如果你对此表示怀疑，那就想想生产铅笔的过程。据我们所知，这种彩绘石墨铅笔200多年来变化并不大。《文具新闻》在2016年5月的报道中称，铅笔、钢笔和其他书写工具的销量增长缓慢（约3%的年增速），其中许多是作为学校用品被购买的。用特殊的软件能够输入数学方程式、化学公式和图表，但在解答计算题或练习时，在计算出结果之前，用铅笔演算往往更有效率。现在人们总是用袖珍计算器或软件完成计算，尽管记录软件在科学家中越来越受欢迎，但纸质实验室笔记本仍是学校的常规选择。[26]

文化研究中有"杂食性"① 的概念，这一概念同样适用于教育中的技术风格。到20世纪末，人们对音乐和艺术的品味已经分成了高雅和通俗两派。这种品味差异在19世纪中叶那些争夺莎士比亚剧作角色的演员的粉丝间可能会引发骚乱，高雅的剧场和

① 对不同文化感兴趣和好奇。——译者注

通俗的剧院中流行不同的礼仪。然而，在 20 世纪 90 年代，研究美国人文化品味的社会学家发现，精英阶层不再只认同高雅文化。他们也对流行文化感兴趣，而且相信包容性，这种兴趣没有让他们难堪。改变个人计算机技术的苹果电脑本身就是史蒂夫·乔布斯从里德学院的学位课程退学后，受扩展研究范围所影响而产生的一种混合的、具有“杂食性”的产品。[27]

电子设备没有在学校或其他地方彻底取代笔记本、钢笔和铅笔，这是有充分理由的。低效的纸张可以帮助人们提高学习和生活的效率。智能手机不仅是工具，还是各种媒体产品和社交网络的入口，智能手机不仅仅能吸引那些懒散的年轻人。例如，在 2016 年年初，布朗克斯中学——纽约市成绩最好的学生的所在地之一 ——开始关闭学生的无线网络，因为学生可接触到的一些流媒体产品，拉低了该校许多需要带宽的教育项目的速度。事实上，无论是在高中还是在大学，智能手机和其他设备造成的数字干扰都在增加。内布拉斯加大学林肯分校的一项研究表明，在达到一定年龄后，学生 30% 的课堂时间都会被从电子邮件、社交媒体到游戏等的非教育性电子活动所占据。虽然所有这些活动都可以正常进行，但许多教师认为，分心使他们的教学效率大大降低。对于患有“错失恐惧症”的学生来说，这个问题尤其严重，因为这个恐惧症会导致人们强制查看信息以防错过。[28]

在非被动的情况下，分散注意力的问题会延伸到工作场所。按照非营利性机构信息超载研究组织的计算，美国白领把 1/4 的时间浪费在多重任务处理的信息和通知上，相当于每年要花费接近 1 万亿美元。无论是否有可能证明这个数字或其他任何数字的合理性——有时中断可以提供机会、避免重大损失或建立新的联系，许多人无疑感到被通过电子设备获得的数据淹没。[29]

禁止在教室里使用智能手机很可能产生意想不到的负面影响。在新加坡和英国进行的研究表明，许多患有“错失恐惧症”的学生如果被完全剥夺了使用手机的机会，他们学习的效果也会更差。试图逆转移动通信的发展趋势是毫无意义的。就连如谢里·特克尔这种研究通信技术对恋爱关系、交谈和独处能力影响的学者，也不建议限制年轻人使用智能手机——这样做只会提升“禁果”对年轻人的吸引力。[30]

纸质书或许不能解决移动技术带来的社会问题，但它确实提供了一种创造性的低效形式，可以在以后的生活中提高效率。在教育方面，纸质媒体与数字媒体之间的取舍已经成为科技的教派战争之一。即使在 19 世纪末 20 世纪初，手写教学也不是铁板一块。各国的传统和方式总是相互冲突的。支持手写教学的既有右翼学校也有左翼学校，有的强调纪律统一，有的鼓励个人表达。在 21 世纪的美国，我在就这一主题写博客时发现，有时斜体字和草书的拥趸彼此间的对立比对使用键盘者更激烈。斜体字拥趸尤其反对将手写教学等同于写草书。不过，当大多数人想到和学校有关的字体时，他们会想到 19 世纪末 20 世纪初的帕尔默字体的某种版本。这种字体的目标是按照弗雷德里克·温斯洛·泰勒等大师级人物的教导，对学生进行统一、快速、清晰的书写训练，使他们成为高效和有组织的劳动力。（最近的研究表明，它并不比写斜体字的效率更高，甚至不如写单独的一个个字母的效率高。）帕尔默法草书是一种连续书写的形式。虽然手写教学在学校仍然存在，但严格的帕尔默法到 20 世纪 20 年代却逐渐式微，被质量更高、价格更低的打字机所淘汰。[31]

打字机相对于手写的主要优势，与其说是速度，不如说是统一性和易读性。在有成百上千名员工交换文件的大型机构中，这些优势尤为重要。自 20 世纪 20 年代以来，写一手好字不再是一种商业技能。就连它在教育方面的优势也会被抗议。没有学会快速而清晰地书写的年轻人和他们的父母，可能会以某种理由抗议他们的考试分数是不公平的。那些写出来既不易读也不艺术化的典型儿童字体是否还有存在的必要呢？神经科学和心理学都有证据表明，手写虽然比敲键盘慢，但有助于学习。印第安纳大学的卡琳·哈曼·詹姆斯（Karin Harman James）用伪装成“宇宙飞船”的功能性磁共振成像（fMRI）扫描仪来扫描学习制作字母表的儿童大脑和没有从事这一学习活动的儿童的大脑。结果表明，前者比那些只被动识别字母的孩子表现出了更接近成人的思维模式。佛罗里达国际大学的教育心理学家劳拉·迪内哈特（Laura Dinehart）对低收入家庭的孩子进行了研究，发现那些从小就精通写作的儿童比不精通写作的儿童取得了更大的进步。神经学家和心理学家认为，书写字母和单词不仅仅是一种运动技能；它还涉及思维、语言和运动记忆。实际上，它是一种全面的心理锻炼，其益处超过单纯的敲击键盘。跳过刻意的书写练习，直接使用键盘进行输入，可能会节省时间，但常常会遇到挫折，因为这种短期行为可能会降低学习效率。[32]

手写对大龄学生和成年人也都有益处。我们有理由期待，比起老式的笔记本，大学生可以用键盘更快地做出更清晰的笔记。几年前的实验结果让人大吃一惊。就像纸质书显然比电子书更容易理解一样，记笔记时效率相对较低的学生，在考试中的得分要高于使用笔记本电脑的学生，即使后者在记笔记时已经被禁用上网功能以避免可能造成的注意力分散。心理学家注意到了这一高效和低效间的悖论，心理学家伊丽莎白 · L. 比约克（Elizabeth L. Bjork）和罗伯特 · 比约克（Robert A. Bjork）创造了“必要难度”的说法。太追求效率可能会损害我们形成记忆的能力，而记忆会帮助我们以后更有效地利用信息。效率不必然是坏的。用搜索引擎来检索信息往往比花时间记忆信息更快，但研究表明，如果我们想学到什么，我们就必须付出足够的努力，才能将其转化成自身的知识积累。这就像在体育锻炼中一样，对大脑和肌肉来说，必须经过反复锻炼才能形成肌肉记忆。用笔记本电脑做笔记的学生通常会尽可能地按照字面意思复制老师的话，由于手写笔记无法跟上老师说话的速度，手写笔记的人不得不辨认和复述老师的主要思想，这对掌握课程内容有更大帮助。[33]

心理学家帕姆 · 米勒（Pam Mueller）和丹尼尔 · 奥本海默（Daniel Oppenheimer）对本科生进行了一系列实验，以展示“必要难度”如何影响在课堂上做笔记这一行为。所有志愿者都观看了大约 20 分钟的 TED 演讲和视频讲座，并在完成一系列让人分心的任务（包括重新开启在看视频中被禁用的网络等）后回答关于演讲的问题。不出所料，学生用笔记本电脑记的笔记要详细得多。但是，无论是否有机会回顾他们记录的东西，这些内容似乎都无助于提高他们的考试成绩。使用电脑的志愿者接受了手写笔记技巧的训练，并被建议不要尝试逐字记录。他们有机会制作与手写组相同的笔记，但以更快、更详细的方式完成。这似乎有助于他们回忆事实，但不利于他们理解概念。手写笔记的低效率可能刺激我们对写下的每个字都要斟酌，更加简明扼要地复述关键思想。只有以新的方式重新思考，才能确保我们已经理解了之前的内容。有关手写效率低下的东西构成了“必要难度”。[34]

在书面文字和视听演示方面也有类似的情况。20 世纪初，秉持现代主义的平面设计师和印刷工人不再使用维多利亚时代的装饰图样，立志提出实用的创意。早在 1928 年，德国大师级设计师简·奇霍尔德（Jan Tschichold）就提出“现代人……每天都要阅读大量的印刷品，无论他是否需要这些印刷品，这些印刷品每天都会被送达他的信箱”。（信息超载几乎不是什么新概念。）就像流线型汽车设计一样，排版也必须遵循“经济、精确和最小摩擦力法则”。换言之，要突出效率。奇霍尔德大胆提出：“新字体编排设计（这也是他的一本书的书名）的精髓是清晰。”（他后来放弃了这部作品中的激进观点，并放弃了他曾使用的贝特老铸造厂传承下来的阿克齐丹兹 - 格罗特斯克 1898 字体，转而设计了一种更传统、现在仍然流行的萨邦字体。）在 21 世纪，清晰度在美学上受到了重视，但它在促进有效阅读方面的价值却远没有那么显著。米勒和奥本海默比较了被随机分配给不同字体的文本的本科生的表现，结果发现，那些阅读最不容易懂的字体的学生表现出了最高水平的理解力。一个是不被人看好的柯米克赛斯字体，一个是出了名的难以理解的海登史伟勒字体。对于普林斯顿大学的志愿者和俄亥俄州的高中生来说，阅读不好辨认字体的人的理解力最强。在某种程度上，阅读效率低下能带来学习效率提高。我们不应该对大众所熟知的《新字体编排设计》做过多的解读，因为这本著作受文化的影响，也存在各种各样的争议。受过罗马字体教育的现代德国人发现，19 世纪的弗拉克图尔字体（在英语世界中有时被称为哥特式字体）很难阅读，但他们的祖先在第一堂课上会因此被吸引。科尔西瓦字体就是“不流畅”的字体之一，这种字体是基于文艺复兴时期最早由教皇秘书普遍使用的手写体，与柯米克赛斯字体截然不同。[35] 其不流畅也是有限度的。即使学生能以最佳方式理解教授的想法，如果总结出的这些想法是以一种像“投石机”字体之类的非标准字体记录的，那么学生写出的论文也会变得难以理解。佐治亚字体似乎是最安全的选择，因为它是由微软委托著名的字体专家马修·卡特（Matthew Carter）制作的，在屏幕上以及在激光和喷墨打印机上都可以呈现。在屏幕上阅读这一字体的教授所看到的东西和在纸上看到的东西几乎是一样的。有些专业人士习惯了较老的字体，任何替代品都会引起他们的排斥，而不是更仔细地阅读。自 IBM 斯莱科特字体问世以来，IBM 委托制作的公用字体就成为好莱坞和电视剧本使用的热门字体，其部分原因是，它形成了一种令人快乐的巧合：用这种字体写就的一页纸的内容大约相当于一分钟的节目制作时间。编剧字体的创新几乎完全限于间距的微调，即便如此，依然有很多人认为微调是不可接受的。因此，这似乎是一个规律，即虽然获取新信息的效率最高，但设计者的古训也适用，要有一些“必要难度”存在。最好的字体是不会引起注意的字体，事实上，在苹果和 PostScript① 向大众介绍不同字体之前，只有报纸和印刷专业人士才了解罗马字体。[36]

教育效率最大化的实验既不是字体设计，也不是制作讲稿的技术，而是用屏幕代替印刷品的尝试。在 20 世纪 80 年代和

① PostScript 字体是由 Adobe Systems 为专业数字排版开发的大纲字体规范编码的字体文件。该系统使用 PostScript 文件格式来编码字体信息。

90 年代，我是嘲笑无纸化办公室理念的许多评论家之一，尽管纸张传播的信息所占的比例在不断下降，但我指出，激光打印的新效率使人们能够生成比以往更多的打印文档。然而，与我对打印持续增长的预测相反，全世界似乎在 2013 年就达到了纸张消费量的顶峰。多年来，效率似乎站在屏幕而不是纸张这一边。曾在几年前呼吁人们进行“iPod 阅读”的网络杂志《纪实》的编辑雅各布·魏斯贝格（Jacob Weisberg）于 2009 年宣称，亚马逊新近发布的 Kindle 2“阅读器的读者群表明，在经历了 550 年快乐的联盟后，阅读和印刷将分道扬镳。它告诉我们，印刷书籍——人类文明最重要的产物——将与报纸和杂志一道变得过时”。2012 年，时任教育部长阿恩·邓肯（Arne Duncan）也加入进来，在美国国家记者俱乐部发表的讲话中表示，“今后几年，教科书应该会过时”，取而代之的是平板电脑和教育网站。但问题依然存在：新一代会不会像他们不再录制音乐那样抛弃纸质书？与纸质书相比，电子书似乎拥有几乎所有的优势（除了电子许可证不能像实体书那样自由转售）。正如我们在第一章中所看到的，以卷纸而不是单张纸的方式制造纸张是连续加工时代的基础。电子书可能暂时被存储在某个设备中，但原则上，只要被保存在服务器中，就永远不会丢失或被破坏，这像是一个效率奇迹。它消除了纸张生产对环境造成的破坏（稀土开采和对电子废弃物的处理仍有影响），避免了运输和仓储成本，并且不需要像许多书籍那样缴纳库存税——这一税收被指在 20 世纪 80 年代导致很多书不再印刷。它甚至可以在没有传统索引的情况下进行搜索，在不损坏基本图像的情况下随时进行突出显示和注释，而且可以将一个小型图书馆的内容装进公文包中随身携带。在亚马逊推出 Kindle 的几十年前，20 世纪 80 年代末和 90 年代初，相对低保真的电脑显示就开始威胁到了印刷文化。像《信息崇拜》的作者西奥多·罗萨克（Theodore Roszak）和《谷登堡的挽歌》的作者斯文·伯克茨（Sven Birkerts）等评论家对数字未来的担忧似乎正在变成现实。[37]

魏斯贝格的专栏文章发表之后的现实是，大众感兴趣的纸质书依然存在，而不是平板电脑迅速取得压倒性胜利。然而对数字倡导者和传统主义者来说，问题不在于当代读者的阅读习惯，而是新一代读者的阅读习惯，后者确实抛弃了报纸等一些印刷媒体，但其原因并不总是很清楚：是因为他们用大开版或小开版的形式阅读文件的习惯？是因为在电子平台竞争和电子分类广告开始蚕食传统广告收入后，报纸的价格在上涨？还是因为报道的风格和形式在变化？大学生对课本的偏好是衡量年轻人信息习惯的更清晰的尺度。令数字先知们吃惊的是，年轻人是媒体的杂食者，实用主义者，他们同时看到了报纸和屏幕的价值。有这种看法的人并不少，纸质书的销量从 2012 年邓肯预测的略低于 5.2 亿册增加到了 2015 年圣诞季开始时的 5.71 亿册。一项研究表明，即使可以免费下载一本教科书，仍有 1/4 的学生选择购买纸质书。进一步的学术研究揭示了为什么 18 岁至 30 岁的人仍然喜欢印刷品，激发性低效对他们来说是一个熟悉的概念。专门研究阅读习惯的语言学教授纳奥米·巴伦（Naomi Baron）发现，学生们通常在较慢的纸质阅读中得到了更好的理解。独立书店报告认为，学生喜欢纸质书，巴伦的研究则表明，如果数字版价格不便宜的话，纸质书就会成为学生偏向的选择。[38]

正如帕姆·米勒和丹尼尔·奥本海默解释了为什么详细的电

子笔记不如手写笔记更能让学生掌握讲课内容，其他心理学家也探究了学生在数字格式和印刷格式中分别发现的优势，而这些优势被证明是互补的。阅读专家安妮·曼根（Anne Mangen）和让－吕克·韦莱（Jean-Luc Velay）进行的一项研究对比了读者对亚马逊 Kindle 阅读器版本和平装纸质版上虚构作品的理解；在除一类外的所有类别中，纸质版的得分都高于屏幕阅读器。研究人员杰夫·考夫曼（Geoff Kaufman）和玛丽·弗拉纳根（Mary Flanagan）发现，读者在屏幕上和纸张上阅读同一种（虚构的）材料时，获得的信息不同。在电子设备上阅读材料能提高人们在测试中对细节的记忆；阅读印刷文本时，学习细节的效率较低，但在更广泛地理解一部作品的方面来说效率更高。看过电子设备上的信息的受试者在低层次的记忆方面表现更好，在印刷品上读到同样数据的受试者能够更好地展现更高级的理解记忆。考夫曼和弗拉纳根在另一项独立研究中发现，即便在模拟现实职业选择的游戏中，参与者也会觉得模拟版本更简单，并且对游戏改变态度的目标更敏感。[39]

这种对模拟游戏的反应表明，印刷书籍、报纸或杂志，不仅仅是承载文本和插图的实物，也是我们在阅读时探索的一个三维空间。这未必意味着，例如，要想了解查尔斯·狄更斯，我们应该像 19 世纪第一批阅读狄更斯小说的读者那样，急切地等待每一部作品的出版。或者我们应该阅读简·奥斯汀的原著，她用三卷本的形式扩展了借阅图书市场，这对藏书家和图书馆学者提出更严格的要求。所有形式的印刷品都塑造了我们对文本的体验，书签则会发挥路标般的作用。每本书不仅仅是一个物品，更是打开了一片疆域。当我们阅读一本印刷书籍时，我们能记住更有意义的文字，因为我们正在访问那片疆域。你很可能还记得自己小时候读过的苏斯博士、莫里斯·森达克和其他伟大的儿童文学作家的作品。研究人员发现，年幼的孩子更喜欢和父母一起阅读纸质版书籍而不是电子版书籍，疆域体验可能是一个主要原因。[40]

由于种种影响，心理学家的研究和学生对印刷和电子媒体的评论似乎与考夫曼和弗拉纳根使用的“森林和树木”的比喻接近。在 30 岁后转向电子媒体的成年人和伴随屏幕信息长大的年轻人，也有类似的模式。电子格式在研究和掌握细节方面效率更高，而且在搜索人们已经知道需要审查或进一步研究的信息时，效率也更高，这方面的优势是无可比拟的。印刷格式——部分原因是它们似乎需要更仔细地阅读——更适合于掌握更宏观的思想。争论两种模式的优点没有意义。图书销售模式表明，印刷品和电子图书间某种形式的平衡可能会持续下去。

巴伦的研究或许还揭示了 20 世纪末电子教学辅导项目的情况。个性化教学的目标并没有消失，尤其在科学和数学领域仍大行其道。它存在于许多教科书包含的在线资源中，印刷版和电子版教科书的购买者都可以使用，但与后者的结合要好一些。爱迪生曾梦想用视听材料取代低效的纸质文本，斯金纳曾设想使用编程“机器”。个人电脑和网络使教科书产业能够取代柏拉图项目那样的专用终端，但还存在一个难题。虽然爱迪生和斯金纳把技术教育目标设定为用更经济、有效的方法替代传统方法，但资源的费用现在却由购买教科书的学生承担。北卡罗来纳州立大学的一位经济学教授最近在《华尔街日报》上发表了一篇文章，声称在亚马逊上一本主要的经济学教科书的价格是 250 美元，这表明通胀率比消费者价格指数高出 6 倍。他自己在 20 世纪 80 年代初购买的优秀教科书的价格还不到这个数字的 1/10。他认为，这样的价格表明了课本市场的低效；决定课本使用的教授不会支付书费，而学生们可能会接受这样的价格，因为与他们高昂的学费相比，课本并不算贵。其他教授则对课本定价过高的指控提出质疑。例如，社会学家乔舒亚・金（Joshua Kim）认为，数百美元的课本的定价可能是公允的，因为它们包括提供给讲师的视听辅助工具和给学生的个性化练习。无论谁对谁错，道理都是一样的。教育效率是否意味着更快速的学习或更少的学生开支，更高效的技术不仅没有像托马斯・爱迪生所希望的那样取代教科书，新的电子技术也提高而不是降低了教材的费用。[41]

除了讲义、笔记和课本之外，教育的另一个方面受到的关注也较少，因为它很难衡量。比如，能够提出作业以外的问题，搜索和识别最好的信息，发表独到的意见，进行辩论和合作，产生新的想法。这些好处往往慢慢才能显露出来。硅谷对辍学率的崇拜基于这样一种指责，即大学未能教授这样的内容。信息技术的批评者看到的是个人电脑和网络在无休止地让人分心，而信息技术的拥护者看到的是他们能增强创造力。

智能手机中教育应用兴起的问题在于，它作为媒介非常有效，但对创造力和实验而言却不那么理想。儿童发育研究人员认为，智能手机的影响对仍在构建大脑神经网络的儿童来说是有害的。从婴儿期到三岁，人都需要各种刺激。对许多父母来说，年幼的孩子对智能手机的刺激感到高兴，这似乎是他们参与度提高和心智迅速成长的迹象。这个小屏幕足以满足孩子的好奇心。然而心理学家阿里奇・西格曼（Aric Sigman）称，过长的屏幕时间“恰恰是阻碍父母通过平板电脑培养孩子能力的因素”，会损害“注意力、专注性，引起他人注意并与他们交流、积累大量词汇的能力”。神经学家弗兰克·R. 威尔逊（Frank R. Wilson）更进一步认为，这与手在人脑发育过程中的关键作用背道而驰，会导致身体机能衰退。[42]

对于像《连线》月刊编辑部主任罗伯特·卡普斯（Robert Capps）这样有影响力的移动设备爱好者来说，智能手机正在开启一个网络创新的新时代，这要归功于我们将照片、视频和帖子上传到脸书和其他共享网站。卡普斯说，智能手机与自我的融合使其成为我们的伙伴，“在我们如何自我表达、如何展现的美丽和吸引力、如何以抽象的图片和字面的方式与我们的朋友进行情感沟通方面”发挥作用。虽然有些例子具有反社会倾向，但很难否认那些病毒式创作确实值得称赞。知名美术馆赞助手机摄影展览已不再是稀罕事。不过，即使是大屏幕的智能手机，也只相当于小型画布的尺寸，经过大量筛选的应用程序，很难成为谱写音乐、绘制适合出版的绘图甚至是编辑照片的理想工具。苹果公司在一定程度上是靠专门为平面设计师和音乐家提供电脑而名声大噪的，但该公司只有 10% 的收入来自台式电脑和笔记本电脑，3/4 的收入来自 iPhone 和 iPad。苹果公司的一些决定让艺术和图画领域的高级专业人员感到失望。《连线》杂志的审稿人发现，微软提出拥有 28 英寸超高清显示器的 Surface Studio 似乎让该杂志设计人员一见倾心。2017 年 12 月，苹果公司做出回应，推出了其最强大的台式电脑 iMAC Pro，并承诺在 2018 年推出其旗舰产品 Mac Pro 的新版本。很难想象在没有单独键盘的情况下，能在智能手机或平板电脑上创作一部短篇小说，更不用说长篇小说了。因此，无论移动设备对教育中的创造力能起到什么作用，它都会增强一种对“小画布”的偏见。[43]

智能手机中能永无止境地出现新奇事物，这同样对教育领域的创造力提出了挑战。作为成年人生活一部分的学习，一直是以无聊著称的。智能手机本身并不一定意味着过度刺激，里面甚至还有供冥想的免费应用程序。但它们的确能让人立刻从乏味中解脱出来，这未必是件好事。艺术家和哲学家索尔·斯坦伯格（Saul Steinberg）曾经说过：“创造性的人的生活是由无聊来引导、主导和控制的。避免厌倦是我们最重要的目的之一。”用自由思想来排解无聊可能是比玩游戏或看视频更有效的利用时间的方式。毫无疑问，为了避免无聊，学生们使用智能手机的可能性要大得多。根据皮尤研究中心 2015 年的一份报告，在年龄在 18 岁至 29 岁之间的智能手机用户中，有整整 93% 的人使用智能手机来解闷，而在 50 岁以上的人中，这一比例为 55%。这些年轻的智能手机用户也更有可能自称感到“分心”“愤怒”“感激”。（这项调查显然没有询问这些对象的情绪。）[44]

有时候，缓解无聊确实能提高效率。在超市和机场排队等待的时间不一定要浪费掉。但智能手机在接收信息而不是创作更长的原创作品时仍然是最有效率的。在阅读大多数社交媒体信息时，智能手机的小屏幕实际上比大型显示器的效率更高——因为用手指滚动页面比用键盘和鼠标更自然。长期阅读在线出版物的人还发现，正如我在第一章中所建议的，现在许多网站已经为移动设备而不是台式机或笔记本电脑提供了优化服务，这反过来又有助于将用户推向移动设备。手机的无处不在也反映了许多低收入家庭的宽带服务成本很高。皮尤研究中心的报告指出了一个令人不安的趋势，即相当多的年轻人只能通过智能手机上网，这让他们在教育方面处于明显劣势，尤其是在阅读和写长文章方面。

另一种自相矛盾的效率也被智能手机放大了：对我们可以立即获得的信息的“陈述性记忆”的挑战。几十年来，信息技术的捍卫者一直担心柏拉图系统会使写作危及记忆，而最近有些人又重新将记忆训练方法甚至记忆能力当作一项竞技运动。心理学家安德斯·艾里克森在专业领域的开创性工作是：他发现通过有意识的练习，普通人能记住的字符串要比心理学家之前认为的 9 个或 10 个字符长得多。（美国的电话号码和区域代码在一定程度上是基于贝尔实验室对记忆能力的研究，该研究认为本地号码由 7 位数组成是最优值。）[45]

显然，信息技术用户，尤其是智能手机用户，将大量重要数据存储在本地设备或谷歌邮箱账户等云存储中。即使是相对原始的硬件，如廉价的固定电话，也必须能够存储几十个人名和数字。心理学家发现，知道自己能轻而易举地获取信息的人，将不那么容易记住那些信息，这并不奇怪。记忆有优先级也是一件好事。安全专家不断提醒我们，密码应该是随机的，但那样很难记住，我们也不应该用便利贴将其贴在显示器上或随身携带一份清单。即使利用辅助记忆的符号系统来创建相对安全的密码，大多数人也需要记住较多密码，还要分清哪个密码属于哪个网站——同样地，安全专家也建议我们不要对两个账户使用同样的登录密码，并定期更改密码。可是，把包括朋友的电话号码在内的数据泄露出去，似乎并不会造成什么损失。［最近，最有影响力的密码指南的开发者比尔·伯尔（Bill Burr）收回了他最初的建议，认为

可以用大量有实际意义的长词代替各种符号，但许多或大多数网站还不会接受这类密码。］[46]

通过技术来提升记忆力仍然会导致效率低下。因为所有类型的信息都很容易检索，我们不仅会忽视通常要记住的东西，而且失去了需要评估和吸收的新信息。作者索菲·麦克贝恩（Sophie Mcbain）总结了有关技术增强记忆的学术研究，她发现，依赖电子记忆的偏见有可能助长“智力上的自满情绪”，使人们对新信息的好奇心降低，因为他们觉得自己已经知道这些信息。而且关注细节的可能性也会降低，因为计算机正在记住这些信息。如果没有评估新信息的框架，我们就无法有效处理这些信息。[47]

年轻人或许并不比他们的父母和祖父母更无知，但移动网络和社交媒体带来了普遍存在的知识假象，上一代人则不会受此困扰，因为以前当人们发现超出年鉴或入门级家庭百科全书范围的内容时，就意味着需要去当地的公共图书馆进行查询。正如我们已经看到的那样，强烈的两极分化认同削弱了事实的力量。人们面对的事实往往会削弱他们的观点，但并不会改变他们的观点，他们会固守自己的观点。［心理学家莱昂·费斯廷格（Leon Festinger）研究的一个经典案例是20世纪50年代的芝加哥宗教运动，运动领导人曾预言某一天为世界末日。当预言失败时，追随者并没有因为幻想破灭而退缩，而是同意他们领袖的观点，即上帝因为承认他们的信仰而对世界网开一面。］[48]

在这种影响学生和成年人的事后结果导向中，网络并不是完全中立的。网络不仅仅是像传统媒体那样的信息流，而且是一种文化和政治武器库，拥有支持几乎所有观点的资源。事实上，搜索引擎的算法可以有效检测用户正在寻找的网站类型。如果学生和其他人清楚自己知识的局限性，他们可能会更仔细和刻意地搜索。即使只是为了更有效地提出反对意见，他们也可能会搜索最有力的证据来挑战既有的观点。但是，这一过程需要他们具备大量正在寻求的知识。这被看作美诺悖论①的一个新版本。

维基百科部分解决了搜索结果失真的问题，失真的搜索结果像大多数阴谋论那样被广泛的错误信息所扭曲，或者搜索算法遭到系统性操纵。很多搜索结果不提供最好的文章链接与高质量的消息来源。维基百科文章是集体编纂的，所以其作为参考资料比作为学习工具要好得多。关于技术专题的条目提供了全面的最新细节，如音频和视频标准和格式的规范，相比之下，没有任何印刷作品能够确保在第一时间更新。维基百科对公共编辑的开放，意味着其允许即时更正和更新。这对科技专业人员和高年级学生来说至关重要，对其他回答技术标准和规范等问题的人来说也不可或缺。

然而，当新手试图学习时，维基百科系统的优势就变成了弱点。正如我们讨论的，由于“知识的诅咒”，为新人写一个科学概念的清晰解释是一门艺术。传统的印刷版百科全书反映了一种受人尊敬的观点和教学风格。编辑在帮助撰写人澄清初学者的措辞方面经验非常丰富。传统的印刷版百科全书的缺点在于，特别是在20世纪后期，其漫长的修订周期几乎无法跟上许多专题知识的更新速度，年鉴在这方面也并非好的代替品。

维基百科联合创始人拉里·桑格［拉里·桑格（Larry

① 源于柏拉图，认为一个人既不会寻找他所知道的东西，也不会寻找他所不知道的东西。也就是说：他不会寻找他所知道的东西，因为他已经知道了；他也不会寻找他所不知道的东西，因为他不知道要寻找什么。

Sanger）是一位学者，和他进行多姿多彩的环球之旅的前同事吉米·威尔士（Jimmy Wales）不同］对这一项目不稳定的质量以及有时杂乱的匿名编辑文化感到不满，并启动了另一种名为“大众百科”的项目。在该项目中，撰稿人公布了他们的真实姓名并接受专家和编辑的指导。大众百科是一个试验性项目，可以确定出于志愿的自由文化精神是否能与传统的质量控制理念共存。到2017年，在运行10年之后，企业运营出现了麻烦。尽管大众百科一直在维护其网站并公布即将发表的文章，但其官方统计网页在2014年就已经停止更新了，在那一年，每天只有不到10名积极贡献者，甚至在网上也很难找到一份获得认同的文章清单。维基百科和大众百科的教训似乎是，专家和外行志愿者并不会混在一起。如果后者占据主导地位，大多数前者就会离开。但如果后者必须服从前者，那么两个群体都会变得不满意，项目就会摇摇欲坠。专业主义和民粹主义很少共存。[49]

因此，维基百科没有其他可行的免费替代产品。对于一般搜索引擎结果和维基百科文章的局限性来说，人们有一些解决方案，好的答案往往位居结果列表的最顶端，或接近这一位置。在图书馆中可以找到的所谓联合搜索引擎，列出了图书馆可以订阅的几十个数据库和数以千计的电子期刊，包括JSTOR学术期刊数据库。其中可能包括来自在线专业百科全书的优秀解释性文章，学生往往更喜欢这些内容。但其搜索结果却忽略了谷歌可能包含的一些重要资源。[50]

学生对自己在网上寻找结果的技能过分自信。使用谷歌、必应和其他主要搜索引擎的难易程度隐藏了搜索引擎算法正在做出的隐含选择。很少有学生使用谷歌的高级搜索选项，尽管谷歌本身为搜索者提供了教育说明网页。图书馆员发现，学生搜索的结构也反映了对排名方式的误解，有时几乎谬以千里。（找一本关于某个主题的优秀作品，他们就会输入“好书……”，而推荐选项可能不会包含“好书”这个词。）因此，学生们受到了某种形式的邓宁 – 克鲁格效应①的影响，认为他们符合媒体对“数字原住民”的正面描述，能流利地使用各种形式的信息技术。媒体研究人员说，他们有很多东西需要学习。《万物谷歌化》一书的作者西瓦·韦迪亚纳森（Siva Vaidhyanathan）对《高等教育纪事报》说，数字原住民是一个“神话……为了教育科技公司和硅谷本身的直接利益”。他说，年轻人受到“技术人才”观念的鼓励，“购买迎合硅谷的决策和教学方法”。科技作家、《计算机手册》作者戴维·波格（David Pogue）曾指出，虽然许多人开始相信所有软件问题都可以通过搜索迅速得到解答，但印刷版技术指南的减少让用户不知道隐藏在桌面软件程序中的许多特性，阅读印刷版技术指南本可以节省他们的时间和减少挫败感。[51]

硅谷的错误不在于开发令我们所有人受益的高效算法，而在于鼓励一种错觉，即算法可以在不涉及人类技能的情况下运行。算法对于大多数平台公司的商业模式有用，能从用户数据中获利，而且我们中的大多数人愿意放弃大部分隐私以换取便利，因为这种服务有时似乎——借用阿瑟·克拉克对最先进技术的著名描述——“与魔法无异”。速度有助于根据我们的数据销售广告，但这可能并不总是可取的。在第二章，我们看到一些计算机科学

① 指的是能力欠缺的人在自己欠考虑的决定的基础上得出错误结论，但是无法正确认识到自身的不足、辨别错误行为，这是一种认知偏差现象。

家主张“慢速搜索”：通过更复杂的数据处理来提高搜索的质量。这一想法应该被应用到更精确的搜索中。我们需要在搜索中引入必要难度，以认识到（就像在音乐和体育中一样）我们可以通过刻意练习取得出乎意料的好结果。

当电子信息就像点菜那样被出售时，正如我们在上一章看到的，搜索无疑是一种技能。搜索也是一种特权，甚至在20世纪90年代中期，当我试图在我公寓附近的哥伦比亚大学图书馆中使用一台专用的Lexisnekis计算机时，图书管理员似乎感到担心，因为未经授权的访问可能会使他们的订阅作废。现在的许多大学图书馆，所有的人都可以使用同一数据库的学术版本。但是，提出检索所需信息的研究请求并不总是那么容易。

图书馆员和经验丰富的研究人员能够设定限制，用邻近条件（如“三个单词以内”）使搜索更加精确。但是,不管是谷歌搜索、单一数据库还是联合数据库搜索，搜索在很大程度上仍然是通过反复试验获得的技术。可以参考的是图书管理员的建议，他们没有时间回答每位学生的每个问题。一些大学图书馆提供搜索方面的培训。然而，教师往往无法在他们的专业领域里指导学生如何进行搜索，只是因为他们知道的太多了。因此，搜索——正如我10多年前为一篇论文调查普林斯顿大学学生的信息技能时发现的那样——仍然是大学课程中不受重视的“继子”。[52]

如果学生不自然而然地学习搜索，那么讲授这一课程是一种挑战。搜索的算法已经变得越来越复杂，而且必须不断改变它们以应对操控它们的企图。即使经过仔细定义的搜索，也需要经验来判断可能哪些结果是最有希望的。美诺悖论再次出现：为了有效地扩展我们的知识，我们需要知道我们一直在寻找什么。

精确搜索要从意识到我们的无知开始，并逐步展开。我把这种方法称为认知引导，寻找资源将扩大搜索作者的范围，逐层推进。在技术方面的一个例子是，找到一名作者，并将他的名字作为搜索条件。例如，在技术风险方面，这名作者可以是亨利·彼得罗斯基（Henry Petroski），他从工程师的角度写了大量关于失败学的文章。可以是查尔斯·珀罗（Charles Perrow）和黛安娜·沃恩（Diane Vaughan）这样的社会学家，也可以是像斯科特·斯努克（Scott Snook）这样的军事分析家。这种方法不仅会找到援引这些学者的同行评议文章，还会在高质量的期刊、报纸、杂志、基金会网站和政府报告中发现未经同行评议的评论和文章。这些名字也与一些概念有关。黛安娜·沃恩对"挑战者"号航天飞机灾难的分析引入了"偏离常态化"概念。斯科特·斯努克有关误伤的研究为我们提供了一个相关且同样有价值的概念，即"实际漂移"。珀罗对技术联系的研究以区分"松散"与风险更大的"紧密耦合"而著称。与珀罗的框架形成对比的是另一个概念："高可靠性组织"。它表明，即使一项技术本身具有危险性，也有可能在严格的安全程序中对人们进行相关培训。虽然几乎没有人能看完所有搜索结果，但精确搜索可以在合理的时间内标出一个主题及其主要观点，并找到简短的摘要。人们可以借此了解这个领域。[53]

我之前提出了一本书就是一块疆域、一幅多维地图的想法。这一设想可以延伸到搜索领域。搜索不仅是一种针对某个迫切需要解答的问题获得实用答案的方法，而且是一种发现的方式（如今图书馆员最喜欢使用的术语）。它是一种在网上知识的混乱空间中探索和寻找秩序的方法。由于几乎每个学生都需要在未来的职业生涯中探索和绘制新知识的地图，搜索是最有用的技能之一，但全世界大多数教育部门都认为,搜索是随着经验而自然发展的。从某种意义上说这是事实，人们的确在没有正规课程或教科书的情况下自己学会了很多东西，有些人简直是天才。但对我们大多数人来说,音乐老师和体育教练能使我们避免犯一些常见的错误,养成良好的习惯，即使有时练习会令人感到沮丧。

搜索教育不应晚于高中一年级。年轻人习惯随意搜索，但未必知道如何改进显示太少或太多的搜索结果。值得称道的是，谷歌为学校提供了搜索提示和多个程序。在良好的教学中，搜索可以成为类似玩填字游戏那样吸引人的挑战。和许多字谜游戏一样，搜索取决于同义词的多样性。例如，并非所有关于死刑的文章都会包括“死刑”一词，有些文章可能仅限于有关致命注射的主题。网站所有者可以通过创建可搜索的关键词来解决这个问题,这些关键词不一定出现在文本这种元数据中，但许多重要文本都不包含关键词。同义词是对多种电子搜索的挑战，包括在诉讼中分析海量字节的电子邮件和其他文件。同义词问题本身就是在线资源挑战的一个例证：截至 2017 年 9 月，维基百科上仍没有专门研究这一问题的英文文章，尽管一篇名为《可控词汇》的重要文章涉及图书馆员和信息科学家为使主题索引术语标准化所做的努力。大多数人直觉上知道什么是受控词汇，但可能很少有人知道这个词的真正含义。不过，维基百科相对于传统资源的一个优势是：用户（包括本科生甚至高中生）能够填补它的空白。学校应该通过鼓励编辑维基百科来教授精确搜索的技术。[54]

教育技术有两个悖论。第一个悖论是，虽然教育的一个主要目标是提高学习效率，但与爱迪生或斯金纳的希望相反，教育不能以低成本、高效率的方式实现。要使信息技术在学校发挥作用，需要训练有素、收入丰厚的教师和图书管理员。尽管有越来越多的培训专家满足了这一需要，但教师和图书管理员的关键信息技能却在下降。教科书价格的上涨在很大程度上反映了这样一个事实，即今天的教科书实际上是许多老师组织课程所需要的框架。一名或有限几名教授可能足以写出教科书，但他们的工作也要经过同事的同行评审，他们需要其他技能来制作教程。问题应该是，这些高价教材是否真的有助于学生更好地理解这门课。如果是的话，教材费用应被视为学费的一部分，并按比例包含在奖学金中。开放教育资源运动（OER）一直在通过免费提供课本和其他材料向传统出版商发起挑战，但其支持者发现，创造和采用高质量的替代教科书所需要的时间和精力远远超过他们的估计。与此同时，商业教科书出版商认为，自 2007 年以来，使用教科书的成本实际上下降了，部分原因是教科书的出租和转售在增加。这是一种值得商榷的说法，因为在这样的安排下，学生不能将书保留下来。至少在某些领域，尤其是与慕课和其他在线项目有关的领域，定价适中的教科书——如罗伯特·塞德格威克和凯文·韦恩的教科书——可以通过减少转卖和鼓励零售来让出版商和作者双双受益。[55]

第二个悖论是，纸媒这种效率低下的媒介，在对提高思考效率方面有价值。正如我们所见，屏幕上显示的可搜索文本是了解和验证细节的最佳方式。在人文科学方面，在大学图书馆里可以看到的报纸和杂志，最终可以给人文学科的教育提供一些类似实验室中得出的经验。这一切都很美妙。我们看到，纸质印刷品在促进概念和关系的学习方面具有优势，然后可以利用电子资源进一步探讨这些概念和关系。

史密斯学院的写作、教学和学习项目负责人胡利奥·阿尔维斯（Julio Alves）说，用相对低效的印刷书本可以更有效地促进我们才智的使用。他注意到印刷书籍在大学图书馆的借阅量不断下降，他认为这与自20世纪90年代以来学生论文的独创性不断下降有关。阿尔维斯将研究的短期需要与理解的长期增长做了区分。数据库搜索可以有效地直接回答问题并提供与查询最相关的资源。但是，相对低效的纸质书图书馆促进了另一种可能更深入、更持久的学习。“图书馆是与知识不期而遇的富矿”，那里或许不再是我们获取知识的主要来源，但仍然应该是一种重要的补充。事实上，社会学家罗伯特·默顿在哈佛大学读研究生时，通过一本名为《牛津英语词典》的纸质参考书重新发现了“意外”这个词。浏览《牛津英语词典》的电子版是可以的，但印刷出来的页面会留在我们的视觉上，并激发更多的思考。例如，虽然很多书都有网上的免费阅读版本，但《不列颠百科全书》第十一版却仍需阅读印刷版。[56]

在20世纪90年代的网络热潮之后，学术界的一些官员在21世纪的头10年里接受了硅谷的教条，为“不再使用书本的未来”大唱赞歌，而他们对技术持保守看法的同行在网络仍很稚嫩时对此表示担忧。一些图书馆根本没有印刷书籍，这吸引了媒体的注意。然而，至少有一家图书馆的用户对这个政策并不满意，图书馆员最终承认了读者对印刷书籍的需求，千禧一代也拒绝老一辈对他们选择教科书形式的先入之见。幸运的是，非此即彼的思维现在不那么普遍了，人们默契地认识到，高效率的手段有时可能导致效率低下，反之亦然。[57]

一个世纪以来，从托马斯·爱迪生到B. F.斯金纳再到里德·黑斯廷斯，通过技术进行有效学习的目标似乎已经陷入僵局——也许是因为太多的领袖（斯金纳除外）曾是企业家、基金会高管、职业经理人、政治家而不是教师。信息技术增强和丰富了教育中的几乎所有领域，但既没有减少获得学位所需的时间，也没有改善人们的背景知识或批判性判断能力。出现这种情况有很多原因，包括开发有效的在线学习平台需要高昂的劳动力成本（包括开放获取教科书）、技术可以让不严谨的人产生掌握知识的幻觉、试图将志愿者精神和专业特长融为一体的众包计划的困境。正如我所承认的那样，鉴于机器学习的进展，算法有可能在理论上学习到有效的教学辅导技术，如通过分析最成功的人类教师的大量课程，甚至通过对大量学习者进行实验来制定新的策略。但无论技术在教学中的效率有多高，它在教授批判性判断或创造性方面都可能效率低下。在第一次世界大战前几十年就一直强调服从和统一带来效率的观念已经过时了。没有独立思考，社会永远不可能有效率。

第四章　移动目标

地理信息做不到什么

在前面的章节中，我们已经看到，对于重要目标而言，效率低下的模拟思维比新的信息技术更加有效。在金融、商业、媒体和教育方面，100 年前的技术和世界并不比我们现在的情况更人性化，但信息技术运动的批评者在关注我们已经失去和正在失去的文化时会犯下这种战术错误。技术倡导者可能会对文化不屑一顾，并宣称自己超越了原本的限制，他们正在通过模糊人类与技术之间的界线来建设一种新的更好的文化。即使预言有自主意识的机器人可能失控也影响不大，因为这种灾难性的传言已经出现了 100 年，现在人们对机器人技术的兴奋之情比以往任何时候都要激烈，与之形成对比的是应对气候变化这一更为紧迫威胁的努力却一直效果不彰。因为技术拥护者坚信效率优先，真正关键的是通过显然不那么高效的手段在效率方面获得的长期好处。

冗长的邮购目录、大都市百货商店、书店和图书馆的书籍印刷，学生装订的笔记本和印刷版教科书都具有一个重要的共同特征，它们不仅仅是字符串和图形文件的具体物理表现。这些材料（甚至包括普通的报纸）构成了我们学习海洋中的导航图，这些信息的排列有助于锚定和组织我们的记忆，即使我们想不起来我们阅读过的页面是怎样的。电子信息非常灵活而且可以搜索，适用于从智能手机到 4K 显示器的各种展现形式。我们可以选择格式和字体，但当熟练的编辑和设计师做出这些选择时，我们会从经验中获得额外的东西。智能手机这种最小和最有效的信息设备不会让我们变得愚蠢，但至少有一些研究表明，智能手机也不会使我们变得尽可能高效。年轻人曾被认为“数字原住民”，他们更认同虚拟模式的价值，在他们看来，售价两美元到三美元一份的报纸不值那么多钱。

显然，效率较低的媒介也有其优势，这不应令人惊讶。当我们在工作中需要记一些重要事情时，我们的效率最高，思考真相和想象结构是我们组织记忆的古老方式。古希腊和古罗马的修辞学家讲授了自古以来被称为“轨迹记忆法”的方法。演说家或学生想象一座有多个房间的房子，或者在某些变体中想象一座有围墙的城市，有些方法甚至会用人手做比喻。想象中的每个房间中都摆放着物品，这些物品代表要记住或叙述的想法或事情。曾经过时的“记忆宫殿”的概念，现在成了重新兴起的记忆比赛中最受欢迎的一项技术。记忆比赛选手通常被建议选择一栋熟悉的建筑，但这种技术似乎也适用于虚拟建筑。与一组图像相比，纯文本提纲是一种较低效记忆事情的方式。[1]

如果我们的头脑以这样的空间方式来掌握知识，那么电子时代的效率对我们在知识海洋中导航的能力意味着什么？越来越多的研究人员——地理学家、神经学家、心理学家、人类学家和其他一些专家——对电子辅助设备对读写能力的影响感到担忧。

地理效率的益处毫无争议。在20世纪最后几十年里，一个与地球自转同步的卫星网络向美国军方提供了精确的信息，但大多数民用信号相对没那么精确。随着美国国防部在比尔·克林顿总统2000年5月批准向公众开放精确军用GPS（全球定位系统）的定位服务，以及此后几年智能手机的兴起，很多人的位置感发生了根本性的变化。今天，人们很容易通过坐标在几米内确定自己的位置，并规划出一条从大陆上的几乎任何地点前往其他任何地方的路线。到一座城市观光的游客可以看到带有餐馆、博物馆和其他景点介绍的实时地图，并上传自己的照片。50年前的驾车者可能需要到访一家汽车俱乐部的办公室，从那里得到一组定制的路线图，上面带有他们的路线、施工通知和其他延误情况等信息，如今，这样的路线图可以立即获得。旅行者还能看到附近的酒店、餐馆、剧院和其他在地图上显示的商业设施，甚至可以预览被流动摄像车拍摄的真实建筑物。我最喜欢的一个带有广告的应用程序显示了公路服务区的地图，其中包含订阅者上传的最新价格。未来的购房者可以在不出门的情况下浏览附近的房屋，并能看到评估和销售信息以及高分辨率的街景。即使是谷歌文本搜索，也无法提供谷歌地球所具有的那种近似全能的丰富信息。在20世纪90年代，尽管仍然存在审查制度和欧洲的私有化运动，准保密规则也还占据主导地位，但那时旅行的效率似乎仍达到了几乎无法想象的高水平。[2]

在考虑高效旅行意味着什么，以及我们可能会在收获的同时损失什么之前，我们有必要研究一下最高效的旅行者。效率意味着（正如我在前言中所建议的那样）投入资源与获取结果的比率，狩猎采集者、海员、游牧民族和商人都是以往最高效的旅行者。

人类是具有先天定向能力的物种之一。事实上，几乎所有动物的大脑都大体知道它们运动的方向。神经生物学家鲁道夫·利纳斯（Rodolfo Llinás）指出了例外的情况：海鞘。海鞘先用由300个神经元组成的大脑来寻找永久附着的地方，在找到地方后就会吸收掉大部分的大脑。（在参加一次会议时，他打趣说："那就是所谓的任期。"不过，他的书中没有收录这一说法。）迁徙的鸟类和哺乳动物可能没有人类意义上的心智地图，但它们利用的是无须人造卫星的协同信号组合：从太阳、恒星、地球的磁力，到光化学、气味、偏振光，可能还可以从其他东西得到指引。研究动物导航的专家、地球物理学家乔·基尔施文克（Joe Kirschvink）认为——倾向于他曾经反对的一种假设，人类不仅有感受磁场器官的残余痕迹，而且实际上有能力利用它们来判断方向。[3]

潜在的定位技能是哺乳动物在大脑中构造周围环境地图的能力。爱德华·莫泽（Edvard Moser）、梅－布里特·莫泽夫妇（May-Britt Moser）和约翰·奥基夫（John O'Keefe）在2014年因发现哺乳动物大脑中的定位系统细胞而获得诺贝尔生理学或医学奖。奥基夫在1971年发现大鼠的海马体中的定位细胞，莫泽夫妇发现大脑用于经纬度导航的网格细胞，莫泽夫妇证明，自然界高效地进化出了两套这样的细胞。实验中，大鼠的网格细胞位于被称为内嗅皮层区域的内侧，让大鼠从一个房间搬到另一个房间后能保持方向感，位于海马体中的定位细胞则为每个房间绘制了一张与众不同的地图。老鼠的记忆以及我们的记忆都会对经过的地点进行编码，就像许多数码相机和智能手机可以记录图像的坐标一样。这有助于解释为什么我们能记得我们听到历史性新闻时的情形，比如，在得知约翰·F. 肯尼迪遇刺或“9·11”袭击时的感觉，以及记住个人的悲欢离合。莫泽夫妇认为，正是这种双重系统使“轨迹记忆法”如此有效。[4]

虽然人类具有遗传的位置感，但他们通过教学和学习可以提升这一宝贵的能力，包括感知技巧在内的技能世代相传。其他物种可能会制造工具，有些甚至可能使用工具制造其他工具，如灵长类动物和一些鹦鹉可以解决复杂的难题。但人类的独特之处在于，人类能够发展、传播和完善地理知识等技能。像人类学家戴维·普雷马克（David Premack）和安·詹姆斯·普雷马克（Ann James Premack）所说的那样，教育学让我们可以将我们的范围和能力累积起来，代代相传。人们也有按照计划进行探索的能力，至少到目前为止，还没发现其他哪些物种具备这些能力。[5]

最让人印象深刻的寻路探索是几百年前，在欧洲人与太平洋岛民那些杰出的探险家接触之前发生的，同时代地中海的水手们尽可能地在能看到海岸的距离中航行。波利尼西亚人①的大部分航程也很短，但他们研制出了能够行驶数百英里的独木舟。每个人都有自己的导航方式组合。这些组合不仅包括航位推算（从最初的参考点计算位置），还包括对太阳、恒星、洋流、海浪、大气循环、鸟类和鱼类的运动、风，甚至还有气味的观测。波利尼西亚人对风向的了解使他们获得了类似于美国航天局卫星的弹弓

① 大洋洲东部波利尼西亚群岛的一个民族统称，包括毛利人、萨摩亚人、汤加人、图瓦卢人、夏威夷人、塔希提人、托克劳人、库克岛人、瓦利斯人、纽埃人、复活节岛人等十多个支系，约400万人。

技术的知识，后者让卫星能利用月球轨道和一颗又一颗的行星将自己推向更远的太空。波利尼西亚人使用能想象到的最具能量效率的旅行模式，仅由风力和潮流提供动力，偶尔由人力提供补充，它的效率与今天专用的 GPS 设备类似。教授和学习波利尼西亚人的导航技术是一种耗费时间的事，主要依靠的是沙地上的棍子、物体和线条的排列，而不是准备好的地图和图表。有抱负的航海家必须记住数百颗恒星的位置，把有用的恒星和其他恒星区分开来。在一个等级森严、以男性为主导的社会中，导航是一种精英技术。随着欧洲人的征服进程，许多人失去了之前的技能和知识传承，但并不完全是这样，直到 19 世纪，波利尼西亚人和密克罗尼西亚人[①]还是世界上最热情、最能干的水手之一，他们本着探索的精神花一两年时间游历上千英里，公开蔑视闯入他们生活中驾驶笨重船只的欧洲水手。在 20 世纪，新西兰医生彼得·刘易斯（Peter Lewis）学会了一些传统的航海技巧，并领导了一个恢复学习和指导的原住民航海家运动。到 1976 年，美国人类学家本·芬尼（Ben Finney）找到一位波利尼西亚航海家，完全依靠古老的技术驾驶着一艘 18 世纪双壳独木舟的复制品从夏威夷航行到 2 700 英里外的塔希提岛。[6]

尽管南太平洋岛民在航海中使用的方法出类拔萃，但问题的关键不是他们才干超凡，而是人类有能力培养通过地标和环境标志来记忆和导航的能力。欧洲、中东和亚洲的人类也发展出了巧妙的导航方式。据希罗多德说，腓尼基人的天文学让他

① 大洋洲南部密克罗尼西亚群岛的一个民族统称，包括查莫罗人、加罗林人、马绍尔人、瑙鲁人和吉尔伯特人等支系，约 20 多万人。

们可以定期穿越地中海而不是一直盯着海岸航行，他们甚至能够从阿拉伯湾绕行非洲，并通过代表埃及法老尼科二世的大力神柱（这位历史学和地理学的奠基人并不完全相信这种说法，但他认为这种说法至少是部分可信的）。维京人通过追踪太阳来导航，并能在频繁的多云天气中利用阳光的偏振来探索北大西洋。因纽特人建立了一个线索网络，利用看得见的线索将他们分散的居住区与北极地区的狩猎地和渔场联系起来。作家布鲁斯·查特温（Bruce Chatwin）创作的澳大利亚原住民歌词闻名世界。像拉普斯、贝多因和纳瓦霍这样不同且相距遥远的民族掌握了周围的地标。一般而言，原住民自己不需要书面地图，他们为征服欧洲的人绘制了最早的地图，而后者对此却毫无感激之情。直到 20 世纪，人类学家才开始了解与欧洲接触前，原住民进行的复杂的寻路活动。[7]

传统的寻路技巧显然无法替代当代的地图，但它们不仅仅是古怪的传统残留，城市中的人可以学习这些技术，以评估和发展自己的寻路能力。人类学家克劳迪奥·阿波尔塔（Claudio Aporta）和环境科学家埃里克·S. 希格斯（Eric S.Higgs）研究了因纽特猎人的地理技术，这些技术一般包括“风向、雪堆形状、动物行为、潮汐周期、洋流和天文学现象”，这都是基于对周围环境的深入了解，这种了解可能在无须昂贵仪器的情况下表现出很高的效率，但付出的代价是，需要多年的训练才能学会使用这些传统导航方法。意料之中的是，现在年轻的因纽特人越来越多地转向使用 GPS ，但他们长辈的谨慎回应很能说明问题。因纽特人对新技术的态度很务实，他们也接受了雪地摩托，尽管这项技术需要依赖外部的燃料和零部件供应。他们还看到了 GPS 的价值。阿波尔塔和一名当地年轻人用 GPS 找到了一辆丢失的雪地摩托，因为雪地摩托的最后位置被正确记录了下来。雪地摩托虽然在速度方面比人的效率更高，但在对环境影响方面的可持续性上并不比狗拉的雪橇强。雪地摩托的速度使经验丰富的旅者更难向年轻人解释自然特征的意义。[8]

在 2000 年向公众提供了准确的 GPS 信号后，阿波尔塔实地调查了因纽特人如何使用购买的价格适中的 GPS 接收器，加拿大的一些组织也教因纽特人如何使用这些 GPS 接收器。GPS 实现了让传统生活更有效率的承诺，尤其是在使用雪地摩托时更是如此。在海象狩猎活动中，即使在恶劣天气下，也可以利用包括动物轨迹在内的能看到的标识技术返回定居点，但使用雪地摩托时，走弯路可能浪费宝贵的汽油。在正常情况下，GPS 在两点之间尽可能规划直线。然而同样是这些接受雪地摩托的长辈，对这种新的导航技术持保留态度，这些怀疑甚至与温带地区的驾驶者习惯有关。

经验丰富的因纽特人看到了 GPS 的价值，尤其是在大雾中更实用，否则他们可能要等到能见度恢复正常后才能行动。GPS 技术在与当地人对冰的形状和海岸线的了解相结合后甚至会更加有用。有经验的猎人可能不用精确地跟踪 GPS 系统轨迹，有时这样做可以节省时间，因为他们知道最直接的路线可能已经被冰堵住了。一位老人想起了寻找一名迷路旅客的事。他回忆说，GPS 指出了某个地方，但它所提供的直接路线却要经过存在隐患的区域，在那里可能迷失方向，也有拖延时间的风险。如果没有传统知识，旅行者可能会面临险境，其电池可能耗尽，接收器可能失灵，或者信号受到干扰，这些都是额外的危险。古老的寻路经验仍然能提供技术上的保障，然而，年轻人没有充分的理由去学习这些古老的技术。

环境观念的缺失不仅成为原住民团体与国家乃至全球需要共同商讨的问题，这些问题几乎关系到我们每一个人。

在公路上使用 GPS 最广为人知的问题远比因纽特人遇到的 GPS 无法修正地形要明显得多。原则上，GPS 可以通过校验地理数据库数据，在制定路线时绕过压力冰脊等具有潜在危险的区域，但有这种需求的市场显然太小了。对于大多数在人口较为密集的地区开车的驾驶员来说，他们面临的风险和因纽特人完全不同。GPS 的效率体现在要不假思索地服从它所指引的方向，但它几乎没有考虑到地名演变可能导致的混乱。美国既有华盛顿州，也有华盛顿特区，新墨西哥州已经有很长时间不再是墨西哥的一部分，但一些邮件仍然被错误地投递到了几乎同名的地方。伦敦至少有两条阿比路，两者相距 10 英里。即便是像我所在的新泽西州普林斯顿大学这样一个很小的社区，也有两条奥德街，普林斯顿大学的大多数工程相关专业的建筑位于第一条奥德街上，而另一条奥德街则通往距市区 3 英里的高等研究所。像伦敦这样大的城市和普林斯顿这样小的城市都面临合并带来的混乱，这些城市直到最近还都有一个独立的内城和外城。弄混相距甚远的目的地也可能发生，文化理解的差异有时会带来这种结果。比如，有位叙利亚卡车司机，一路开了 1 600 英里去了岩石林立的直布罗陀，其实在相对近得多的地中海沿岸也有类似的地名。即使对当地人来说，也有可能走错路。一名出租车司机带着斯宾塞勋爵的一位十几岁的女儿前往 200 多英里外约克郡的一个小镇，而本来的目的地是伦敦的一座足球场。[9]

这件事在全球范围内被报道，这让斯宾塞家族感到懊恼，但同时也暴露出两方面的问题。不仅调度员没有注意到这个错误，重复检查的失败也并不罕见，严重错误通常是由多重安全措施下一连串的问题造成的。这件事之所以能说明问题，是因为尽管目的地没有路标，但职业司机在200多英里的路上都忽略了方向的错误。无论是否使用GPS，因纽特人都必须尽可能多地了解地形细节，但年轻的西方人可能正在失去对景观的认识。旅行很容易变成穿越隧道的旅程，如今不少乘客的注意力都在移动设备上，而不是观看周遭环境。对司机和乘客来说，盯着GPS而不是实际道路状况的后果都是危险的。英国一家保险公司在2008年估计，GPS出错导致了30万辆汽车相撞，据称GPS导航错误造成了大量危险的交通状况。但这并不意味着GPS得不偿失，因为很难估计GPS阻止了多少起严重的导航错误甚至事故，这也是作家阿里·N. 舒尔曼（Ari N. Schulman）从自己在波士顿和华盛顿的经历中发现的问题。尤其是在街道布局不规范的城市里，GPS通过显示图标来发出拐弯指令以吸引司机的注意（特别是在那些暂时未纳入基本地图资料库的临时道路上更是如此）。行人和骑自行车的人、路面状况、对城市道路不熟悉的开车人以及疲劳的驾驶员，这些因素都可能带来变数。正如舒尔曼所说，在路上是一种具有挑战性的多重任务处理过程。在城市里，两秒钟的微小时间滞后就会给寻找路径的大脑带来额外的压力。[10]

幸运的是，150多年来，工业和后工业社会一直拥有一个包含各类极端地理知识的实验室。在伦敦出租车司机考试中，应试者要能够描述出2.5万个街道网络中任意两点之间的一次往返。

这一考试可以追溯到马车时代，驾车者不仅要辨别出阿比路等具有重复性和相似性的地名，还要清楚私人土地所有权发展数百年带来的错综复杂的变化。19 世纪 50 年代，豪斯曼男爵在巴黎为修建该市的林荫大道而实施了大规模的拆毁行动，而伦敦的街道则以私人土地所有权的名义抵制了这种激进的重建计划，伦敦通过向郊区扩张发展起来，最近对单行道的规划进一步使道路复杂化。为道路考试做准备被称为“做学问”，这意味着应试者要花 3 年左右时间熟悉城市地形，就像采集者和狩猎者要摸透自己所处的环境一样。重要的是，这种学习的基础不只是对地图一清二楚，更要骑着摩托在路上行驶数千英里，以将街道名称、地标和道路状况完全了如指掌，将以卡林十字为中心、6 英里半径范围内的路线彻底摸透。出租车司机就像狩猎和采集者一样，需要利用他们的所有感官来熟悉地形。出租车司机也必须具备一种交通模式的心理模型，以便在必要的时候找到替代路线，这也类似南太平洋的航海家学习风向和洋流知识一样。出租车司机应试者随后要在专业学校花几个月时间练习使用各类地图，各种培训需要花两年或更长时间。对训练有素的司机来说，这座拥有所有兴趣点的大都市本身就是一座记忆宫殿，而且他所在城市的地理知识还在不断更新。[11]

脑部扫描显示，记忆宫殿其实可以被看作一个解剖学对应物。神经学家埃莉诺·马圭尔（Eleanor Maguire）指出，通过考试的出租车司机的大脑的后海马区与一些动物的记忆有相似之处，比如，松鼠会把食物储存起来过冬。这种适应性可能是有代价的：海马体前区会变得较小，这种差异可能会影响其他记忆。他们大脑中的地图也可能让他们更加难以了解伦敦道路系统的变化。而许多人在不注意或不了解周围环境的情况下，也能清楚地感受到环境变化。那些出租车司机就像优秀的体能运动员，他们的非凡技能让其他人从中得到鼓励。[12]

在硅谷的价值观中，出租车司机要花数年时间来掌握道路知识，考试制度和伦敦传统的黑色出租车（帮助古老的驾驶学校免于被关闭）都是过时的法律保留下来的过时的垄断残余。由于有了 GPS、拼车软件和自动驾驶汽车——我们以后会考虑这些，根本不需要一个出租车司机精英认证系统。知识审查员代表了技术行业为了提高效率而想要重新洗牌的集中打击对象。那些不寻求成为他们所在的城市或地区“活地图”的人也会受到影响。记忆不仅仅是一个可以外包的被动数据库，更是与世界互动的一种方式。

在技术辅助问题上，常识性的、温和的立场——“它们只是工具”——并不能说明问题的全部。一直有人否认，即使打字机也只是一种工具，他们认为打字机导致思维不那么精准，使用电脑的话情况甚至更糟。世界上最杰出的数学物理学家之一克利福德·特鲁斯戴尔（Clifford Truesdell）的工作对工程学产生了深刻影响，他甚至舍弃了钢笔，用羽毛笔写字，尽管他对空调等家用电器没有异议。尽管打字机和电脑没有对物理学或人文学科造成明显损害，但过度使用 GPS 设备，可能会对我们的心理健康有害，往往让用户成为工具。由于可以通过网络上随时可用的设备轻松禁用 GPS，而且还存在环境和技术风险，政府一直担心导航员会丧失使用传统手段的能力。英国皇家工程学院进行了一项测试，结果显示：人们习惯对 GPS 出色的性能充满期待。因此，当船员或岸上人员没有认识到GPS服务受到干扰和（或）对其他导航方式不熟时，GPS服务中断可能会对安全和保障产生重大影响。值得注意的是，即使受测船只的船员已经事先被告知将要模拟GPS故障，仍会发生混乱和反复的误报。[13]

加拿大神经学家维罗妮克·博博特（Veronique Bohbot）一直在研究过度依赖GPS对在陆地上寻找道路的能力的影响。虽然没有证据表明频繁使用GPS会削弱整体认知能力，但用户的定位能力显然受到了影响。采访过她的记者莱昂·内法赫（Leon Neyfakh）也回忆了搬到波士顿后的经历。聚居在波士顿的社群大多可追溯到殖民时代，那里比其他任何美国城市都更像伦敦——尽管没有像伦敦那样的黑色出租车队。依靠智能手机上语音合成的转向提示，内法赫可以完全不走错路顺利地抵达办公室，但他很快意识到这样出行让他对波士顿的街道一无所知。博博特的研究显示，不管是否采用电子提示信息，遵循机器的指示都不能帮助我们对周围环境形成清晰的心理认识。英国工程学教授加里·伯内特（Gary Burnett）从另外的角度证实了这一点，他发现只遵循方向性指示的受试者在道路记忆的测试中，要比那些使用传统纸质地图的受试者差很多。采用GPS的方式最初效率更高，能让使用者少犯错误。但从长远来看，在低效率中的学习可以使他们更有效地了解周围环境。[14]

GPS的广泛使用所带来的后果甚至让一些技术专家感到震惊。2016年，通信和导航卫星顾问、皇家导航研究所前所长罗杰·麦金利（Roger Mckinlay）在《自然》杂志上发出警告说，GPS系统的缺陷导致了严重的错误，需要对这些系统进行重大升级。他提到的担忧被一辆红色卡车以戏剧化的形式表现出来，这辆卡车在按照 GPS 的指示行驶时被困在了两栋房子之间的一条狭窄巷子里。麦金利强调，即使有了技术进步，人类的寻路能力也是无可替代的，需要定期锻炼。[15]

尽管寻路能力具有优势，但为了 GPS 所带来的便利，年轻人可能会对印刷地图弃如敝履。这种选择好坏参半。至少有一项测试表明，美国的千禧一代实际上似乎是有纸质地图阅读能力的。英国的情况似乎有所不同，英国的一项调查表明，80% 年龄在 18 岁至 30 岁之间的人承认，没有 GPS，他们就无法找到路。另一项以年轻人为对象的研究表明，尽管他们认识到卫星导航的周期性不可靠，并赞同批评人士的观点，即依赖卫星导航会削弱寻路的技能，但他们根本不把 GPS 数据当作地图，也对学习使用纸质地图没什么兴趣。这种态度背后有一定的逻辑。需要整体理解教科书，才能掌握一门课程并通过考试，但除了某些地区想通过出租车司机考试的人外，大家都不拿地图当回事。当我翻阅许多出版商和 GPS 提供商发布的纸质地图时，我对每个类别和每种版本的地图出版商都有自己的优势和不足感到吃惊。在西弗吉尼亚州的一次商务旅行中，我使用了一个智能手机应用程序、一本公路地图集和 AAA 城市地图。我发现它们是互补的。“西华盛顿特区”的城市地图向我显示了我正在寻找的一家郊区餐馆的位置，但对我在夜间穿过州际公路、主干道和当地迷宫般的街道来说，却毫无用处。手机应用程序把我带到了我想去的地方，帮助我在郊区的灌木丛中找到了一个服务站，但对我了解自己旅程的进展并无帮助。而公路地图集让我规划了整个行程，能纵览进度并了解景观。地图的美妙之处在于，每种技术、每种设计都有自己的取舍。[16]

GPS的精确性有诸多好处，尤其是在公共卫生方面大显身手。拨打急救电话的许多人无法给出确切地点——尤其是在看不到街道地址或地标的情况下，而且有时会因伤势严重无法说话。GPS向公众提供正确信号的初衷之一是协助警察、消防和救援服务。它使这些活动更有效率，但与此同时，它也带来了新的问题。问题不只在日常的高速公路上和城市环境中才出现，有时情况难以预料，这让我们想起了因纽特人长辈的告诫。据登山专家说，一些登山者可能会使用智能手机或其他专用装置，但在紧急情况下，这两种设备都无法取代读图的能力。有全球经验的南非登山向导兼救援组织者加文·劳本海默（Gavin Raubenheimer）说，现在迷路的人比以往任何时候都多，因为即使带着地图，他们也无法用GPS来了解地形。他们知道自己在哪里，但他们没有掌握将印刷地图上的等高线和小道转换为实际路线的技能。劳本海默曾经做过试验，让两组人骑山地自行车，一组用GPS，另一组用地图和指南针。使用GPS的骑行者很难用他们的设备了解前方的地形；看地图的骑行者可以分辨出前方的小径和道路，就像因纽特人只用传统技能所做的那样。使用GPS的骑行者最终决定效仿地图和指南针组，结果是更高效。[17]

手机、GPS和信号标识已经挽救了不少生命，但救援服务的一个问题是，在缺乏训练和导航技能的情况下，这种安全感是否可靠。格雷格·米尔纳（Greg Milner）在其精彩的著作《精确定位》中指出，死亡谷国家公园的护林员中流传着一句谚语："死于GPS系统。"这句谚语描述的是技术驱动带来的不幸遭遇。与印刷地图不同，即使是专业GPS也会忽视上升的海拔、缓慢恶化的路况和其他危险警告，这使两点之间的最短路线常常带来危险。2011 年，加拿大夫妇艾伯特・克雷蒂安（Albert Chretien）和丽塔・克雷蒂安（Rita Chretien）在爱达荷州决定尝试一条他们认为的捷径，因为他们在前往拉斯维加斯的途中对使用 GPS 充满信心。GPS 选择的路线一开始是一条养护良好的小路，不幸的是，它慢慢上升到了海拔超过一英里的高处。由于无法掉头，克雷蒂安夫妇所开的并非为越野驾驶设计的面包车陷入泥泞的沟里难以动弹。艾伯特试图借助 GPS 信号，徒步去寻求帮助，但电池很快用光了，艾伯特死于迷路。丽塔靠少量食物和溪水奇迹般的存活了近两个月。（三名开着全地形车的户外爱好者在寻找麋鹿时偶然发现了她，当时她的身体非常虚弱。）[18]

就在克雷蒂安夫妇发生事故时，智能手机已经开始取代专用 GPS 为许多消费者服务，尤其让那些出厂时没有安装 GPS 的汽车驾驶者也能用上导航系统。从本质上讲，手机导航可以成为生命保障，但人们往往将其作为第一选择而不是最后的手段。公共安全官员建议，远足者不要把手机放在应急背包里，但人们经常会冒更大的风险，坚持使用手机，甚至努力爬到更高的高度寻找信号，而不是像紧急服务部门所呼吁的那样，在拨打 911 电话后原地坐等救援。新罕布什尔州渔业部门的一名负责人对《波士顿环球报》记者说，他很少见到远足者使用地图和指南针。没有经验的远足者往往没有意识到，不仅是 GPS，文字和语音传输功能在山区也很不好用。在极端情况下，寻找更高的地点来传输信号可能会导致死亡。就在几年前，田纳西州退休的护士杰拉尔丁・拉加伊（Geraldine Largay）在短暂离开阿巴拉契亚步道后迷路。位于缅因州偏远地区的阿巴拉契亚步道森林茂密，被美国海军用于生存训练。她的短信一直没发出去，据专家说，她有一个指南针，但却不知道如何使用。该地区十分偏远，以至于两年后才发现她的尸体，还有一本她试图引起救援人员注意的日记。拉加伊之死在一定程度上是由于她相信短信的可用性。她认为自己联系到了丈夫，丈夫给她提供了在沿途城镇的补给，学习定向技能似乎没有必要。[19]

不仅普通的徒步旅行者和登山者会遇到 GPS 的安全和效率问题，专业人员也会面临这些问题。对专业人员来说，风险不是学习技能失败——他们会定期接受这方面的检查，而是在自动化系统出现故障时迅速做出反应的能力。由于先进的自动驾驶系统甚至能根据天气或其他异常情况做出调整，民航比以往任何时候都更安全，但罕见的坠机事件尤其令人不安，因为大多数此类事件事后都被证明是可以预防的。许多航空安全专家认为，尽管进行了严格的训练，但飞行员在从自动控制到手动控制的突然转变中依然没有足够的实践。无论是在军事行动中还是在田径运动中，精英成员的表现一直都依赖于重复练习，从而使正确的反应变成自然而然的动作。自动驾驶技术越完善、越可靠，在实际飞行中进行这种练习的机会就越少。自从 2009 年 6 月 1 日法航 447 次航班在南大西洋失事以来，缺乏练习的问题反复出现。当时，在一个重要的空速探测装置结冰后，飞行员无法恢复控制，把高度自动化的空客 A330 的管理权切换到了人工模式。空速监测仪器失灵这个问题本质上并不严重，技术故障与飞机的导航系统本身没有任何关系。但这起事故说明了一种心理问题，飞行员心理上的紧张使所有电子控制都具有潜在的危险性。最先进、最可靠的系统往往构成最大的危险，因为它们和地理定位装置一样，非常复杂，以至于在发生故障时很难清晰判断如何使其继续工作。著名工程系统分析师约翰·多伊尔（John Doyle）称这种技术“稳健而脆弱”,发生小的故障就可能使系统毁于一旦。如果训练得当，法航 447 次航班的飞行员原本可以靠仪表飞行，但一系列令人困惑的警报分散了他们的注意力，他们没有注意到，他们的爬升决定让飞机陷入了致命的失速状态。[20]

相较于飞行,更大的挑战可能来自海上。原因显而易见。第一，除了沿海贸易和短途渡轮，大多数远洋航行以及大型海域的许多航行都发生在远离海岸线、没有浮标和灯塔的情况下。第二，与公路、铁路运输和航空业相比，政府对远洋船舶的监管不力，许多船舶出于税收原因在真正的母港之外注册，而且船员是来自不同国家管辖范围的公民。第三,长期以来,雾一直是海上威胁（对公路交通来说也足够危险）。对当时那个时代的人来说，“泰坦尼克”号下水时的安全状况让人叹服，不仅配有先进防水舱，其声呐探测系统也很先进。海上冰山被认为是较小的危险，但当能见度降低时,船长就得待在特殊的“雾椅”上,保持高度警觉。第四，全球航运的周期性和高风险的金融环境鼓励船东承担风险，不同国家的竞争有时会妨碍安全协议。幸运的是，沉船事故发生率已经从社会学家查尔斯·珀罗 1984 年最初发表经典《正常事故》时的每天 1 艘沉船，到 2016 年降为不到一半。但公海上的情况依然不容乐观。《纽约时报》2015 年甚至刊登了题为《无法无天的海洋》的系列文章，探讨海上的混乱和普遍存在的剥削。珀罗把海上运输称为“一种错误诱导系统”。在海上不会发生类似北美荒野中“死于 GPS 系统”的情况，但定位系统的确有共同的弱点。例如，雷达会鼓励船长下令提高速度，但就像旅行者一样，他们在压力下的行为有时会变得莫名其妙。虽然雷达能让船只即使在雾中也能清楚地标识出周边的其他船只，并有充足的时间避开它们。有明确的规则来规范这种海上船只相遇的情况，但海洋专家早就认识到，可能会发生“雷达辅助下的碰撞”，即两艘船不顾所有防护措施碰撞到一起，根据美国国家科学院发表的一份报告，电子导航等新的定位技术并没有改变这个问题。海上船长的糟糕决定与使用 GPS 的司机的糟糕决定有很多相似之处。每个国家都会变得越来越依赖技术辅助，以至于新系统提供的越来越多的信息会干扰人们对实际环境的感知。在缺乏强有力的亲眼看到的线索的情况下，甚至在 2009 年，欧洲盟友法国和英国的配有最先进的导航设备的核潜艇都曾发生相撞（虽然并没有导致严重损害）。[21]

地中海最大的游轮之一歌诗达“协和”号在 2012 年沉没，这表明电子导航可能会像之前的传统雷达一样，使航行变得风险度更高。这艘游轮距离一个岛屿只有 300 米，它在撞向一块岩石时搁浅并沉没，造成 32 名乘客丧生。正如在灾难中经常出现的情况一样，歌诗达“协和”号出现过多次失误，尤其是乘客在船上放出救生艇撤离时，船长因过失杀人和其他违法行为被判处 16 年监禁。技术在这场事故中陷入了无能为力的境地。歌诗达“协和”号装备现代化的 ECDIS（电子海图显示和信息系统），可以根据一个数字化的海图数据库跟踪该船的位置。然而调查表明，这些系统的基础数据可能是从已有几十年历史的纸质文件中转移来的。ECDIS 系统的目的是当船只操作进入危险状态时发出警报声。由于误报是高效安全系统的副产品（我们将在关于医学的第五章中再次看到这一点），在某些情况下，由于警报太过频繁，不堪其扰的船员就关掉了这个系统。这次警报系统中断的结果与法航 447 次航班机组在与天气相关的自动驾驶系统切换到手动模式过程中发生的情况类似，都造成了驾驶人员的混乱。在歌诗达“协和”号事故中，多个国籍的船员以及船东都反映，存在忽视船上培训的情况，这让船长的管理漏洞雪上加霜。“歌诗达协和”号的关键是，像 ECDIS 这样的数字设备和现有的更先进的导航系统，都取决于从事纸面图表工作和直接观察的船员的模拟技能。在进行相关教育方面，数字技能和模拟技能是互补的，而不是对立的。[22]

上述飞行和航海的事故都直接为汽车驾驶带来了教训。GPS 的精确度的提高和偶尔出现的惊人故障似乎都与自动驾驶这种新的运输模式有关。“学校驾驶员”计划已经实施了数十年，该计划往往会让年轻驾驶员更早上路驾驶，这可能增加交通事故的数量。尽管警察、保险公司和驾驶协会都会发布公共服务通告，但公众对驾驶技术的了解程度和其驾驶技能都非常有限。当我在一次安全工程师会议上发言，并有机会聆听专业人员的声音，甚至有机会尝试一种最先进的驾驶模拟器时，意识到了这一点。我发现，虽然安全总监没有忽视公众眼中的责任，即对危险工作进行设备培训，如使用电锯和其他可能致命的设备来修剪树枝等，但他们的注意力大多集中在道路安全方面。上下班的旅途可能比工作本身更危险。查尔斯·珀罗曾指出，在长达 20 年的职业生涯中，战斗机飞行员有 1/4 的概率在和平时期的飞行中死亡，但更多的人死于车祸，因为他们驾驶汽车的时间比飞行的时间多得多。美军特别关注道路安全项目，空军因为年轻军人开展的“活到 25

岁”的防御性汽车驾驶训练获得了赞扬。[23]

众所周知，开车分心会带来风险，尤其在交谈和发短信时风险更大。在美国，通过免提设备通话几乎在所有地方都是合法的，尽管研究表明，它们在分散人们注意力方面和直接使用手机不相上下。严格的法律规定在减少更分散注意力的发短信行为方面收效甚微。但是，道路安全中一些最严重的问题与新技术几乎没有直接关系。大多数司机仍然没有始终如一地遵守专业人士的建议，如将车距保持在两到三秒车程的距离。正如安全工程学会议上的另一位发言者所指出的，司机之所以跟车太近是基于一种错觉。物理学家、汽车安全专家伦纳德·埃文斯（Leonard Evans）认为，当另一辆汽车插队超车时，有的司机认为这是对其男子气概或女子气概的“侮辱”。埃文斯称这些司机的数学都不合格，按照他的说法，保持安全的速度和安全的距离，让其他人插队超车，最终对旅行所需的时间几乎没有明显的影响。每次插队超车的时间只有两秒钟，在一小时的行程中加起来也不过一两分钟。在时间上落后只是一种错觉。[24]

我还学到了自己在驾驶课程中从未学到的东西：如何调整后视镜以消除盲点。盲点是汽车安全设计中存在时间最长的问题之一。演讲者演示了如何对齐后视镜，以便左侧车辆在后视镜中不再出现，而在侧镜中可见。在这种情况下，从侧镜中可能什么都看不到，但当真的需要它的时候，就能从那里看到发生了什么。进入驾驶模拟器后，我意识到一个好司机需要非常细心，需要不断地看后视镜和侧镜，在接近十字路口时要眼观六路，对孩子和宠物意外进入车道保持警惕。作为一项需要高度集中注意力的任务，我对开车有了新的认识。我同时明白了：在长途旅行中保持这种注意力会非常疲劳。虽然我们被警告不要使用智能手机和平板电脑，但研究也表明，与乘客交谈和听音乐可能会稍微缓解疲劳感。

最新一代的司机辅助技术针对的是共同的风险。许多汽车现在都有了车道偏离警告，当汽车越过分道线时会发出一连串“哔哔”的警告声，这可能会挽救昏昏欲睡或做白日梦的驾驶者以及周围人的生命。新的司机辅助系统也包括盲点警告、行人自动制动和应对其他危险的技术。然而，随着每一种新的安全功能的推出，道路上的矛盾也变得更加明显。尤其是在拥堵的道路上，司机处于密集的车流中，无法摆脱或更改行驶路线。有时一旦车辆密集程度超过阈值，就会受到某种形式的流体动力学的干扰。要是像一些驾驶部门所提醒的那样，试图在汽车周围保持一定距离的缓冲区，其结果是经常会被怀有敌意的司机加塞超越。尽管一些卡车会安装接近感应器，提醒周围的车辆不要靠得太近，但使用这项技术的小客车并不多。德国可对跟随卡车过近的驾驶者处以相当于 450 美元的罚款，与德国不同，尽管追尾导致的死亡率很高，美国的高速公路警察却很少对类似行为开出罚单。正如阿里·舒尔曼发现的，在城市中驾车时，导航设备发出的语音指令、GPS 或智能手机屏幕以及城市街道环境这些因素加起来，都会让驾驶者对导航设备感到更紧张。[25]

自动驾驶汽车是早在民用 GPS 出现之前就有的技术趋势的成果，比如，自动变速箱取代了换挡的动作。2017 年，一辆新车的各类系统平均拥有 1 亿行代码，是欧洲核子研究中心用于探测希格斯玻色子的大型强子对撞机复杂程度的两倍多。由于导航和娱乐系统共用一个接口，自动挡汽车通常比手动挡汽车行驶得更顺畅、跑得更远。自适应巡航控制不仅能保持一定的速度，而且在接近前方车辆时会自动减速，这使驾驶行为本身显得不合时宜。将全程操作转交给机器成为一个有吸引力的替代选项，美国司机普遍认为，在超过任何速度限制 8 英里左右并不构成犯罪，这一公认的假设会由于自动驾驶而受到控制。为什么汽车本身不能成为司机呢？在测试阶段，自动驾驶汽车的安全记录优于一般驾驶员，但事实并非完全如此。2016 年 2 月，谷歌不得不承认它的一辆自动驾驶汽车至少在一定程度上造成了轻微的碰撞。自 2009 年以来，谷歌的车队每行驶 130 万英里就造成 17 起事故，这实际上高于官方公布的每 10 万英里发生 0.38 起造成财产损失的交通事故。但如果把未报告的常规小事故考虑在内，两者的事故率或许是相近的。因此，自动驾驶汽车的安全性已经与人类驾驶汽车相当。自动驾驶汽车的传感器和算法甚至能识别特殊情况，如警察手动指挥交通。这样一来，汽车接管驾驶难道不是更有效吗？这难道不是 GPS 一直指给我们的方向吗？无论优步和 Lyft 等运输公司的创始人最初是否计划将汽车完全自动化，但他们似乎都在用全自动汽车取代人类司机。[26]

谷歌的统计数据中有一个星号。如果不是谷歌汽车里的驾驶员接到系统的提示，在一年多的时间里 272 次控制汽车，可能会发生更多的事故。此外还有 69 次驾驶员将汽车驾驶模式切换成了人工操作模式，（根据司机的判断）其中有 13 次防止了事故发生。一辆豪华纯电动车的狂热拥趸在使用制造商特斯拉所谓的自动驾驶模式时死于非命。特斯拉管理层表示，尽管有号称的“自动驾驶”，但他们曾明确警告不要采取这种做法，并宣布未来的软件版本将不允许有双手离开方向盘的操作。[27]

算法效率是自动驾驶汽车未来的关键。这种现象必然的一方面，是机器学习的力量，程序学习的能力类似于这样一种能力，即人们接触到周围无数变化的物体，对其进行一一识别，直到能够认出狗和猫等物体。前面提到的在围棋领域取得的成就是算法能力的一个标志。另外，是所有程序都有漏洞。安全专家估计，每 1 000 行软件代码包含 15 到 50 个漏洞。未来 10 年，汽车的软件代码可能多达 2 亿行。车辆行驶的环境也在不断变化，这个程序很可能永远无法囊括车辆、行人、骑自行车者和天气状况等所有可能的变量。例如，特斯拉的致命事故发生在一辆白色卡车上，这类特定尺寸和颜色的车可能并没有被摄像头准确感知到，特斯拉及其摄像头和视频处理器供应商 Mobileye 因双方对事故原因存在分歧而中断了合作。效率的悖论在于，就像我们所看到的其他导航系统一样，自动行驶越顺畅，用户干预的必要性就越小。但是，这种无须插手的能力反过来会使司机掌握应急技能的机会减少，这样一来，当电子系统失效时，他们作为司机的效率就会下降，甚至可能会发生技能不足的情况。[28]

如果自动驾驶成为一种常态，司机越来越不需要依赖自己的判断，那么困境很可能随之而来。自动驾驶系统在什么情况下允许司机接管操作？如果汽车被设计成密闭的电子娱乐设备而不再有窗户能看到周围环境，那么当电子设备失灵时，司机接管驾驶也不稳妥。不管是允许还是拒绝接管操作，都有可能招致灾难。[29]

对自动驾驶汽车的表面效率还有另外三个风险警告。第一个风险警告是人类对软件不断干预的程度。航空和航天工程学教授、技术和制造史教授戴维·A. 明德尔（David A.Mindell）强调，自动驾驶汽车的软件非常复杂，工程师已经进行了参数修正、阈值调整，区分了噪声与信号，并添加了无数干扰因素。在引擎盖下，一种自我修正机器学习的设想被证明更接近用户所熟悉的台式电脑的操作系统。不同之处在于，汽车软件必须应对不断变化的环境以及人类驾驶员不可预测的反应。明德尔认为，看似自主的代码可能真的是“非常人性化的”。[30]

第二个风险警告可能被称为地方知识的民主化。如果我们在一个地方住了一两年，我们就知道如何避开堵车点和抄小道。一些 GPS 接收器和应用程序能够通过实时报告车流量来模仿这种来之不易的体验。这确实可以帮助我们更有效地利用道路系统。随着时间的推移，拥堵地区的驾车者认识到，在高峰时段，甚至是非高峰时段，走某些道路要比 GPS 和谷歌地图、MapQuest 等导航服务推荐的公路效率更高。在郊区的街道上，并不常经过此处的通勤者通常会碰上小烦恼。1990 年出版的《洛杉矶快捷道路指南》只是修改了一些交通标志，就导致警方开出了大量罚单。当谷歌收购一家名为 Waze 的以色列初创公司时，这一切发生了变化。Waze 最初是一个理想主义项目，既可以通过智能手机免费分享道路信息，而又无须支付许多商业 GPS 制造商收取交通更新的年度订阅费。2013 年被谷歌收购的 Waze 与谷歌的基础地图融为一体，现在用户贡献的信息和关于实际用户驾驶时间的数据填补了本地知识空白。它可能是协作网络的终极应用，2015 年在全球拥有超过两千万用户。从表面上看，Waze 体现了最佳的激进效率：充分利用现有的公路网，而不是修建额外的高速公路，节省燃料，甚至自动更新路线上的最低油价，以及促进拼车和共享出行。现实更复杂，所谓的捷径并不一定交通通畅，它经常也是拥堵的。谷歌正确地指出，司机拥有使用公共道路的合法权利，但一旦有足够多的人汇集他们的数据以推断出更有效率的道路，他们就会让彼此失望，在路上行驶的商业人士和房主也是如此。一些居民通过向 Waze 谎报自己所在社区的建筑和事故来发泄他们的失望情绪。反过来，谷歌试图用新的算法来筛选这些数据。[31]

自 2017 年年初以来，我就是 Waze 的用户，但至少在拥挤的新泽西州中部，我没有发现任何这样的争议。我收到过重要的安全警告，尤其是关于坑洼的警告，并贡献了一些我自己遇到的信息。收到其他用户的感谢是件令人欣慰的事。然而，谷歌地图的基础数据存在严重缺陷。有一次我走的是一条平常的路，却意外地被提示要进入一条我之前没有走过的小路。出于好奇，我沿着导航来到了一个繁忙的十字路口，那里不仅没有向左转弯的标志，还有一个几乎可以防止随意转弯的三角形路障，但 Waze 依旧催促我向左转。最糟糕的是，当我试图在线编辑地图时，我发现自己没有这样的权限。Waze 有时也会因为需要输入信息而分散司机的注意力。此外，该应用程序似乎并没有自动学习司机喜欢的路线，尽管它偶尔会表现出一丝同情心。它把我家所在的位置误认为相当于一整个街区。

我本人在使用 GPS 方面的经验表明，要想实现自主甚至半自主导航，所需的极其详细的地图需要耗费数年时间和大量人力，而且由于不可避免的变化，那些地图永远不可能是最新的。美国有 400 万英里长的道路，所有这些道路都必须被绘制成 4 英寸公差的精确度，这比目前几码①的精确度要高一个量级。《测绘与汽车》月刊说，拍摄如此详细图像的设备目前售价约 10 万美元，但未来的车辆在行驶过程中，会自动编译出大量图像文件，这些数据可以被制成新的超详细的基本地图。不过，一些地方无法有效地收集到图像细节，如封闭社区和其他私人道路上的房屋，以及不遵循传统街道编号制度的公寓大楼（这就是为什么 Waze 和谷歌地图混淆了我的地址）。虽然在雾天和雪天能见度受限的情况下，自动驾驶可能是救命的手段，但这一技术在山区道路和绕过坑洼以及避免碰撞小动物方面仍有不足。[32]

第三个风险警告是社会风险。即使像 Waze 这样通过众包 GPS 服务可以使冲突得到解决，但社会风险依然存在。所谓的“共享乘车”公司，包括优步公司和 Lyft 公司等，可能试图说服地方政府雇用它们来代替公共交通，对个人搭车提供补贴。这两家公司都计划转向自主运营，虽然原则上可以取代低交通流量的公交线路或对现有的交通服务进行补充，但实际上，如果不加以遏制，可能会增加路上的车辆数量，提高公共预算。再加上公共交通投资不足，共享出行服务实际上似乎在加剧道路拥堵，而不是像倡导者曾经承诺的那样减轻拥堵。在纽约市，目前黄色出租车的附加收费为地铁系统提供了资金，但自 2014 年以来，打车应用程序的兴起让大都市的交通局损失了 2 800 万美元。地铁维修的财政恶化反过来导致更多乘客求助于应用程序，这形成了恶性循环。加州大学戴维斯分校一项有关美国城市交通的研究证实了打车软件对城市生活的负面影响，《纽约

① 1 英寸 = 2.54 厘米。1 码 =91.44 厘米。

时报》的撰稿人埃米莉·巴德格（Emily Badger）指出，尽管这些服务可能会提高个人的出行效率，但它们降低了城市公共交通的效率，实际上可以鼓励人们放弃私家车。即使在纽约和华盛顿两地拥有繁荣的房地产市场，但也缺乏资金对过时的地铁信号系统进行现代化改造并更换已有几十年历史的铁道车辆。这两个城市希望未来能建设“智能”网络城市，但目前仍会发生长达一个小时的交通设备故障。[33]

此外，Waze、优步和 Lyft 都受制于 GPS 和车载软件的脆弱性。廉价的 GPS 干扰器已在网上公开售卖，偷车贼多年来一直都在使用这种系统，卡车司机也用这种系统来摆脱监视。美国军方对敌国或恐怖分子破坏 GPS 的可能性非常担心，作为应对之道，它正在开发其他的地理定位网络。吉普车和特斯拉汽车在行驶中已经遭到黑客攻击。Waze 和类似的平台甚至容易受到一些设备的攻击，这些设备可能会创造出多个据认为可靠的数据源，这些数据源的影响力足以扭曲系统的信息。自然本身对 GPS 控制的车辆也可能是危险的。记者在关注自动驾驶汽车时，很少提及太阳的极端活动造成的威胁。被称为日冕物质抛射（CME）的极端太阳耀斑物质能够干扰卫星传输信号，据悉 1841 年英国的铁路交通中断就是受到日冕物质抛射影响，当时由于发生了大规模电报设备故障，一条铁路的运行一度中断。1967 年，一场太阳风暴使美国的导弹跟踪设备瘫痪，苏联最初被怀疑是进行干扰的源头，这加大了引发对抗的风险（幸运的是，空军的太阳观测台很快揭示了真正的原因）。美国国家海洋和大气管理局（NOAA）正在利用新的卫星技术提供更详细的潜在威胁图像，并更准确地预测这些威胁，但预防目前仍然是不可能的。对于所有这些威胁，美国当局迄今为止的技术政策是自相矛盾的。一方面，政府一再认识到信号中断的严重危险。另一方面，其指导方针承认了这一点，但其没有制定明确的安全标准。《联邦汽车政策》的公布是一个深思熟虑的开端，但其认为这是“指导而非制定规则”，推迟解决最棘手的问题。虽然我也无法给出具体答案，但我稍后会说，如果使用得当，自动驾驶汽车的设备和软件确实可以提高效率。[34]

到目前为止，我们已经考虑了导航和定位、卫星信号和算法在为我们寻找道路方面带来的风险以及毫无疑问的效率优势。更重要的莫过于从 A 点移动到 B 点，以及在这一运动中避开陷阱。尽管电子地图具有灵活性和特殊性，我们还看到印刷版地图如何帮助人们了解电子地图无法做到的事。我们已经看到，有证据表明，定位技术越好，如果它一旦失败，那么一些至关重要的技能受到损害的可能性就越大。

要了解熟悉和陌生的环境，除了寻路外还有很多办法。我们有能力对一个空间形成全面的理解，这种理解比任何电子或纸质地图上所能显示的更丰富，包括一些尚未确定的特征。我们也许从来没有特别留意过道路上的标志，但我们可以知道它何时被更换了。我甚至注意到，在一个繁忙的十字路口，一个更大的摄像头取代了一个小型交通摄像头，这可能是因为我经常在那个路口等待，而旧的摄像头已经深藏在我的记忆中。除了侦探和间谍外，注意到这样的小事通常不会带来经济上的回报。我们所谓的“第六感”和“街头智慧”在很大程度上包括不知不觉地记住无数细节，并对变化保持警觉。这种难以捉摸的知识通常与效率无关，但它应该与效率有联系，因为它可以提醒我们机遇和风险。

一些学者研究了环境的历史、社会学、政治学和美学问题。通过练习，我们可以看到一些地图和GPS屏幕上无法呈现的东西。一条条街道、一栋栋建筑物以及路灯和井盖等其他特征能被人们看到，这些特征是随着时间的推移逐渐形成的，而且往往正在进一步演变。对于那些已经学会看问题的人来说，看到一个早已消失不见的门的底座，就会意识到那里往往有一处遗迹。虽然观察是必不可少的，但在线资源可以帮助我们改进这种方式。在百老汇大街上，靠近曼哈顿最北端的地方，矗立着一个镶嵌在汽车用品商店里的画有涂鸦的大理石拱门，或者更确切地说，这家商店在建造过程中没有花钱来拆除拱门。它曾经是一个宏伟的山庄的门楼，这个山庄很早以前就被公寓楼取代了。对一些人来说，这意味着我们对过去的不尊重（或勉强的尊重），对另一些人来说，这意味着这个城市无休止的更新能力，还有人从中看到了一些更宏大的命题。了解这种变化肯定对房地产行业有所帮助。它们是正在进行的变化的一部分。[35]

约翰·布林克霍夫·杰克逊（John Brinckerhoff Jackson）、约翰·斯蒂尔戈（John Stilgoe）以及其他建筑和景观方面的评论家和历史学家描述了我们熟悉的世界是如何形成的。但是，了解美国地位的真正革命性人物——就像南太平洋的航海家和因纽特猎人那样目光锐利的人——是记者格雷迪·克莱（Grady Clay）。在20世纪60年代的大动荡期间，克莱带着记者的清新眼光来观察城市景观。他感知并命名了隐藏在平视视野中的现象，即“等待组织的模式和线索”。基于心理学家乔治·A.凯利（George A. Kelly）的人格理论，他认识到世界不仅仅是我们感知的东西，还是我们在自己头脑中积极构建的东西。我们构建的心理图片会帮助我们预测和改变事物。[36]

克莱在书中写道："解读这座美国城市之道，向我们展示了环境是如何被层层构建起来的，这种典型的美国社区是沿着一条河边小路建成的，随着社区的壮大，道路平行延伸开来，但都通向河边，这也意味着会受到洪水的威胁。"克莱的书不是教科书或游览手册，也不是对城市发展的经济或政治研究。他的书实际上是让我们运用视觉理解能力，呼吁我们构建一种新的周围心理地图，而这是最先进的地图系统所无法做到的。我们给其中的一些地方贴上了标签，比如"高档社区"。还有一些已经成为规划人员的行话，比如"蛤蟆"（TOADS，"临时的、过时的、废旧的、遗弃的地方"）、"帅哥"（LULUs，"当地不需要使用的土地"）和"照明区"（城市、公用事业单位和商人补贴照明以刺激销售和阻止犯罪的闹市区）等。我们中的大多数人都经历了废弃的农场。克莱解释了为什么这些土地先是被耕种，以及为什么现在恢复种植在经济上是不合算的（繁荣与萧条的价格周期）。克莱还创造了他自己的名词，比如"落区"，指的是一个土地价值和生产性财富不断下降的地区。主流纸质地图和消费者电子数据库都没有标明这些区域，但它们往往是旅行者首先注意到的东西。它们也表明了潜在的政治和经济挑战。例如，有多少地图或 GPS 系统不仅包含交通量的代码，而且包含路况的代码？对数据的有效标注也并不总是对社会有益的。2012 年，微软公司为行人 GPS 申请了一项专利，对犯罪率高的地区的用户提出了警告，但批评人士说，这加剧了种族主义和种族隔离现象。问题在于，虽然电子地图对个人来说确实有用，但它也强化了耻辱感，可能成为自我实现预言的一部分。有一个可悲的先例是，早在现代地理信息系统出现之前，即从20世纪30年代到60年代，新政时期的联邦抵押担保计划及其相关（纸质）地图就已经将住房领域的种族歧视制度化了。[37]

地理上的发现甚至超越了克莱和其他探索者所描述的城市和农村空间的特征。地理学家和地图学家说，世界上有相当一部分地区仍然没有绘制成地图。拉美主要城市的所有街区都被排除在谷歌街景之外。即使在美国，也只有少数地图符合欧洲最高标准，可以显示城市海拔等特征。正如美国近期一些最受欢迎的地图的制图师戴夫·伊穆斯（Dave Imus）所说："很多地图让人难以理解，它们迫使眼睛和头脑加班加点地试图感知它所看到的东西。"有了GPS指示，"你不再需要与周围环境产生联系，不用寻找下一个转弯"。[38]

我们获得寻路这种补充技能是因为地理现实的所有表现形式具有局限性，这种局限性被称为"路痴"。"路痴"的原因包括找不到方向、分心、相互追逐和死胡同等。硅谷文化仍然以从失败中获利为荣——尽管在实践中，恢复元气往往需要一个由富裕的朋友和家庭成员组成的网络才能实现。谷歌地图和谷歌街景仍可用于探索，谷歌有使命感的声明称要"整理世界信息，使其具有普遍的可及性和实用性"，其中没有提及随机性、好奇心或偶尔无序的信息的价值。正如阿里·舒尔曼所指出的，我们对期望值的调整不是从有了电子地图或在线图像共享才开始的。在印刷品的鼎盛时期，在不熟悉导游手册的情况下，参观大峡谷这样的景点也是一项挑战。[39]

GPS有时会让我们迷失方向，这或许不是坏事，正如一个被人重复提及的短语所说，“在迷路的艺术中迷航”。就像书籍和电影所颂扬的那样，旧式公路旅行的部分享受在于遇到所有地图或指南中都没有显示的人和风景。硅谷的目标似乎是创造一个个性化的、动态的、终极的世界导游指南。它甚至将偶然性定义为另一种获取有用的现有知识的方式。想想 2010 年谷歌首席执行官埃里克·施密特曾设想的情景，他想象走在外国城市的街道上并自主搜索信息：“‘你知道吗？你知道吗？……这种情况随处发生。’因为它知道我是谁，它知道我关心什么。它大致知道我在哪里。”他接着说：“自主搜索——这种告诉我不知道但可能很感兴趣的事情的能力是关于搜索的下一个伟大的阶段。”现在，这种自主搜索可以通过所谓的增强现实技术实现，即把图像、视频、GPS 和其他信息实时覆盖到智能手机和其他设备屏幕上显示出来的图像上。有些应用程序，比如《精灵宝可梦 GO》游戏—— 一款收集宝可梦的游戏——可能会让人们在没有集中注意力的情况下很容易走丢。另外，在捕捉宝可梦的过程中，玩家往往盯着游戏屏幕给出的环境，而不是现实中他们所处的环境。[40]

老式的“路痴”则不同。你可能会误读地图或走错路；或者精心规划的路线上的桥梁可能会意外关闭，而且没有明确的绕行标志。如今,围绕“路痴”几乎构建起了整个产业。“迷路的艺术”是作家丽贝卡·索尔尼特（Rebecca Solnit）的一本书、新美国基金会的一场会议以及频繁更新的文章和博客的主题。大多数人似乎都能回忆起相关的事件。然而，迷路并不那么容易。正如索尔尼特所说，如今的城市和郊区远足者和野营者对自然和荒野的熟悉程度不如 19 世纪在农村长大的人。在公路旅行和城市旅行中迷路也要有所准备，旅行者不仅要准备找到归路，而且要准备好看到不期而遇的景致和遇到不常见到的人。看到旅行指南中没提到的事物，会给人带来一种特殊的快感。[41]

如果旅行意味着高效地在一串景点“打卡”，那么迷路会让人分心。但很多最难忘的景色都是那些导游手册上没有提到的。20 世纪 60 年代末，我在海德堡做交换生时，住在市中心一座改建过的贵族住宅里，对面就是历史悠久的大学，也看到了这座城堡和其他地标性建筑。但是我记得最清楚的一次是去修鞋的路上，那是对另一个世界的一次探访。我沿着一条小巷，顺着阶梯往上走，在那里遇到了一个驼背的老鞋匠，他把鞋跟拆下来，看到制造商为了节省橡胶的成本，在鞋里塞满了木板。当鞋匠用德国人对美国人的半侮辱性词语“美国佬”——相当于美国人口中嘲笑德国的“克劳特”（Kraut）①——嘲笑美国人时，我略感羞愧。然而，在我撰写关于 19 世纪德国历史的论文时，我发现鞋匠、他的小鞋店以及一个有几百年历史的庭院里的阳台，都让我研究的工匠主题变得更鲜活了。

因此，“路痴”的效果就在于其低效，就像传统的旅行已经变得效率很低一样。现在几乎所有主要博物馆不仅有传统的导游手册，还有视听设备和智能手机导览。然而，由于信息饱和，这种体验——就像首次探访像大峡谷这样经常在其他场合看过介绍的名胜——可能会适得其反。几个世纪以来，在外国博物馆看到原创作品都是富裕游客的特权，他们最多只能看到一幅黑白雕塑作品。如今，大规模航空旅行候机厅中挤满了大量要去探访收藏

① Kraut 是英语中贬义的德国人的意思，同时也有“泡菜”之意。这个词跟大多数德国人喜欢吃泡菜的特点有关。

的人。矛盾之处在于，一方面，虽然人们拿着智能手机和数码相机，但因为保护和安全的需要，人们很难再近距离欣赏艺术作品。另一方面，彩色的艺术品照片和复制品的质量有了巨大的改善，越来越多的博物馆藏品的免费高清图片可以在线获得。这些图片通常是在灯光下拍摄的，经常使用灯光会损伤艺术品，因此，一次性拍摄可以更高效地保护艺术品。在博物馆网站上，观众还可以将藏品的细节放大，甚至超出正常放大镜下的尺寸。正如一位艺术馆馆长在我们参观展览时观察到的那样，年轻的参观者往往会用他们的设备拍下展品，但他们拍的那些图片质量都不如艺术馆专业摄影师在网站上提供的好。[42]

另外，效率低下的漂泊者会更高效地利用自己的时间，发现那些较少记录在案、甚至没有记录在案的东西。这些往往会形成最长久的记忆。舒尔曼援引地理学家段义孚（Yi-Fu Tuan）[①] 的话说，当我们最终遇到规范的目的地时，“感官数据被压在下面，我们被教导要优先呈现看到的数据”。自动驾驶汽车将使人尤其难以迷路。一位人类司机可以按照直觉转上一圈，可以在心血来潮时放慢速度来参观。目前尚不清楚自动驾驶汽车对自然指示的反应能有多灵敏。一个旅行者会说，“开过那家有红色招牌的古玩店”，自动驾驶汽车并不具备当地出租车和专车司机的知识，那些司机的个性和互动难以预测。[43]

硅谷哲学之所以失败，是因为私人生活并不能像企业那样运营，甚至企业也不能从非商业性的事故中获益。用算法规划生活

---

① 段义孚，生于 1930 年 12 月 5 日，美籍华裔地理学家。段义孚于 1986 年成为美国科学发展协会会员，2001 年成为英国科学院院士，2002 年成为美国艺术与科学院院士。

可能会有所帮助，因为未来常常与过去类似，然而，现实并没有失去让我们感到惊讶的力量，因为永远有意料之外的事情发生。

GPS 不一定对真正的效率构成威胁。下一代技术将把地面站的信号与卫星的信号结合起来，以获得用英寸计算的精度，从而取代之前以码计算的精度，这将使 GPS 设备比以往任何时候都更有用。对地图用户来说，立即知道坐标要比阅读索引更高效。GPS 可能被一些徒步旅行者和登山者滥用，但对其他人来说仍然是天赐之物。

正如一些批评者所认为的，硅谷的一个问题是，它的前景似乎需要在新旧之间做出二元选择。无论选择哪一方，都是可以理解的。这个行业的失败率很高，它需要一种能将旧的东西一扫而光的变革愿景。另外，一些反对技术专家的人并不愿承认技术会带来任何真正的净利益。务实的观点是将信息技术视为一系列互补的层面，并能提升我们的能力。明白这个道理的不仅是因纽特人的长辈，在“冷战”期间率先开发卫星导航系统的美国军方也承认这一点。美国海军军官学校在课程审查后于 1998 年停止教授天文导航，但于 2010 年又恢复了该课程。海军高级军官总结说，虽然以数量级计算，现在的 GPS 比传统方法更精确（六分仪的读数可能会导致 1.5 英里的误差），但 GPS 遭到破坏的风险太大了，包括在敌人发动攻击时需要防御，因此，不能放弃备用能力。[44]

我们的挑战是将工业化前的航路发现、古典印刷地图与最新的导航技术结合起来，以实现每种模式的最佳用途。研究这些技术演进的地理学是一个潜在的理想指南，但它在美国长期以来面临挑战。1948 年，哈佛大学决定不再将地理作为一门学科，这种做法是这门学科陷入困境的开始。并不是说这种做法一开始就对这个领域造成了巨大损失，事实上，哈佛大学的课程规模不大，教员也非行业翘楚，（至少据一名前研究生评价）学术也较平庸。哈佛大学校长詹姆斯·B. 科南特（James B. Conant）邀请当时的业内巨头之一、约翰斯·霍普金斯大学的伊赛亚·鲍曼（Isaiah Bowman）进行评估。但是，科南特没有按照鲍曼的建议进行学科改组，而是取消了这个学科。尽管科南特在高中时期的地理成绩优秀，但他并不认为这个专业是“大学学科”。这是一种偏见，而不是系统评审的结论。但这一决定对地理在全国范围内的形象造成了持久的损害，几年后，耶鲁大学和哥伦比亚大学也相继取消了地理系。哈佛部分地改变了对地理学的看法，决定建立地理分析中心，尽管那仍然不是地理系。[45]

地理学从一开始就在政治上存在裂痕。它在 19 世纪的先驱既包括无政府主义者［俄国王子彼得·克鲁泡特金（Peter Kropotkin）］，也包括帝国主义者［德国地缘政治创始人、鲁道夫·赫斯（Rudolf Hess）的老师卡尔·豪斯（Karl Haushofer）］。罗纳德·里根政府的国防部长卡斯帕·温伯格（Caspar Weinberger）在访问哈佛大学时曾呼吁复兴地理学。戴维·哈维和他的学生尼尔·史密斯（Neil Smith）这些近来最有影响力的马克思主义思想家是地理学家，而不是社会学家或经济学家。地理信息系统是最先进的技术工具之一，但人文主义地理学家，如段义孚和戴维·洛温塔尔（David Lowenthal），秉承了强大的传统。因此，与经济学、环境科学、社会学和历史学等领域的同事相比，地理学家之间似乎有更多共同之处。不过，这无助于大学预科或大学阶段的地理教育。美国总统设立了经济顾问委员会，一些历史学家建议成立自己的委员会。但公众似乎更认同科南特的刻板印象，认为地理学是对边界、城市和资源的描述,而不是对关系和趋势的分析,这是一个老问题。一位哈佛大学教授在回应科南特对自己高中时光的美好回忆时说：“我们不再做河流和山脉了。”或许应该有更老式的政治地理学；在安多佛菲利普斯学校和耶鲁大学接受教育的乔治·W.布什总统搞混了斯洛伐克和斯洛文尼亚（以及其他国家）。沃顿商学院校友唐纳德·特朗普（他的夫人出生在斯洛文尼亚）在访问沙特阿拉伯后在耶路撒冷宣布，他“刚刚从中东回来”，这令东道主以色列和他的工作人员都感到震惊。自相矛盾的是，特朗普在2016年总统大选中令人不安的胜利凸显了政治版图的力量，就像最近发生的事件一样。[46]

因此，作为对社会空间维度和人类关系的专业研究，地理学是罗伯特·K.默顿在第三章中所引用的“合并消灭”概念的最佳例证之一。它给姊妹学科注入了太多活力，以至于它们吞并了地理学的大部分领域。1955年，芝加哥大学地理学系出版了一部雄心勃勃的学术研讨会著作《人类在改变地球面貌中的作用》，它成为环境研究的里程碑。仅仅20年后，这个在美国大学中最古老的系被取消了。芝加哥现在再次设立了地理教授职位和地理研究委员会，该领域获得新生的原因之一是卫星图像和地理信息系统的兴起。虽然传统的（和优雅的）制图技术是以年鉴学派为中心的法国社会史运动的重要组成部分，但在20世纪六七十年代，很少有讲英语的学者跟进。[47]

这种显然令人气馁的局面实际上是一个机遇。从早年的学习到研究生阶段，人们对培养空间素养的兴趣早就该复兴了。地理学复兴不必等待成立一个全国性的委员会、数百万美元的计划拨款、课程指南以及其他教育变革机制。教学当然有助于提高空间意识，但寻路和摆脱“路痴”的技能是人人都能掌握的。这类技能在家庭中就广为应用，即使只是去超市购物，只要稍微准备下就能获得良好的教育体验。比如，为什么食品柜台设在那个位置？为什么有些产品几乎总是放在入口附近，而牛奶却离入口很远？我们都是天生的地理学家。我们没有学会高效地空间导航，这往往需要反复试验。

更多父母选择在城市中抚养孩子，这是一个令人鼓舞的现象。观察这个城市，了解它的布局，注意它的经济活动的区域，留心它的交通，这本身就是一种视觉教育。郊区，尤其是那些有年头的地区，也有自己的故事有待发现。[48]

一辆普通的汽车或一辆公共汽车都可以包含大量信息。汽车行业一直在推广后座娱乐系统，以便让儿童用来消遣。这些系统本身没有什么问题，但儿童（和成年人）应该更多地体验这个世界，尽量不要视而不见。有一种叫 Mileys 的车载游戏系统，具有位置敏感提示功能。不难想象，配备 GPS 的软件可以帮助儿童更多地了解他们在旅行中看到的情况，并让家长参与进来。[49]

低速交通工具也有很多值得称道的地方。作为一名去法国旅游的游客，我很欣赏 TGV 高铁，它现在的时速高达 320 公里（200 英里）。考虑到机场的拥挤和安检延误，它们往往比飞机快。TGV 高铁改变了旅行的体验，当我第一次坐 TGV 时，我注意到两件事。首先，为了保持超高速的运行速度，这些线路尽可能直线穿越乡村，而 19 世纪和 20 世纪的常规铁路通常要避让与之平行的自然分界和道路。这种改变的一个长期影响是，在新泽西州的普林斯顿地区，纽约和费城之间的主要铁路最初是沿着其前身特拉华州和拉里坦运河蜿蜒向前的。南北战争期间，向东部修建了一些走直线的铁路线。工厂和城市形成了新的人文景观（约翰·斯蒂尔戈在他的著作《大都会走廊》中描述了这些景观）并围绕其逐步扩张，有足够多的材料记录了那段历史。与 19 世纪的特快列车相比，TGV 停靠站要少得多，布局也更简洁，因此，它抵达目的地的效率有所提升，但在观光效率方面却有所缺失。初来乍到的游客试图盯着窗外的景致，但他们只能看到一些模糊的景象。为了防止头晕，乘客的视野必须向外延伸至少 1 英里左右，因此，与周围环境的接触部分消失了。事实上，当高铁线路在新的、更直接的路权范围内修建时，它们很可能会破坏旅游者最希望看到的美丽风光。情况并非一直如此，在维多利亚时代，连接英格兰和苏格兰的主要线路塞特尔—卡莱尔铁路是以巨大的资金和人员生命为代价修建的，这条铁路仍然间接地改善而不是损害约克郡山谷的景观，但正计划修建的 H2 型高铁目前被视为对自然奇迹奇尔特恩丘陵的威胁。[50]

在考虑出行以及观赏自然和人文景观时，我们看到了效率理念的模糊性。一种效率是通过旅行的直接程度和速度来衡量的，最终的目标可能是消除所有舟车劳顿的感觉。在云层之上飞行的航空公司、州际公路和高速铁路都在破坏我们与我们所经过的风景之间的联系。在自动驾驶的车辆中观看视频里的乌托邦，这是至少半个世纪以来逐渐演变的结果。

然而，正如我们所看到的，效率要比直接更重要。长期来看，易受自然危害或没有人为备份的易受恶意攻击的系统很难被认为是高效的。技术没有给人类的技能留下一席之地，甚至滋生出对这些技能的怀疑，但自相矛盾的是，这些技术依赖容易犯错的程序员的开发能力。把我们从环境中分离出来的技术不会让我们利用旅行时间来获得最大的优势。

目前仍有理由对旅行持乐观态度。基于实时定位的移动通信设备可以使我们避免挫败感。它能以具有先见之明的范式帮助我们搜索有关周围环境的信息（而不是被动地接收信息），并分享我们的发现。GPS 可以提高人的技能，而不是降低人的技能，但前提是，我们必须保留在没有 GPS 的情况下通过老式、低效的方式寻路的能力。如果使用得当，技术有助于锻炼我们内置的“GPS”，而不是让它萎缩。

第五章　身体管理

为什么我们还在等待机器人医生

21 世纪初，与商业、媒体、教育和地理不同，医学本质上就效率低下。当利害关系涉及生死或健康时，当基本准则认为获得良好照顾是一项基本人权（无论法律或实践是否符合这一理念）时，成本效益分析就受到严重限制。即使那些痛惜在临终关怀上花大笔钱的人，也不敢贸然主张对身患绝症者进行系统的安乐死。事实上，就连兽医——他们传统上认为将生病的动物从痛苦中解救出来既是必要的，也是合乎伦理的——现在也常常在结束一个非人类患者生命时遭遇情感痛苦。现在很多动物饲主把宠物当成家人，有些人愿意从腰包里掏出几万美元，用于宠物器官重建手术等复杂治疗。[1]

情况并非一直如此。进步主义在 100 年前与动物权利无关，而是与为了社会效率而对个体人权发起攻击。我们在前言中遇到的种族主义社会学家和“社会效率”倡导者爱德华·罗斯并不孤单。经济学家托马斯·伦纳德在其著作《非自由主义改革者》中记录了一些曾经被尊为现代性典范的人物，从伍德罗·威尔逊到弗吉尼亚·伍尔夫再到 D.H. 劳伦斯，是如何为了繁荣和健康的后代而支持强制绝育甚至大规模安乐死的。比如，激进的经济学家斯科特·聂尔宁（Scott Nearing）等许多左翼英雄也持类似观点。比拉森更保守的耶鲁大学教授欧文·费雪 ——作为一个档案卡系统的发明者赚了大钱，也损失过大笔财富——甚至将优生学视为未来宗教的基础。[2]

在“二战”后岁月里，对之前纳粹杀害精神病人以及对大屠杀的揭露，至少令旧式的“种族清洗”运动名誉扫地，尤其是对美国有影响的纳粹优生学变得臭名昭著。1945 年至 20 世纪 70 年代的几十年也是以医生为中心的医学的巅峰时期，抗生素似乎有望实现无细菌的未来，索尔克发明的脊髓灰质炎疫苗消除了最可怕的病毒威胁。一代年轻医生被教导成为科学家和临床医生。越来越多的中产阶级，包括许多工会工人都享受医疗保险。1971 年理查德·尼克松总统签署《国家癌症法案》时，征服癌症似乎指日可待。人们普遍把对癌症开战比作对毒品开战，这意味着就像在“二战”中一样，成败的赌注是如此之高，以至于迅速成功的结论压倒了对资源的经济利用。即使考虑到通胀因素，医疗总体上也变得越来越昂贵，但医疗效率低下被认为是不可避免的，就像诉讼费用和拖延似乎是让各方都有机会陈述理由的代价一样。1952 年，联邦公务员系统的一名律师、广受欢迎的法律作家威廉·西格尔（William Seagle）因其著作《法律：低效的科学》而激怒了学术界。西格尔认为，只有专制和独裁的机构才能避免普通法中那些低效的乱七八糟的东西，就像都铎王朝声名狼藉的地下审判团一样。[3]

20 世纪 80 年代，西方在这方面的看法发生了转折，选民们支持削减成本的医学效率模式，玛格丽特·撒切尔、罗纳德·里根和其他政界人士都称赞这种“自由市场”模式，而这一模式在当时和现在都受到改革派的抨击。美国私营保险业促进了健康维护组织的发展，这些机构的选择仅限于参与谈判费率的医生和医院。处方费用可以通过根据首选药物的时间限制报销并支持通用药物来控制。额外文本工作负担鼓励了医疗企业合并。

20 世纪 80 年代以来发生的事情分为五类。第一类，作为高效医疗的关键，有详细的标准化程序代码的电子病历兴起，其代价是拉低另外一些效率。第二类，药物制造商利用循证医学运动，可以通过控制统计数据来控制证据。第三类，基于单个基因组测序的精准（个性化）医学的前景，这可能会挽救生命，但也成为新的效率低下的根源。第四类，自我量化和健康监测设备的兴起，反过来有助于加强与医疗保健提供方的沟通，但也可能使医患关系复杂化。第五类，更复杂的测试和医疗硬件的结果是误诊、过度诊断的激增，这导致护理人员疲于奔命、患者承受不必要的压力，有时甚至是不良后果。

所有这些技术趋势都不具有内在的危害性。以结果来衡量，我们使用现有技术比不使用要好。另外，就像教育一样，医学的性质使其无法衡量所有的价值。科学或工程学位的考试可以衡量出考生是否掌握了基本的知识和公式。雇主最初对新的专业人员岗位、工资记录等的满意程度也是可以量化的。更难捉摸的是使人在职业生涯后期变得有效率的特质，当效率意味着解决通常不会出现在考试中的意想不到的棘手问题时更是如此。重点不是要贬低量化，而是要理解量化的偏颇和局限性。

原则上，病历显然一直是医学中最明显、有时甚至是最致命的低效现象之一，许多医生潦草的字迹，以及初级保健医生、专科医生、护士和药剂师之间的沟通，都会给效率带来挑战。进入20世纪后，图书馆和学校开始教授如何在标准化手册索引卡上编写目录条目。尽管图书馆员一直在努力争取统一性和可读性，但直到最近，医生一直拥有自主实践的专业传统，这阻碍了共享。效率低下的后果是悲惨的。1999年，美国医学研究所的一份报告估计，美国每年有7 000名患者死于误读处方。它估计所有处方错误的成本每年高达770亿美元。在英国2002年公布的一项调查中，被检查的医疗记录中有15%是难以辨认的。从21世纪初开始，新的电子处方系统开始取代纸质文件。这虽然是一种进步，但并非灵丹妙药。根据医学研究所2007年发表的另一份报告，“可用性、可读性、培训和次优系统保障”问题依然带来很多错误。一项研究表明，电子系统会导致22种不同的错误。[4]

这不是反对新技术或重新使用纸质文件的理由。它们提醒着我们对教育技术的了解。效率难以有效提高，与倡导者的预期相比，这需要更多的时间、金钱和失败积累。电子处方只是电子病历这个一系列复杂得多的挑战的开端，电子病历的想法听起来足够清晰，但却带来了一个新的更加复杂的现实世界。

我们可以从数据输入开始，电子记录不仅仅是一种文字处理式的文档，也包含一些嵌入式的测试结果和图像，还是一个日益国家化的系统的标准化单元。为了使管理支付的政府机构和私人保险公司更有效率，必须规范医疗条件和程序。合理化的药物由详细编码的表格管理，这些并不完全是计算机时代的创新。看过比利·怀尔德（Billy Wilder）《双重赔偿》的人将会回忆起爱德华·鲁滨逊，他扮演“太平洋全风险公司”索赔调查员巴顿·凯斯，他对老板试图将受害者描述成自杀的做法提出了质疑，他在精算表中罗列了所有自杀的子类别，并指出没有发生过从行驶的列车上跳下来的案例。事实上，1944年这部电影上映时，医学统计标准化已经有将近90年的历史，法国的拿破仑三世政府在1855年首次推出了这一名录。在一再拖延之后，美国的医生和医院终于在2015年10月接受了最新版本的疾病编码目录ICD-10（国际疾病分类）。[5]

医疗管理人员对此表示欢迎。积极的一面是，学习该系统所需的额外培训是提高效率所需的低效率的一部分。如果所有医生都能继续诊断和治疗病人，并把管理细节留给办公室和医院的工作人员（包括美国2014年有16.8万名专业医疗程序员），那么这一改变就没有什么争议了。其中一些类别引发了媒体的竞相报道，甚至在推特上也有消息。在疾病编码目录中不仅有鸟类叮咬的代码，还有物种的单独代码。例如，金刚鹦鹉咬伤后的初次医疗（我们可能想知道，ICD-11是否会进一步将金刚鹦鹉细分为蓝金类、斯皮克斯类等，或者对类别进行合并），还有一种是逆戟鲸攻击。有些分类非常离奇，甚至在物理上根本不可能出现，如被燃烧的滑水板烧伤。这可能是疲劳的代码专家的恶作剧，也可能是虚拟词条，以检测侵犯版权的行为，就像人们知道词典和地图出版商会分别插入虚假词语和地点一样。（公平地说，制定总目录的是世界卫生组织，讽刺记者所挑出的许多类别都是美国卫生官员添加的，是否使用更神秘的分类是可选的。）[6]

不管电子病历（EMRs）对医疗质量有什么样的长期好处，就像大多数外行和企业经理使用的术语一样，它并没有使医生的效率提高。他们没有减少行政管理费用，也没有腾出时间看病人。虽然在电子病历实施之前和之后没有对实践进行评估，但它们似乎起到了相反的作用。2013 年对约翰斯·霍普金斯大学医学院实习生的一项研究表明，医生只把 12% 的时间花在病人身上，超过 40% 的时间花在电脑工作上。2016 年 9 月发表在《内科学年鉴》上的另一篇论文证实了执业医生的这种印象。研究发现，由于使用电子病历，医生花在行政工作上的时间比大多数患者意识到的要多得多。在每一个小时的医患直接接触后，医生会花两个小时在办公室填写电子病历表格和完成其他文件。有些医生在家每天还要额外工作一到两个小时来完成记录。出现这些情况并不令人意外。研究人员证实了一些最近写给医学杂志和媒体的有关工作的信件，并支持了关于日益增加的医学倦怠率的研究。一些资深医疗管理人员认同这种印象。一家使用电子病历的医院网络主任医师罗伯特·W. 布伦纳（Robert W. Brenner）在一次会议上说："我看到医生在斗智斗勇，他们对如何对待病人和做他们必须做的事情感到极度惊慌失措。"一项研究表明，急诊室医生可能需要在 10 个小时的工作时间里点击 4 000 次鼠标，平均每 10 秒钟点击 1 次。潜在的滥用行为使问题更加严重。少数医生确实滥用激励措施。例如，在一些根据风险程度而非按程序向医生支付费用的医疗计划中，出现了严重的"上调"现象，医生夸大了报销比例较高的病情的风险。针对这种做法的保障措施只会增加索赔和审查的复杂性。当然，电子病例也有积极的效果。它可以将检查表纳入医疗操作中，提醒医生注意可能的副作用，如果使用得当，它可以监控医疗质量，尽管它也有降低医疗质量的风险。由于在编写本书时，ICD–11 还在编订阶段，很难说它对医学的效率和有效性会产生净收益还是损失。[7]

作为控制不必要的药物开支的一种手段，信息技术在分析医疗数据和向专业人员传播结果方面日益强大的力量始于20世纪90年代。在具有前瞻性的双盲研究中，研究人员和患者都不知道哪些药剂含有活性成分，哪些药剂是安慰剂，这似乎保证了严格的评估。获得FDA（美国食品和药品监督管理局）批准所需的一系列动物和人体试验需自付费用，其他国家和跨国主管部门的评估也是如此，塔夫茨药物研发中心预计每种药品开发的费用为14亿美元，算上其他用途损失和药品获批后的额外研究的话，成本还要增加12亿美元。（制药业的批评者认为，这些成本被夸大了，不管这些成本是如何定义的，几乎没有疑问的是，尽管自2003年以来研发工具的效率有所提高，但费用增加了145%。）[8]

与其他监管程序相比，药品监管的效率也堪称低下，而且正是有意如此。一种新的化学物质无效甚至造成危害的可能性要远高于它成为治愈疾病里程碑的可能。因此，自20世纪60年代初以来，相关监管程序一直相当谨慎，此前对镇静剂沙利度胺的预批准检测的宽松政策导致了出生缺陷的流行。自1962年以来，制药商不仅要证明新药的安全性，而且要证明其有效性，但后来一些绝症患者的实验性治疗被除外。[9]

虽然FDA的官方历史宣传资料指出，自2000年以来，研究数据的电子传输效率有所提高，但这一过程在时间和金钱上仍然代价高昂。研制新药需要合格和高薪的科学家，这使其迄今无法减少开支。随着设备变得更加先进并产生了越来越多的数据，结果需要越来越多的分析技术，高效的仪器创造出了对精英分析家的需求。我们已经在第三章中看到，出于类似的原因，高级在线课程和个性化学习的成本很高。经济学家威廉·鲍莫尔（William Baumol）发现了艺术、教育和医学中的这一悖论。它通常被称为“鲍莫尔成本病”①，不过鲍莫尔也指出，虽然医疗开支不断增加，但总体财富的增长将使其占国内生产总值的比例不像我们想象的那么难以忍受。[10]

20世纪90年代，药理学领域的突破似乎初露端倪：合理的药物设计、利用对分子生物学基本机制的了解创造针对特定疾病的分子、副作用更少、开发和测试更快。这场运动持续至今，可能实现了最初设想。但到目前为止，与所有技术领域中重要潜在的效率突破一样，合理的药物设计面临着意想不到的障碍，这些复杂性有时只能在试图实施新原则时才能被发现。化学家、科学美国博主阿舒托什·乔格勒卡尔（Ashutosh Jogalekar）已经精辟地总结了其中存在的问题。大自然，而不是企业的贪婪或专利制度，使创新很难进行。可能需要做大量工作来确定哪些蛋白质导致了疾病，在知道了这一点后，某些蛋白质的结构也使其很难设计出到位并与之结合的分子。即使这些试验取得了成功，其他蛋白质（尤其是那些导致癌症扩散的蛋白质）也可能会适应并取代它们的位置，就像细菌在抗生素的压力下选择性进化一样。一旦确定了标靶蛋白质，就可能会尝试用数以百万计的天然分子和合

① 鲍莫尔成本病主要在说明一种部门的生产力相对落后于另一种部门的理由。他建立两个部门宏观经济增长模型，其中一个部门是进步部门，另外一个部门是停滞部门。进步部门的生产率相对快速增长将导致停滞部门出现相对成本的不断上升。他认为很多服务部门都具有这一特征，相对于制造业，服务业劳动生产率更难以提高，因而，随着制造业的生产率改进，服务业在整个经济中的比重反而上升。

成分子来确定哪一种可以“击中”目标，这种攻击只有在可能的情况下才能被修改，从而成为一种有效的疗法。我们身体的细胞不断进化以防止外来物质进入，它们的结构排斥水溶性和脂溶性分子，因此，必须实现微妙的平衡。所有新药中的一半仍然来自天然存在的物质，这些物质经过了精心的收集和筛选。正如乔格勒卡尔承认的，即使是合理的药物设计，也有很大的偶然性，因为大自然给我们设置了许多障碍。[11]

生物医学研究人员和制药公司因此处于一个具有挑战性的位置。人们越来越容易获取和分析大量数据，并测试数量空前的可能分子，以使其与引发疾病的蛋白质相匹配。有朝一日，新的人工技术可能会创造出一种更有效的药物设计方法。同时公布和测试的重点是对已知分子家族进行改进和对其他条件进行扩展。被辉瑞公司命名为伟哥的西地那非最初被批准为心脏病药物，后来，它在治疗勃起功能障碍方面的作用被发现（并被出色地推销）后成为重磅药物，然后被规定为治疗一种主要影响女性的疾病的心脏药物。事实上，根据最近的一项研究，1984 年以来推出的所有“变革性”药物中——被定义为对病人的护理有重大影响的创新药物——有 1/4 被改变了用途，这些药物往往来自政府和慈善机构资助的罕见疾病研究。[12]

虽然数据分析的效率可能最终带来新的变革性的治疗方法，但迄今为止的证据一直令人沮丧。在 20 世纪 90 年代的所有信息技术被突破之后，26 种变革性药物中只有 4 种——约占总量的 15%——在 2000 年后获得批准。据生物医学研究的批评者说，出于市场营销和专利保护的考虑，迄今为止，数据分析一直被用来夸大微小变化的价值。事实上，怀疑论者说，信息技术通过增加文献中的令人怀疑的结果，大大降低了生物医学的效率。[13]

今天的生物医学研究有多高效？在一定程度上，由于科技的变革使科学出版物转向了数字格式，发行副刊的边际成本接近于零，科学杂志和论文的数量激增。仅从 1996 年到 2011 年，全世界 1 500 万名科学家发表了 2 500 万篇论文。然而，研究结果质量的学者得出了令人震惊的结论。他们认为，其中 85% 的论文毫无价值。许多有影响的成果未能被成功复制。这并不是因为我们上面提到的结构性效率低下，而是因为现实给研究人员设置了障碍。事实上，如果发表更多负面调查结果，批评者会很高兴。真正的问题在于，论文夸大了结果的有效性。[14]

美国政府鼓励 20 世纪 90 年代开始的医疗保健效率运动，作为对药品销售人员夸大其词的回应，循证医学（EBM）获得了发展。人们希望数据能遏制浪费。在不违反任何传统伦理规则的情况下，即使对仔细研究样本量较小的数据发现的缺陷，通常并不像看起来那么有意义，但设计医学实验并分析其结果，以最大限度地显现出有效性还是有可能的；在不违反任何传统伦理规则的情况下，设计医学实验并分析其结果，以最大限度地提高效率，这仍然是可能的。即使对数据进行仔细检查时发现的诸如小样本量或统计显著性指标等缺陷并不像看起来那样有意义。正如我们早些时候看到的，20 世纪末和 21 世纪初对指标的信任可能会扭曲被衡量的内容的质量。记住第二章对研究人员生产力和影响力的定量研究的增加，特别是引用分析的兴起。从循证医学运动一开始，研发这种药物的专业人员就小心翼翼地指出了它的局限性，就像制药公司在它们的包装插页和电视广告结尾处那些令人不安、迅速闪过的清单中披露的副作用一样。在医学界的批评者看来，循证医学运动被大量有问题的研究论文绑架了。[15]

对论文局限性的一项重要检查是系统审查和元分析，即研究多篇论文的数据和结论，以取得更强的有效性。但是，流行病学家约翰·约安尼季斯（John Ioannidis）在2005年首次呼吁广泛关注复制科学发现的问题，他发现在实践中，审查和元分析加重了这个问题。由于某些主题的论文被引用的次数比大多数论文都要多，它们已经成为专业提升的一种最受欢迎的手段，尤其是在中国。约安尼季斯在他的《政策要点》中总结说："这些手段（系统评估和元分析）通常很容易成为出版单元或营销工具。"[16]

即使工业界拥有良好的初衷，出版物的数量也可能会消除这些意图。正如对变革性药物的研究表明的，制药公司严重依赖学术而非内部研究，寻求任期和晋升的研究人员发表的大量论文意味着，可能会有数千篇与一种疾病有关的论文，可在这种疾病中，业内研究经理可能不得不跟踪研究6种相关的疾病。传统的科学报告把论文的数量作为衡量知识的标准。但由于许多作者在数量和质量上都面临压力，数量要求可能意味着人们会采取一种被《华尔街日报》编辑称为"切香肠"的策略——将一篇论文分成多篇发表。编辑认为这个策略勉强能跨过道德门槛，有些人通过要求作者在报刊上披露会提交其他论文来阻止这种情况发生，但"切香肠"策略在学术上也有制度化和合理化的基础。

一位不愿透露姓名的院长甚至在《高等教育纪事》杂志上撰文指出，"香肠片"被称为"最小出版单位"，这一单位具有培养年轻教职员工自信和写作能力的优点。作者承认，他的同行都是精于算计的人，永远不会被说服，他们更注重质量而不是数量。

他们的政策可能不那么有效，但在利用自己的时间方面却更有效率。遗憾的是，这种效率使规模较大的学术和出版系统效率降低，因为它助长了信息超载，而学术图书馆的期刊成本不断上升，重要成果却没有成比例地增加。[17]

随着网络上免费提供的开放访问性期刊——通常只限于在线期刊——的增加，期刊价格上涨和取消订阅的恶性循环似乎得到了治愈。作者（通常是作者所在的机构）为支持同行评议、编辑和网站费用而支付预付费，对新期刊来说，这是比预付巨额费用和希望有足够多付费订阅者更有吸引力的方式。事实上，这样的出版物可能更高效。由于访问的门槛极低，再加上世界各地越来越多的科学家的发表压力，开放阅读的期刊数量激增。根据开放访问目录项目，2016 年 10 月共有 9 156 个同行评议的题目，合计超过 232 万篇论文。据图书管理员兼研究员杰弗里·贝奥（Jeffrey Beall）说，在这些期刊中，多达 10% 的期刊可能存在造假现象。一些举报者撰写的废话连篇的论文都被接受，并能够以可疑的化名和伪造的资历加入编辑委员会。尽管存在这些丑闻，但事实已经证明，要在合法期刊和欺诈性期刊之间划出一条清晰的界限是不可能的，就像区分真实新闻和虚假新闻并不总是那么容易一样。即使不以欺诈为目的，也确实存在机会主义和标准宽松的灰色地带。一些开放访问的倡导者坚称，只有大约 1% 的期刊是违背诚信的。面对诉讼挑战和诉讼威胁，贝奥在 2017 年 1 月撤回了他的名单。当年晚些时候，在一份欧洲生物化学杂志上，他解释说，撤回这份名单是为了结束科罗拉多大学针对他的上司发起的一场咄咄逼人的运动。不过，一个匿名的、高度个人化的“反对贝奥”的网站仍然保留了下来，它声称代表“全世界一批图书管理员”

联合起来公开反对所谓的“掠夺性博主”。[18]

2017 年，FTC（联邦贸易委员会）对位于印度班加罗尔的著名的公开查阅期刊出版商 OMICS 国际公司申请了初步禁令，指责该出版商误导研究人员在出版和会议注册费上花费了 2 660 万美元或更多。出版商反驳说，这些指控是“假新闻”。受到贝奥的博客的启发，出版商为其审查程序进行了辩护，并指责 FTC 对传统的出版方式存在偏见。不管此案的是非曲直，《彭博商业周刊》的一篇报道揭示，OMICS 的论文贡献者和会议参与者并不都符合边缘机构中苦苦挣扎的研究人员的刻板印象，其中包括一些美国最大的制药公司。这篇文章称，这些公司利用公开渠道在推广新产品时避开了主要传统期刊的严格审查标准。（一些公司没有发表评论，而另一些公司则认为，至少对某些类型的研究来说，OMICS 的开放接入期刊是合适的。）[19]

如果对研究人员的需求和供应是平衡的，那么发表论文的效率以及衡量生物医学研究人员论文产出的数量和质量就不会有问题。但事实并非如此。即使在相对幸运的美国，85% 以上的新生物医学博士也找不到终身教职。吉娜·科拉塔（Gina Kolata）在《纽约时报》上撰文指出，20 世纪 90 年代，延长的博士后研究经费的薪资表可以让研究人员领取到 40 多岁，因此，“学术界的生物医学科学家实际上要持续当学徒直至中年”。[20]

鉴于在不增加医生负担和士气低落的情况下简化医疗程序面临障碍，以及利用信息技术加快医药方面有所突破，至少还有一条通往提升医疗效率的道路是开放的：基于单个患者基因组测序的个性化医疗。目前的临床试验中的统计研究利用了相对较小的患者样本，一些重要的副作用直到药物被广泛使用后才被发现。这不是信息技术的错。相反，降低风险的最有效方法是使用大量处方和结果数据库，因为动物和临床研究都无法处理药物之间可能发生的相互作用。生物工程学教授卢斯·阿特曼（Russ Altman）指出，70 岁的人平均服用不下 7 种处方药。（这些药物的必要性以及它们对长寿和福祉的贡献是另一个问题。）阿特曼的研究生尼古拉斯·塔托内蒂（Nicholas Tatonetti）发现了一种方法，可以超越 FDA 的不良事件报告系统，找到更精确的分析。塔托内蒂和阿特曼能够在数据库中区别出年龄和性别等变量相似的人群，但在是否开了高血压之类单一药物处方问题上有所不同。那些没有接受药物治疗的人是天生的对照组。如果像头痛或呕吐这样的不良反应在服用这种药物的人群中更常见，那么很有可能是该药物造成的。患者还可以按照药物进行分类。结果显示，与药品包装说明书相比，其副作用要大得多。比如，制药商承认的副作用平均数为 68，实测达到 329。此外，（在 1 332 个样本的数据库中）两种药物的组合产生了 1 300 多种副作用，但却不能将副作用归咎于两种药物中的任何一种。[21]

因此，算法可以通过识别出应该更谨慎地使用的药物，甚至让其退市来提高医学的效率，从而节约资金和挽救生命。但这种效率形式是有局限性的。它只能在事后解释，不能预测结果。有时，尽管存在严重的副作用，但必须继续使用一些药物。从 20 世纪 90 年代起，人类基因组测序项目一直与一种新的医学模式的令人兴奋的前景联系在一起，在这种模式中，通过对每一名病人的基因组进行测序，并根据其独特的 DNA 调整治疗，可以确定易患病和治疗不利影响的遗传标记。精准医学，也被称为个性化医学，是古老理念在20世纪的发展，在这种理念中，每个人都有自己独特的体质，需要专门的疗法来让其身体达到平衡。（这是盖伦医学①、印度阿育吠陀医学②以及19世纪顺势疗法③运动的理论的基础。顺势疗法得以幸存的部分原因在于它的个性化，尽管它宣称它的药物违背化学规律。）在第二次世界大战后制药业的迅速扩张中，医生和科学家开始研究为什么一些患者会产生不良反应，但其他人没有。1957年，遗传学家阿诺德·莫图尔斯基（Arnold Motulsky）首次确认了个体药物对副作用的遗传易感性，开启了所谓的药物遗传学的开端。到20世纪90年代末，遗传信息可以用来为某些形式的乳腺癌提供有针对性的治疗。当人类基因组在2003年首次进行测序时，医学的新时代似乎就要开始了。到2007年，基因检测在决定是否使用抗凝血剂华法林时成为常规检查。2009年，一项新的试验允许医院检查患者基因是否存在影响药物有效性的变异，到2014年，单个基因组的测序成本下降到仅1 000美元。到2016年，英国项目（以罕见病为重点的10万个基因组计划）、美国（涉及100万名志愿者的精准医学计划）和中国的主要项目将编纂大型数据集。原则上，精准医疗的测序和测试成本将进一步下降，有望在效率和效果上取得突破。[22]

---

① 盖伦是一位古罗马的医学家及哲学家。在他身后的一千多年里，他的见解和理论是欧洲起支配性的医学理论。

② 阿育吠陀为印度教及佛教的传统医学。在这种治疗体系中，人体被认为自然不可分割的一部分，当身体与自然不调和时，人体的各项机能便会受到阻碍，导致生病。

③ 此理论认为如果某个物质能在健康的人身上引起病人患某病时的病症，将此物质稀释震荡处理后就能治疗该病症。

然而，在大多数基础工作效率低下的情况下，精准医疗也必然是低效的。研究人员在启动项目时意识到需要花费更多的时间和精力，社会心理学家通常认为这是令人遗憾的负面倾向，是延误和成本超支的根源，他们称之为有负面色彩的“规划谬误”。只有在对基因组进行排序之后，才会实现复杂的基因表达。到了2010年左右，以基因组科学家为主的科学家所推动的前景已经变得非常明朗。2010年，科学作家斯蒂芬·S. 霍尔（Stephen S. Hall）在《科学美国人》杂志上发表的一篇评论文章总结了这一运动低潮时期的怀疑论调。其核心问题在于，基因组医学相对容易的情况是，寻找共同的基因变异——发现往往能区分疾病患者和未受疾病影响者的DNA变异——是失败的。霍尔援引基因组学的先驱之一沃尔特·博德默（Walter Bodmer）的话说，“绝大多数”基因“对疾病生物学没有任何启示”。[23]

对精准医学持怀疑态度的人并不比倡导者更能提前证明他们的观点。的确，多种基因共同控制着人类的发育和健康，而且基因表达受到饥饿和压力等环境因素的影响，这些因素在少数情况下似乎具有遗传后果。就连同卵双胞胎也不完全分享这些表观遗传影响。最近的研究表明，人体肠道中的细菌和其他微生物对一系列疾病有影响，尽管目前人体中微生物与人类细胞的比率接近1.3 ∶ 10，但人类微生物组的构成和平衡仍然是一个强大的、在很大程度上尚未探索的领域。例如，乳房和其他器官似乎拥有独特的微生物，可能影响癌症的发病率。精确的治疗可能必须依靠基因组和微生物分析，因而可能更为复杂。血液学家、肿瘤学家维奈·普拉萨德（Vinay Prasad）是精准医学的一名著名的怀疑者，写过大量关于医学逆转的文章：放弃已确立的治疗方法、饮食建议和最终被证明无效或有害的药物。普拉萨德发现，在他自己的专业领域，精准医学在缓解方面的成功仅限于少数“超级反应者”，而对精准肿瘤学的一项对照研究表明，与接受医生诊断的对照组相比，接受基于个体突变疗法的患者，存活率几乎同样令人泄气，前者是 2.3 个月，而后者是 2 个月。虽然他建议继续进行试验，但他称这一运动只是“鼓舞人心”，而不是有前途的。一些对药物滥用、糟糕的饮食选择和其他生活方式问题非常熟悉的内科专家认为，环境因素压倒了精准医疗可能给许多患者带来的好处。[24]

一些统计学家还在大数据分析中发现了（特别是在医学方面）以前隐藏的缺陷，孟晓犁在伦敦皇家统计学会和芝加哥大学的讲座中提到了这一点。虽然孟晓犁的分析是技术性的，但他在一封电子邮件中概括了大数据的总体问题，“一旦我们考虑到数据质量，一个看似微小的缺陷将需要一个巨大的样本来弥补”。问题在于，大数据可能是有价值的，但要拥有比许多评论员所认为的更多的技巧和复杂的经验才能使用。[25]

另一位肿瘤学家（也是畅销书作家）悉达多·穆克吉（Siddhartha Mukherjee）也表达了类似的观点，他告诫人们不要执迷于消极的、意想不到的创新成果。他的观点让人回想起艾伯特·赫希曼创造的“隐藏之手”① 概念，我们已经遇到过这个概念：一旦我们致力于某个目标，我们就可能发现实现目标的资源。穆克吉在基因中观察到，自然界往往是出乎意料的简单，而不是极其复杂的。在 20 世纪 50 年代初，每个有机体都被认为拥

① “隐藏之手”原则上提供了一个框架来检验无知与理性选择如何相互作用。

有独特和复杂的遗传密码，因此不可能形成关于所有生命的理论。DNA 双螺旋结构的发现证明，自然界非常简单，所有生命都有一个代码，可以修改所有生物的基因组。到了 1980 年，在细菌细胞中便可以生成哺乳动物蛋白质。“主控基因”的存在支持了在 DNA 复杂性背后找到更多简单性的希望。基因革命对生物学的影响就像 17 世纪的科学革命对宇宙学的影响一样，它扩展了穆克吉的分析。就像我们所知道的恒星和行星是由与地球相同的物质构成的（尽管这种物质在光谱和太空探测之前无法得到真正的证实）一样，不管是在马铃薯还是在人体内，都存在同一类基因。基因组多样性的背后是主控基因，主控基因可以决定解剖学和生理学的复杂情况。精准医学最有希望的领域之一不是基因本身，而是 DNA 的另一个组成部分，即开启和关闭它们的开关，这些开关有时位于基因组上远离它们控制的基因。根据分子生物学家、布罗德研究所所长埃里克·兰德（Eric Lander）和数百名研究人员在联邦资助的一个项目中进行的研究，许多这种开关可能会影响精神分裂症、多发性硬化症和糖尿病等疾病。[26]

个性化医疗可能会变得像抗生素一样有革命性。兰德发现，从医学细菌学理论诞生到生产青霉素已经过去了 60 年，他说，即使在 2000 年个性化医疗风头最劲的时候，他的立场也是这个项目实际上是为了“我们孩子的孩子”。即使我们接受怀疑论者的观点，认为未来实现个性化医疗的可能性不大，但经过一代人的时间，个性化医疗的目标和技术与今天的大不相同，似乎也值得冒这个风险。个性化医疗研究占美国国家卫生研究院 2017 财年 340 亿美元预算的 1% 不到。很有可能发生的是，由于基因组学的成功和失败，我们的孙辈对基因本身的看法与 20 世纪 90 年代完全不同，就像 20 世纪 90 年代的观念与 50 年代初的观念截然不同一样。正如兰德自己在基因编辑峰会上指出的那样，虽然有四五千种基因影响到疾病，但它们共同作用，主要影响的是发病概率，也可能会发挥积极影响，这可能就是进化没有影响到它们的原因。这是反对永久性种系遗传工程的理由，而不影响个别基因疗法或针对个别基因组的调整治疗方法。在效率的背景下，问题的关键在于，与其他开创性工作一样，会遇到（正如兰德推出的时间尺度所表明的）效率低下的障碍，需要有许多错误的尝试，才能找到更有成效的概念。[27]

在等待定制治疗的同时，我们能做些什么？据技术爱好者说，还有其他通过了解自己来促进健康的方法。一种可能被称为 Genomics Lite，即对已知基因进行基因分型，而不是编辑个体 DNA 的完整序列。即使在基因测序价格迅速下降之后，我们依旧缺乏保险补偿和需要了解完整基因组的 FDA 批准的治疗方法，相关项目仍是一项值得怀疑的开支。基因分型仅限于已知会影响健康、疾病，甚至怪癖的基因，如检测影响某些味觉能力的基因。这个程序现在已经足够简单了，最知名的基因分型公司 23andMe 提供售价仅为 199 美元的服务，拥有 100 万名客户。虽然 23andMe 公司报告中的健康信息最初只限于疾病的遗传性传播风险，但 FDA 在 2017 年 4 月授权该公司出售直接评估个人遗传风险的检测服务。这家私营企业的估值在 2016 年超过了 10 亿美元，在裁决做出后可能会继续上升。尽管取得了这种商业和监管上的成功，人们还是有理由怀疑，是否真的会利用遗传信息来改变生活方式并降低风险。[28]

在基因分型被广泛接受之前，最流行的医学自我认知形式可能是通过可穿戴技术进行自我监测的。信息技术网站 Engadget 的数据显示，在 2016 年第一季度，能够记录动作和监测至少一些生命体征的腕带和智能手表等设备被售出了近 2 000 万件，比 2015 年同期增加了 2/3 以上。信息技术咨询机构国际数据公司估计，到 2020 年，全球“可穿戴”产品（包括腕带、手表、服装、眼镜、头盔和其他配件）市场的规模将达到 2.163 亿台。咨询巨头普华永道 2016 年 4 月的一份报告表明了“可穿戴”概念已经变得多么受欢迎。2014 年，普华永道的调查样本中有超过 20% 的人至少拥有一个可穿戴设备，到 2016 年，这一比例达到了 49%，36% 的人拥有一个以上可穿戴设备。健康是购买此类设备的最重要原因之一。自称对可穿戴设备感兴趣的受访者比例从 2014 年的 41% 上升到了 2016 年的 57%。不过报告也指出，不喜欢科技的人仍然对此持怀疑态度，这表明，就像政治身份一样，对技术的态度可能会变得越来越两极化。[29]

可穿戴设备承诺为大多数用户提供更健康的生活，或许还能为其中许多用户节省保险费用。在提高生活效率的运动中，自我监测似乎是一个合乎逻辑的发展方向。但效率有不止一个方面。通过自我监督和自愿与朋友和家人分享个人数据的技术还有另一个潜力：由雇主甚至政府进行监督。对许多信息技术爱好者来说，这可能不是一个缺陷，而是一项功能，是一种仁慈的家长式作风的开端，能够对抗肥胖和久坐不动的生活的致命趋势，降低医疗成本，延长寿命。普华永道援引的其他研究报告估计，到 2016 年，职场中已经有 7 500 万件可穿戴设备，到 2020 年，将有 800 万人需要将可穿戴设备作为就职条件。大约一半的受访者认为效率是可穿戴设备的主要好处。参与者非但没有抵制“老大哥”式的数据监控，还期待着它伸出援手。2/3 的人认为，雇主应该为监控设备付费或至少提供补贴。37% 的人认为，即使不能提高生产率，他们的公司也应该采用尖端技术。人们对家庭可穿戴设备的热情甚至更高。父母拥有手机的可能性比不是父母的人高 50%。他们从中得到的好处包括健康、70 后人群还关注生产力和育儿，60 后人群则重点看人际关系和压力。如果报告具有代表性，那么自我监测正在成为一种家常便饭。能否像 70% 的受访者现在认为的那样，这一趋势会让用户的寿命增加 10 年，其结果仍有待观察。[30]

普华永道这份报告的出人意料之处在于，尽管存在越来越多来自互联网、监控和黑客攻击的可能性，但对隐私的担忧正在下降，而且在不被采纳的理由中排名靠后。不过有迹象表明，一些支持者感到不满。当公司推广健身竞赛、监控步骤和其他体育活动时，一些员工肆无忌惮地将他们的可穿戴设备戴在仓鼠滚轮、电钻甚至是宠物狗身上，这是一个反复出现的以测量为导向的问题。或许正是受到了这种逃避的启发，麻省理工学院的研究人员（似乎是为了证实左翼人士长期以来一直怀疑该机构是企业的阴谋）开发出了能够监测雇员社交活动和生命体征的可穿戴设备。根据开发者的描述，该项目背后的想法不是全能型或奥威尔式的审查。主管可以查看自己的资料，但无法查阅个别工作人员的数据。汇总的数据提供了区分强者和弱者的见解。例如，能看出较低得分组的成员不太经常相互沟通，彼此缺乏了解。早期版本的设备还揭示了尚未被算法取代的金融交易人员在生理上如何应对损失和其他压力。这款设备或许能帮助至少部分交易员维持收支平衡。这家总部设在波士顿，名叫 Humanyze 的公司的利润不是来自硬件和软件的销售，而是来自对数据的使用。[31]

剥离个人链接的数据并不能保证隐私权。安全专家表明，经常可以重新识别那些已被取消身份以寻求保护的人。然而，除了法律后果外，并不确定雇主或其他人是否有动机或手段进行未经授权的窥探。更严重的问题是，雇主资助的和自发的活动监测是不同的。原因在于，短期内收集有关人们活动的数据的效率并不能使这项技术在长期内成为一种有效的健身手段。

市场营销学教授乔丹·埃特金（Jordan Etkin）的一项研究揭示了自我监测技术的意外后果。埃特金通过网络对本科生和成年人进行了 6 项系列试验，测试内容包括行走（使用计步器而不是更先进的设备来记录），还包括给不同的图形上色和阅读文字。对一些参与者的表现进行测量并告知他们，对照组没有这样的反馈。埃特金的发现与多年来关于内在和外在奖励的社会心理学研究是一致的，这是对斯金纳的观点提出挑战的一项研究。我们在第三章中提到过，所有的行为都可以通过精心管理的奖励来塑造。心理学家后来发现，当人们因为那些能给他们带来快乐的东西而获得外在奖励时，他们享受的愉悦就会减少。［事实上，教育评论家阿尔菲·科恩（Alfie Kohn）在《受到惩罚的奖赏》一书中甚至认为，积极强化可能像斯金纳认为社会应该克服的旧的惩罚性思想一样有害。在可穿戴设备兴起前 10 多年，科恩认为所有形式的激励措施都是社会控制的保守手段。］那些步履被计步器跟踪的人对走路失去了兴趣。事实上，他们比从不衡量自己活动的对照组成员走的要少。埃特金发现，测量结果甚至降低了参与者的总体幸福感。[32]

尽管有热衷于可穿戴设备的用户嘲笑这种发现，但其他传闻证据证实了这一点。两位作家已经阐明了这个问题。卡丽·罗姆（Cari Romm）在她的纽约杂志博客中甚至描述了停止用Fitbit手环测量她的步伐后产生的“存在性焦虑”。保罗·福特（Paul Ford）在《新共和》杂志中讲述了他如何在使用可穿戴设备前的日子里制订一项计划，通过跟踪食物和运动来减肥。因为无法忍受自我监测，他结束了自己设计的获得暂时成功的计划，体重开始反弹。他在日记中写道：“减肥——一般意义上的自我提升——是一种自然的、生理的后现代主义。你成为你正在编辑的文本，你改写了你的感受和你的身体。”他看到朋友没有持续使用Fitbit装备和其他可穿戴设备。罗姆和福特以及其他人的经验表明，自我监测是如何从作为一个令人兴奋和有价值的项目开始，逐渐成为一项繁重任务的。根据活动的不同，愉快体验可能需要数周时间消失。尽管埃特金的研究发现，这可能只是少数人的反应。毕竟，正如我们所见，医学和行为科学的许多实验是无法复制的。另外，其他一些社会心理学家也提到了类似的发现，其他许多论文也报告了外部动机的缺陷。[33]

运动爱好者可能不会在医疗监督下使用活动追踪器，以减肥为目标的人可能会因这种监控追踪技术受益吗？至少有一项实验表明，情况恰恰相反。寻求减肥的年轻人在得到饮食和锻炼建议后被分成不同组别。一组人在网站上记录下他们的食物和活动，另一组人戴着测量他们活动的设备。实验人员最初认为，对第二组人来说，动力更多的来自在实现目标过程中接受自动反馈的效率。现实中，他们平均减掉8磅的体重，明显少于对照组，后者为 13 磅。他们可能只是像其他许多用户一样反对自我监控。但研究人员也认为,他们发现没有达到活动目标的反应是垂头丧气，而不是促使他们努力达到目标。对一些特别相信量化的人来说，这种运动可能是非常成功的，它成为一种内在特征，而不是达到目的的手段，而另一些人却相应地感到不满。所有这一切并没有否定活动跟踪器对于那些长期积极回应的人的价值。这意味着，总的来说，它们似乎无助于减轻体重、增加锻炼次数或健身。[34]

对微软手环活动追踪器用户的研究揭示了信息技术促进健康的一个意想不到的积极结果。那些在玩《精灵宝可梦 GO》——一种针对移动设备的增强现实游戏，用户的真实位置使虚拟人物能够与这款日本游戏中的宝可梦发生互动——的用户似乎正在进行一场高科技的寻宝活动，这种游戏可以通过智能手机和平板电脑的摄像头在现实环境中发现和捕捉虚拟的宝可梦。根据这项研究，至少在玩这款游戏的头几个月，追踪功能确实能刺激用户进行大量的活动。研究表明，无论性别、年龄或体重，游戏玩家在一个月内的运动次数都会增加 25%。如果所有美国玩家都做出类似的反应，那么当月美国人的活动将增加 1 440 亿步。当然，研究对象已经有锻炼的动机，这项研究并没有试图衡量行为的持久性。不过它的确表明，激励人们的最好办法不是让他们对实现目标的过程进行自我监控，而是让他们为自身利益从事愉快的活动。[35]

实时监测可能会让一些受到健康威胁的人受益，他们失去享受的机会可能被认为只是一种轻微的副作用。当然，除非这促使他们不再保持自己的重要活动习惯。在 2016 年，我没有发现在这方面有任何关于正面和负面后果的医学研究。这种缺位可能是有意为之的。到目前为止，活动监测的设计者并没有声称在诊断或治疗疾病方面使用这些数据。有权将其列为医疗器械进行分类和监管的 FDA 明确表示，只要追踪器没有作为治疗技术销售，就明确拒绝使用此类数据。FDA 认为现有的可穿戴设备是“低风险的通用健身设备”。然而，可穿戴设备的监管状况很复杂。首先，网络用户在未经制造商授权的情况下可能提出促进健康的要求。即使他们不这样做，一项技术仍然可以通过口口相传和流行的做法积累事实上的医疗数据。谷歌被广泛用于自我诊断——据一份报告说，尽管存在明显的隐私问题，但 80% 的美国公众会在网上搜索症状，以至于谷歌开发者开发了一种症状搜索功能，以帮助用户更准确地回答问题，并在适当的时候鼓励人们就医。许多医学研究人员对维生素和其他膳食补充剂价值的怀疑并没有显著削弱，这些产品在 2014 年有 367 亿美元的市场规模。其次，信息技术媒体称，一些可穿戴设备制造商正在研发可被批准为医疗器械的版本。如果那样的话，对运动的影响可能成为包装说明书中提到的需要注意的副作用。[36]

对更多类别的病人广泛使用专业级监测装置，会引起可能在 FDA 管理范围之外的其他问题。我们已经看到，许多医生因政府机构和私人保险公司的报告而感到负担过重。患者评分是消费者反馈的一种形式，可能会提高护理的效率，但也可能由于相互冲突的激励手段而扭曲目标。例如，医生可以通过花费更多时间诊断一名病人来改善评分结果，但如果医生让其他病人等待时间过久，就可能失分，即使更仔细的诊断会挽救生命。因此，即便是在患者层面，大数据隐藏的成本也超出了存储和迁移到新设备的直接技术挑战。医生学习解释可穿戴设备数据流的时间也可能带来额外负担。

不仅活动追踪器会带来自觉量化的潜在低效性，其他设备，尤其是那些处于消费级与医疗级之间的灰色地带的设备也是如此。从哲学家伊万·伊利克（Ivan Illich）到精神病学家阿瑟·J. 巴尔斯基（Arthur J. Barsky），医学界内外的批评者早就观察到，健康意识可能变得不健康，甚至病态。科学哲学家伊恩·哈金（Ian Hacking）引入了循环的概念：非专业人士将医学界对疾病的定义内部化，从而选择并遵循标签。搜索引擎可以放大这种行为，从而导致所谓的“上网自诊狂”。哪怕患有真正的疾病或不适，全神贯注于接受治疗也会让人们把注意力集中到额外的问题上，即与潜在的症状相比，为寻找治疗方法而去向多名医生问诊可能会成为更糟糕的压力来源。失眠就处于这种麻烦地带中。欧洲睡眠研究会主编的《睡眠研究杂志》特邀社论通讯学者简·范登布尔克（Jan Van den Bulc）指出，一种自我监控装置——索尼SWR10智能手环——唤醒了一个睡眠者，其睡眠水平从深层到浅层发生了变化。有证据表明，如果睡眠者自然醒来，那么会在轻睡眠状态下持续较长时间，人也昏昏欲睡。除了这类专用装置，估计还有10个与健康有关的智能手机应用程序，其中一些与传感器或其他监测装置相关联，可以与用户的智能设备交换数据。虽然与这项技术相关的还有其他问题（如制造商破产，新的智能手机操作系统无法支持设备，因此也就毫无用处），范登布尔克最担心的是所谓的“健康饮食强迫症”，即对健康生活过度热情。就像激发了这个名字的极度节食意识一样，这种热情已经对健康构成了威胁。在睡眠领域，这种专注甚至可以被称为“时间间隔强迫症”。过度追求高效率的生活可能会适得其反。[37]

健康中自我量化的最极端的表现可能不是睡眠，而是性方面的应用程序。其中一些主要源于移动时代的医疗建议，目标是促进生育。其他应用程序，尤其是面向男性的应用程序，将性生活视为一种竞争力的表现，让用户对自己的伴侣进行统计，并与所在地区的其他用户进行比较。自我量化的部分精神是分享数据，一些应用程序甚至让附近地点的用户相互联系，这是计算机约会的另一个变种。虽然编写了此类程序的澳大利亚社会学家黛博拉·卢普顿（Deborah Lupton）没有调查实际用户和联系人的数量，但她指出了支撑这项技术的价值观。对他人持怀疑态度的许多男人和女人开始相信，依靠数据和解释数据的算法比个人更值得信任。美国国家安全局和其他情报机构披露的监控计划的范围，以及信任欺诈和盗用身份的策略，可能限制了数据共享的普及，但他们没有让其消亡。[38]

因此，一些人认为，通过收集、分析和比较自己的数据来追求个人效率是一种解放式体验。其他人则认为，目标和对数据的比较正好相反，是一种繁重的自我监控方式。历史学家萨拉·E. 伊戈（Sarah E. Igo）在她的《平均美国人》一书中指出，将自身情况和集体社会科学数据进行比较的做法至少可以追溯到20世纪早期和中期。最常用来进行比较的统计数据包括来自社会学家罗伯特和海伦·林顿夫妇（Robert and Helen Lynd）关于典型性的《中镇》和关于性行为的《金赛报告》。移动技术革命的伟大创新是使数据的实时收集和比较成为可能，值得注意的是，“自我量化”一词最早出现在2007年的《连线》杂志上，也就是iPhone问世的那一年。但新技术让谁变得更加自信和能干，让谁变得更加焦虑和不满，这还有待观察。[39]

我们已经看到，给人类基因组排序只是一个长达数十年的过程的开始，这个过程要揭示基因和生活环境之间的许多相互作用的原理。但无论是否使用遗传信息，医疗诊断仍然比大多数外行所认为的更具挑战性。神经学家戴维·E. 纽曼－托克（David E.Newman-Toker）和阿里·S. 萨比尔·泰赫拉尼（Ali S.Saber Tehrani）基于美国全国执业医师数据库对 1986 年至 2010 年的 35 万起医疗事故指控进行了研究，他们发现，最大的一类指控（29%）是对被忽视、错误或延误的诊断。与流行的印象相反，这比治疗错误（27%）或外科手术错误（24%）还要严重。根据研究者的说法,关于诊断不当的指控低估了这一问题。尸检表明，10%~20% 的死亡是由患者一生中没有发现的疾病造成的。这些致命病因中一半是可预防的。[40]

人工智能能否减少痛苦和不必要的死亡？ IBM 超级计算机“沃森”于 2011 年在游戏节目《危险边缘！》中战胜了强大的人类参赛者，超级计算机“沃森”最近在各大癌症中心接受了基因组学和肿瘤学方面的指导，并且已经接受培训，以便在医学期刊和研究小组的研究成果出现后尽快将其吸收——这是对本章和第二章前面提到的大量数据的一个可能的答案。“沃森”学会了像肿瘤学家一样思考，与北卡罗来纳大学查珀尔希尔分校肿瘤委员会的人类专家对 99% 的病例的诊断相符。在 30% 的病例中，“沃森”能够提出被医生忽视的建议。“沃森”和其他超级计算机可能是个性化基因组医学的未来。它已经找到了治疗罕见疾病的成功方法，就连优秀的医生也忽视了这些疾病。[41]

这一纪录令人印象深刻。不过，人工智能虽然可以很有效，却很难称得上高效。在电视节目中赢了的“沃森”超级计算机运转起来需要 8.5 万瓦的电力。它击败的人类大脑只需要 20 瓦的电力。“沃森”是一种昂贵的先进医疗设备，得到了 IBM 及其医疗合作伙伴的补贴。换言之，尽管在有挑战性的病例诊断中非常有效，它对公共卫生来说也并不是一个救世主，这主要是在寻找有利可图的应用程序方面取得的一个公关方面的胜利。它对提高医疗效率做出了至少一项真正的贡献：更早地认识到罕见疾病，即美国国家卫生研究院定义的影响不到 20 万人的疾病，这类疾病大约有 6 800 种。对于遭受一种或多种罕见疾病困扰的 10% 的人来说，诊断平均需要超过 7.5 年的时间，需要 8 名医生，经历 2 次误诊，而且往往面临着严重的财政压力。即使大多数罕见疾病没有已知的治疗手段，人工智能在发现这些罕见病例方面提供的帮助也可以给医疗保健带来巨大收益。而阻碍“沃森”的功能扩展的因素表明，这类医疗超级计算机很可能仍然是小众服务。[42]

2017 年 9 月，医学新闻网站 STAT 的一份调查报告揭示了 IBM 大胆推广其“沃森肿瘤治疗计划”与该计划较为温和的结果之间的差距。报告总结称，“沃森”是“便携式的纪念斯隆 - 凯特琳癌症中心”①。它的治疗建议完全基于医生提供的培训，医生决定“沃森”设计指南需要什么样的信息以及这些建议应该是什么。它可以访问由同一名医生选择的外部文章，但不独立分析它们。尽管纪念斯隆 - 凯特琳癌症中心是世界上最负盛名的医院之一，但该报告补充说，报告的建议反映了美国医学界的偏见，据

① 纪念斯隆 - 凯特琳癌症中心是美国纽约市的癌症治疗和研究机构，成立于 1884 年，曾经被称为纽约市肿瘤医院。其主院址位于约克大道 1275 号。

使用这项肿瘤治疗计划技术的一些海外医生说，“沃森”确实在提供可靠指导方面比医生委员会更快，并使初级医生在决策中拥有了更大的发言权，它或许还能实现 IBM 提出的显著改善结果的目标。该报告还看到了一些医学人工智能竞争项目的前景。就像在教育方面一样，他们在医学方面的关键经验是，制造一个高效的自动化系统通常需要比规划者所预计的更多的工作。[43]

对于大多数医生来说，目前的人工智能的作用不大，而且价格昂贵。它可以帮助专业人员清理检查单和发现他们可能会忽视的警告，以此来提高效率和挽救生命。但它既没有“沃森”通用的医学杂志数据库，也没有“沃森”广泛指导的便利。哈佛大学医学院的研究人员在 2016 年发表了对这些项目的首次评估，他们的研究结果冷却了此前的预期，即在现有计算机上运行的程序可能超过专业人员的诊断技能。事实恰恰相反，与机器相比，医生占了上风。研究人员向 240 名内科专家介绍了 45 例临床病例，每个病例都由至少 20 名医生进行评估。每名医生都提出了最可能的诊断结果，然后再提出两种备选方案。对人工智能程序也提出了同样的问题。在首要选择中，医生的正确率是程序的两倍以上，医生的正确率为 72%，程序的正确率只有 34%。如果把其他备选方案也包括在内，那么医生的诊断正确率高达 84%。电子症状检查仪的准确率略高于医生的一半，为 51%。这些程序在普通诊断方面的表现要好一些，在情况并不寻常的时候则表现更糟。这可能表明，有经验的医生不仅掌握了规则，还掌握了识别更复杂问题的能力，程序员在开发一种算法时，可能无法提前描述隐性知识，但人们却能在实际中运用这些知识。[44]

量化的自我和诊断性人工智能共同阻碍了真正的效率，这是医疗技术中最麻烦的两个问题，即假阳性（过度诊断）和有害的不确定性。前者最简单的例子可能是警报疲劳。我在《回到开端：技术和意外后果的复仇》一书中指出，电子监测在防范家庭盗窃和汽车盗窃技术中很流行。到了 2010 年，这个问题没有改变。就连安全警报行业的一位代表也承认，80% 的报警电话是没有根据的，许多警察部门仍在对超量报警进行罚款。一方面，在避免误报的同时提高警报技术的识别能力的努力显然进展缓慢。另一方面，汽车警报已经不再是 20 世纪 90 年代初的城市瘟疫，因为电子钥匙的安全性得到了加强，并且重新编程可以减少来自不相干振动源的警报。[45]

在医学方面，没有相当于电子钥匙的东西。此外，电子设备制造商有强烈的动机向患者发出关于所有可能风险的警告；如果因为这类警告太多而被忽视，那么医院工作人员而不是设备制造商将承担责任。可以预见的是，医疗设备在告知医生和护士潜在问题方面的高效，会降低护理效率。医学教授、现代患者安全研究的先驱罗伯特·M. 瓦赫特（Robert M.Wachter）在他的《数字医生》一书中援引了一场已经被称为警报疲劳的官司。美国最重要的医院之一——马萨诸塞州总医院的一位 89 岁的老人死于心脏骤停，尽管此前有 10 名护士已经注意到一个中心站传来的“哔哔”的警报声，以及走廊指示牌上显示的警告。床边一个响亮的警报声表明患者的心跳已经放缓，却不知被关掉了。马萨诸塞州总医院以赔偿 85 万美元了结了此案。调查这一事件的《波士顿环球报》发现，从 2005 年 6 月到 2010 年 6 月，至少有 216 名患者因为警报失灵或医务人员因虚假警告疲于奔命而死亡。《波士顿环球报》的一名记者发现，在波士顿儿童医院，一个孩子把腿放在床上，以及吃饭、打嗝和折纸等日常活动都会触发警报。在加州大学旧金山分校瓦赫特博士的医院，约 66 名重症监护病人每人配备 5 套警报监视系统，每套系统平均每 8 分钟就有一次警报响起，每天要响起 1.5 万次，每月达 38 1560 次，重症监护室每月总共至少会收到 250 万次警报。[46]

医院的警报问题一直很严重，实际上是效率的更易处理的意外后果之一。数十年来，航空业一直面临错误信号问题，并形成了系统的警报等级，还接受了严格的应对训练，瓦赫特博士在采访英雄飞行员切斯利·苏伦贝格尔（Chesley Sullenberger）① 和控制模拟器时发现了这一点。由于只有几家大公司生产大部分远程商用飞机，警报不是由来自许多供应商的拼凑而成的，而是一个单一的集成和分层方案。当飞机即将失速和坠毁时，警报从最紧急的视觉、声音和震动信号开始。二级警报是告知飞行员需要立即采取行动但不威胁飞行路线的情况，这种级别的信号永远不会使用红色。有 40 种“警告”，之后是 150 种左右的“提醒”，需要立即关注，但还不需要任何回应。这些信号是琥珀色的，不会发出任何声音警报。排在最后的“建议”揭示了稍后需要注意但不会威胁安全的问题。根据经验，波音公司的工程师找到了最有可能制造假警报、从而被忽视甚至失灵的传感器，并设计出了更准确的替代品。[47]

我们在第四章中看到，如果自动操作让飞行员措手不及，那

① 已退役的机长，航空安全专家。他在 2009 年 1 月 15 日操控受到加拿大雁撞击而导致双发动机均失效的全美航空 1549 号班机迫降于纽约曼哈顿的哈得孙河上，机上 155 名乘客和机组人员均生还，因此被美国人称为“国家英雄”。

么即使是最精心设计的航空警告系统，也可能导致恐慌反应。医院里没有自动应对系统，而且有更多的情况需要监测。工作人员常常被要求平衡多项活动，而多任务处理被普遍认为会降低效率。瓦赫特博士援引了一项对澳大利亚 98 名护士的研究，后者准备和管理超过 4 200 种药物。每一次工作中断都使发生药物混乱的可能性增加 13%，连续四次中断会使死亡或严重伤害的可能性增加一倍。虽然一些技术爱好者为自己的多任务处理能力感到自豪，认为这是高效率的标志，但很少有人能够一再转移注意力而不降低自己的表现。[48]

警报疲劳不限于设备的信号，也适用于困扰医院药房管理者的警告。尽管电子病历相对于以前混乱的纸质系统有种种优势，但正如我们早些时候所指出的，它不仅给医生带来了负担，而且在发出警告方面效率极高，因而可能根本没有那么有效。早期对电子病历和相关技术的研究表明，它们可以减少不良事件的发生，但也给员工效率造成了障碍。得益于安装了信息技术系统的其他医院的经验，瓦赫特博士的医院也采用了相关技术，药剂师每月发出大约 35 万份药品订单中的近一半会弹出警告。甚至医生也不得不每月处理 1.7 万条警告。这意味着原则上从监测剂量的带来效率和从可能的不良反应警告中获得的收益被疲劳警告所抵消。至少有一项研究表明，采用同一供应商系统的机构之间的不良影响报告差别很大。疲劳会增加输入错误，在瓦赫特博士详细描述的一个案例中，一名年轻患者被注射了一剂抗生素，剂量是儿科住院医师进入该系统时的预期值的 40 倍，之所以会发生这种情况，是因为医生在收到多次警告后形成了忽视警报的习惯，他们也将这种态度传达给了新同事。幸运的是，这名患者在没有受到永久性伤害的情况下获救，但剂量可能是致命的。风险分析人士称，尽管采取了多重预防措施，但当此类潜在的灾难发生时，结果会呈现“瑞士奶酪效应”，即在大多数情况下，其中一种防范措施将占上风，但防范措施往往会排满之后的时间段，如果把各式各样的奶酪片放在一起的话，它们就会出现漏洞。[49]

我们有充分的理由相信，如果医学遵循航空航天模型，警报疲劳是可以缓解的。罗伯特·M. 瓦赫特已经报告说，调低非紧急事项和可能是暂时状况调整发出的警报的阀值或延迟通知，可以减少医务人员的心理负担。还有一种不太容易控制的警告信号，导致了对目前的监测设备在效率和灵敏度最严厉的两个批评：过度诊断和过度治疗。这些不仅仅是技术问题；它们可以追溯到放血疗法的全盛期。[乔治·华盛顿的医生给他抽取两升血液来治疗他的喉炎，如果不是第二天华盛顿就死了的话，他们会为了治疗而抽取更多的血。著名的费城医生和爱国者本杰明·拉什（Benjamin Rush）给自己实施了同样的疗法，声称这种方法使他治好了黄热病。]一位拥有新闻背景的澳大利亚卫生研究学者雷·莫伊尼汉（Ray Moynihan）和他的同事指出，经济和社会压力以及技术变革导致人们对疾病进行不必要的分类与治疗。专业小组一直在对疾病的阈值进行向下定义，甚至创造出了糖尿病前期等新的疾病类别，据说这是为了早发现和早预防，但有时此举对制药商而不是对患者有利。莫伊尼汉援引的研究表明，在高胆固醇人群中，多达 80% 的人可能不需要这种药物，30% 的哮喘确诊患者也无法从这种药物中获益。当然，有些医生和患者一直相信积极的治疗，有些则比较保守。今天的一个主要区别是，新的医疗技术在发现可能被错过的“异常”方面效率很高。这类“异常”情况往往在一个人正常的一生中不会影响健康。尸检不仅揭示了本应该治疗的疾病，而且揭示了最好不要主动治疗的癌症。成像技术的改进会导致所谓的“偶见瘤”，这种异常与最初的症状或测试无关，但可能会导致进一步的检测。对骨盆、头部、颈部和胸部的扫描可能会在40%的患者中发现这些情况。莫伊尼汉认为，作为过度治疗的证据，虽然癌症的检出率有所上升，但癌症的死亡率保持相对稳定。[50]

通过检测和扫描收集健康信息的效率，与决定使用何种治疗方法的复杂性形成了鲜明对比。我们已经看到，至少在21世纪的第二个10年，电子健康记录可能增加而不是减轻了医生在行政事务方面的负担，使他们更难有时间权衡与向病人解释和各种选择。在某些情况下，个性化遗传学可能会简化选择，但我们对基因和疾病了解得越多，医生和病人就越有可能陷入迷宫。例如，哥伦比亚大学的一名生物医学信息学——一门专职研究组织、获取以及记录医疗保健知识的医学信息和计算机科学的交叉学科——专家对一位科普作家说，由于医学文献的扩展，“人们忽视了数十种情况……而这些被忽视的情况很容易被机器诊断出来”。他说，通过机器学习，算法可能会找到表明患上多发性硬化症的风险的证据，但也许风险概率只有0.5%或5%。研究人员希望开发的软件能“发出警告或建议”，即使早期治疗能够阻止多发性硬化症或其他疾病的恶化，但对绝大多数永远不会患上这种疾病的人来说，早期治疗会产生什么不利影响呢？既然焦虑本身可能是健康的决定因素，那么恐惧是不是会导致自身的并发症呢？这篇文章还报道说，微软公布了一种利用网络搜索的算法来识别可能患有胰腺癌的人，而谷歌的人工智能机构“深层思维”公司正在分析英国国家卫生服务的记录，以帮助眼科医生识别早期眼疾患者。在这些病例中，与较常规的筛查一样，早期检测在某些情况下可能会防止死亡，但如果不适当地评估，也可能对医疗保健有害。虽然保护隐私至关重要，但更重要的是在治疗中不造成伤害。正如莫伊尼汉强调的，过度诊断和过度治疗侵占了那些治疗不足的人所急需的医疗资源。对个人医疗记录进行测试和算法分析的效率与敏感性，实际上可能会使保健系统效率降低，在促进全体人民的福祉方面效率低下。[51]

在极端情况下，这种焦虑可能导致作家查尔斯·西伯特（Charles Siebert）所说的“有毒的不确定性”，即处于危险之中，无法做出明确的决定，因而产生的一种痛苦的意识。报纸经常报道这类案件。在其中一篇文章中，另一位受到威胁的作家帕特里夏·法尔（Patricia Fall）讲述了她的经历，她最早在 23andMe 进行了一项价值 99 美元的消费者例行基因测试，该测试显示出与乳腺癌发病率升高相关的基因突变的阳性结果。后来，法尔又对乳腺癌基因进行了价值 4 000 美元的专业测试，随后又进行了 3 年的核磁共振成像、乳房 X 光图像、声像图和活体组织检查，包括频繁的假阳性检查，进一步证实了这一点。法尔的保险公司拒绝支付部分费用。在没有确诊癌症的情况下，她已经先后计划并取消了三次卵巢预防性切除手术和两次预防性乳房切除术。产生信息和数据的效率并没有导致更清晰的决策，而是带来了痛苦的选择。FDA 限制了大众市场基因分型公司可以提供的遗传信息，但毒性的不确定性问题不会消失。如果越来越多的人和他们的医生了解到多发性硬化症和其他疾病的发生概率，健康焦虑就可能成为一种流行病。[52]

总而言之，至少从 19 世纪初法国医生莱内克发明听诊器以来，技术就一直在创造现代医疗的实践。正如医学博士、历史学家雅卡琳·达芬（Jacalyn Duffin）所写，莱内克的发明带来了一场革命，使诊断摆脱了对患者主观报告的严重依赖，并取代了检验医生在人死后才能检测到的对身体隐秘功能的观察。今天的基因分析和成像技术正将这一趋势提升到新的水平。听诊器本身依赖医生敏锐的听力和训练，它像白大褂一样保留着仪式性的力量，但有被送进博物馆成为展品的风险。不可否认，新的、更有效的诊疗工具很有用。成像技术可以诊断疾病，常常可以帮助医生在有多种选择的情况下选择最有效和最佳的耐受药物，从而改善疗效并降低成本。人工智能可以减少对罕见疾病进行正确诊断时的痛苦搜索，或许还有助于找到治疗方法。如果正确使用电子病历就能减轻医生的负担，以及减弱导致效率降低的倦怠风险，那么没有人愿意回到书写错误就可能酿成悲剧的时代，这有助于推动医疗记录的计算机化。[53]

我们看到，不分青红皂白地使用新资源，会对健康甚至医疗效率造成重大风险。我们不应该将医学的柔软面理想化，许多医生的直觉在双盲临床试验中被证明是错误的。但我们也不应忽视，医生的同情心可以作为治疗的证据。医疗改革组织洛伊国际政策研究所负责人维卡斯·赛尼（Vikas Saini）博士援引该组织创始人、心脏病专家、诺贝尔和平奖得主伯纳德·洛恩（Bernard Lown）博士的话说："通常的效率法则在医学中被颠覆了。医生花在病人身上的时间越多，效率就越高。听诊的成本几乎为零，因此比药物和设备划算得多。”听诊是最有效、最经济的医疗技术，以及避免过度医疗的关键。听诊器虽然效果有限，但它也代表了逐渐开始研究的触摸的治疗能力。黛博拉·卢普顿在对自我量化运动的研究中指出了数据和“具体知识”之间的矛盾，医学在通盘考虑两者的时候最有效率和效益。[54]

更好地理解统计数据会有所帮助。认知心理学家盖德·吉格伦策（Gerd Gigerenzer）在其著作《直觉》中指出，数据和直觉之间不一定存在关联。利用数据表和计算器，引入一个正式的系统来决定病人是否应被确诊为冠状动脉疾病，这比单纯凭直觉能更有效地改善医生的诊断。当这些辅助工具被取消后，事实证明，医生们能继续提高他们的准确度。他们基于数据系统的经验，永久地改善了他们的直觉。另一个步骤是制作一个简化的流程图，其中包含一定数量的决策点，这就像吉格伦策所说的“快速而简明的决策树”。它不需要数据库或计算器，其结果是最好的。[55]

吉格伦策建议对医疗法和保险进行改革，以消除过度诊断和过度治疗的动机，这些都可能导致严重的健康后果。在医学上，模拟思维和信息技术必须齐头并进。制度也会影响医生深入了解每个病人病情的能力。在比利时和瑞士等国家的医疗体系中，患者更多地选择初级保健医生和专科医生，平均预约时间为 15 分钟而不是美国的 5 分钟。医疗质量可能更多地取决于文化而不是技术。[56]

我们可以把医疗决策比作电脑上的国际象棋。在一些国际象棋软件和一些国际象棋网站上，弈者（当然，并非在比赛环境中）能看到一个给定的开局或中盘的布局，并会显示出当时各方最终获胜的可能性，这是基于对数据库中存储的可追溯至几个世纪前的 800 多万步棋路的推演。但是，在特定的比赛中，历史上出现过的妙着可能并非最正确的一步棋。棋艺大师会研究对手的棋路，了解对手的心理和风格。因此，面临信息不确定的医生不仅需要对结果进行统计，还需要了解患者的价值观和优先考虑事项。

最后，要想真正提高医疗效率，需要关注患者之外的东西，包括环境和社区。环境可能比医生办公室或医院里的任何东西都重要。饮食、环境保护、卫生和免疫这些所谓的健康与公共卫生措施等非医疗决定因素，在持续延长人类平均寿命方面发挥了重要的且有争议的作用。20 世纪 70 年代，医学修正主义历史学家采取激进观点，对药物和手术延长寿命的效果提出了质疑。虽然他们的一些工作存在严重的方法论错误和缺陷，但他们的观点仍然得到了承认。在很多情况下，医学进步只占现代寿命延长的一半功劳。流行病学家约翰 · P. 邦克（John P. Bunker）在一篇评论中援引了苏格兰的一项研究，这项研究估计，自 1900 年以来，人们寿命延长了 30 年，其中医疗预防和治疗服务贡献的总影响是 5 年或 5.5 年，1950 年后人的寿命延长了 7 年或 7.5 年，其中一半的寿命延长可以归功于医疗预防和治疗服务。这是一项令人印象深刻的贡献，医学对减轻痛苦和提高生活质量的帮助也值得一提。但是，正如 20 世纪 90 年代以来阿片类药物的滥用带来悲剧性后果那样，减轻疼痛的疗法可能导致更多的疼痛和过早死亡。这不仅是制药行业在 21 世纪的第一个 10 年大力推动的结果，也是因为患者相信药物的威力，以及医生解释风险的时间有限。虽然电子病历的效率有助于医生在高风险地区合作治疗药物滥用，但大数据也放大了处方药的使用量，使最具争议的止痛药奥施康定的生产商能找到接诊疼痛患者最多的医生，从而进一步推动营销。[57]

促进健康的最有趣的因素是家庭和社区关系，以及老年人的生活结构。在希腊的伊卡里亚岛有一个百岁老人高度集中的地区，那也是所谓的蓝色地带，那里的人每天都要喝不少煮沸的希腊咖啡。另一个百岁老人集中的地区是加利福尼亚州的洛马林达，那里是基督复临安息日会的中心，他们不喝咖啡，也不碰地中海人的另一个心头好——葡萄酒。为了平衡以基因为导向的研究，人口统计学家指出，宾夕法尼亚州东北部的意大利裔美国移民社区罗塞托比邻近的城镇心脏病发病率低，尽管当地居民喜欢吸味道浓烈的黑雪茄，喝大量的葡萄酒，并吃很多香肠、奶酪和肉丸。他们在气味恶臭且危险的石板采石场辛勤劳作，与附近城镇中充满敌意的新教邻居不相往来，这避免了相互竞争和铺张消费。具有讽刺意味的是，一旦他们的孩子开始实现他们所希望的繁荣并成为美国郊外社区的一部分，新生代的发病率和死亡率就会上升，从而使罗塞托的居民难以与附近社区的居民区分开来。[58]

从长远来看，如果我们必须确定什么可以最有效地降低发病率和死亡率，那可能是传统的、表面效率低下的生活方式。技术驱动的医疗保健的悲惨现实是，不少新技术被当作是必不可少的。

第六章 缺乏灵感

如何平衡算法与直觉

平台社会的新效率带来了显著的好处，以及不可避免的弊端。支付电子账单可以节省造纸的林木和邮费，但也会危及邮政运营商。许多人认为，邮政运营商在他们的社区中是不可或缺的。社交媒体的推广和数字广告有望更精准地面向消费者，但它们也会消耗报道和编辑的资源。拍卖网站和数字市场以近乎零的直接成本或最低成本将买家和卖家聚集在一起，但它们毁掉了曾经有利可图的分类广告板块，更不用说向来苦苦挣扎的旧书店了。消费者通过旅游网站可以更好地了解航空公司的票价，但航空公司的软件和收费结构似乎总是能领先一步。移动设备将人们从办公室中解放出来，但也使雇主获得了前所未有的权力，可以抢占员工的空闲时间，而且，正如我们在上一章中看到的那样，雇主甚至越来越频繁地监测员工的身体活动。对许多城市居民来说，拼车服务可能会使私家车变得没有必要，但也可能会破坏公共交通，使乘客在公交车和出租车行业的竞争减少后容易受到价格欺诈的影响。电子证券市场承诺降低交易成本，但鼓励了高频交易，以至于金融系统作为国内生产总值一部分的成本增加了。效率的迅速提高在许多方面使世界的效率降低了。

与信息技术的其他挑战相比，极端的低效率受到的关注较少，包括：电子垃圾的产生，发展中国家从硅和石墨开采者到设备回收者受到的剥削，自动化对发达世界就业的破坏，国家监控，对名誉的损害，对民主决策的不负责任，不平等的加剧，人际关系的破坏，童年的过早结束以及容易受到欺诈，恐怖主义和电力中断的脆弱性等。主要平台公司都意识到了这些问题。他们正在研究如何用保障措施来解决这些问题，哪怕只是为了他们自身的利益。对每一个问题来说，如果处理得足够深入，都可能影响效率。如果黑客入侵电子投票的可能性削弱了人们对选举结果的信心（到目前为止，没有证据表明入侵者改变了任何实际的选举结果），那么手工计票可能比电子计票更有效地服务于政治生活（至少这是荷兰官员在 2017 年做出的决定）。就算屏幕阅读比纸张更高效——我们已经从某些方面看到这一点，但如果它扰乱睡眠模式，就可能阻碍孩子的学习。如果计算机欺诈和身份盗窃的案例继续增加，就可能会削弱人们对网络交易的信心。如果收集个人资料导致消费者发现广告过于个人化，情况也是如此。一种可能的补救办法是，提高平台公司使用算法的透明度。但是，机器学习程序所做的决定对程序员来说可能并不透明。即使规则是明确的，公开规则也可能导致行为扭曲。根据坎贝尔定律，一旦知道了一个标准，人们就会开始玩弄这个体系，例如，通过有针对性的应试教育，而不是为了长期理解来应付考试。如果充分理解了信用卡评分背后的公式，人们就会用花招来提高评级，而不会真正变得更有偿付能力。[1]

1917 年美国最大的公司是铁路、钢铁和石油巨头，随着产量的不断增长，这些公司蓬勃发展。2017 年市值最高的公司是苹果、“字母表”公司（谷歌的母公司）、微软、亚马逊和脸书。批评者的警告——关于寡头权力的一个新镀金时代——实际上可能只是轻描淡写。1899 年，美国最大的公共公司宾夕法尼亚铁路公司的市值为 3.73 亿美元，相当于今天的 103 亿美元。2017 年 8 月，尽管曝出了多起丑闻，但私营的网络运输服务公司优步的估值仍接近 700 亿美元。19 世纪 90 年代，宾夕法尼亚铁路公司在 12 个州和哥伦比亚特区拥有超过 8 000 英里长的轨道、3 000 多辆机车、许多辆客车和 1.2 万多辆货车，以及至少 10 万名雇员。1900 年 11 月，它宣布半年股息为 2.5%，外加 1% 的额外股息。根据维基百科 2017 年 2 月的消息，优步只有 67 名拿工资的雇员，据估计，该公司去年亏损了 30 亿美元。这就是基于网络效率的平台模式的影响力，它可以用相对较少的雇员创造利润。自 2007 年以来，移动计算，加上 2000 年以来允许的消费级全球定位系统，有可能将这一模式扩展到美国、欧洲和其他许多国家的几乎所有地区。所谓的“分享型社会”已经取代了 20 世纪初激励美国资本家和苏联规划者的“生产崇拜”。在平台社会中，像苹果商店和谷歌商店这样的电子媒体授权服务、流媒体服务、虚拟在线课程、汽车、医疗成像设备和监视器等都将不断与强大的分析引擎发生关联。据这些服务的倡导者说，机器学习将使这些服务更加符合客户的愿望和偏好。[2]

就连慈善事业也体现出了效率意识。如今的科技业亿万富翁在通胀后享有的财富比大多数强盗贵族还要多，这些人相信他们

化的领域，尽管专业计算机利用机器学习取得了成功，但一些人工智能的爱好者也意识到，今天的信息技术可以从数据中汲取经验，但它仍然无法高效运行。正如作家亚历克斯·赫恩（Alex Hern）在《卫报》上发表的一篇关于机器学习会议的报道那样，人工智能仍然没有詹姆斯·瓦特那样的冷凝室。冷凝室装置是十八世纪晚期的突破，使燃煤蒸汽机成为动力。平台公司对效率的追求可能需要使用大量资源。我们在第五章看到，IBM 的超级计算机“沃森”需要巨大的能源消耗，谷歌数据中心位于拥有廉价水电和充足水冷资源的位置附近，实际上，这些都反映了计算能力的局限性。谷歌公司最近改变了其能源战略，以 100% 的可再生能源为目标。至少有一项指标显示，谷歌 2014 年收购的“深层思维”人工智能系统已经使其数据系统的耗电量减少了 15%。尽管如此，谷歌和其他“绿色”数据中心必须与电网相连，而不是直接使用风能或太阳能（这些能源可能离数据中心很远），数据中心的能耗也在继续增长，尽管其增长速度远远低于 21 世纪头 10 年。[5]

比尔·盖茨、埃里克·施密特和马克·扎克伯格等“福音传道者”对一个真正高效互联的世界所持的乐观情绪有些为时过早。我们需要新的方法，而不仅仅是对技术“千禧一代”提出老生常谈的（而且常常是合理的）批评。自相矛盾的是，我们应该从容忍炒作开始，而不是直接谴责它。夸大创新是必要的，这可以追溯到我们所看到的欧洲对新世界的解决方案，甚至可能更久远。（传说中的哈梅林的魔笛手可能是根据所谓的“定居者”，即说话很快的中世纪招募人员改编的，这些人引诱年轻人到东欧的新城市和边疆农村定居。这一行人为哈布斯堡王朝效力至18世纪。）两个世纪后推动美国西部城市发展的拥护者真诚地相信，他们虽然身居陋巷，却能道出未来繁荣的真相，如果他们的愿景被广为接受，他们可能就是对的。像吸引美国朝圣者和先驱的形象一样，硅谷的乌托邦主义是必要的。只要看看今天首次公开招股说明书中披露的信息就知道了。大多数事情都失败了，虽然提出风险警示可以使企业家免遭诉讼，但拥有下一个谷歌或脸书的一部分股份的梦想可能令人陶醉，就像人们也曾幻想拥有下一个施乐或微软的股份一样。所有这些公司也都曾是不起眼的挑战者，对那些老牌的公司发出过挑战。雄心勃勃的转型愿景是这个领域的动力，我们不应该谴责他们，也不应该轻视他们，就像我们应该平静对待那些同样在兜售某种观点的末日论者和停滞论者一样。[6]

在认识到技术普及的好处后，我们还可以看到创新有时会削弱自己。像优步这样估值超过10亿美元的公司在上市前仍在亏损，对所谓“独角兽”公司投资的回报有过高预期是因为人们相信其做出了“创造市场”的创新（用克莱顿·克里斯坦森的话说），因此能争取到更多资本。“创造市场”不仅能降低成本，还能创造就业岗位。我们已经看到，效率过高可能导致工作蒙上阴影。电子病历虽然是一种受欢迎的替代品，但它给医生带来了更多而不是更少的文书工作。报纸和出版商在裁掉作家后，雇用程序员以推动“读者参与”和破译社交媒体算法。与此同时，社交媒体网站在对偏见和算法决定的错误信息的指控之间左右为难。[7]

用数据点来代替人的实际存在本身会造成效率低下。如果不经常使用模拟装置，自动化控制往往会随着时间的推移降低操作者的技能，这会带来一个令人担忧的前景，因为自动驾驶汽车网络永远不会免遭物联网特有的黑客和拒绝服务攻击的影响。医学越来越依赖机器检查和测量，而忽略了医生的近距离听诊的优势。即使没有多任务处理和电子邮件，走进塞满了教学设备的教室也可能不如传统教室的学习效率高。事实上，硅谷本身已经成为世界上住房价格最昂贵的地方之一，因为它的企业认为，尽管越来越多的人在进行远程办公，但在协同工作中，现实的接触和互动更加高效。苹果公司斥资 50 亿美元在库比蒂诺新建了可容纳 1.2 万名员工的圆形总部园区，以激发员工具备苹果公司领导人史蒂夫·乔布斯的美学视野。用该公司设计负责人乔纳森·伊夫（Jonathan Ive）① 的话说，这是“一座可以让如此多的人可以在其中交流、合作、行走和交谈的大楼”。（尽管进行了种种技术和环境创新，但由于该建筑回归了 20 世纪企业技术联合体的状态，让《洛杉矶时报》建筑评论家称之为“逆行茧”。）2017 年 5 月，IBM 对收入下滑的反应是突然终止了其不仅自身实行而且向其他公司推荐的自由的远程办公政策。在该公司的 3.6 万名员工中，有数目不详的人被通知需要前往工作中心，申请 IBM 的新职位或者辞职。无论苹果公司的新大楼是否会激发新的创造力，无论 IBM 的最后通牒是否会使公司重新具备竞争力，这两个举动都反映了面对面思维的复兴以及对虚拟存在的新的担忧。[8]

正如我们在第四章中所看到的，硅谷当前的主要梦想之一是无须驾驶员注意的自动驾驶汽车，这一创新如果实现的话，可能

---

① 他于 2019 年 6 月宣布将离开苹果公司。——译者注

会使驾驶员成为对周围环境更活跃的观察者。然而，福特汽车公司为覆盖在挡风玻璃上的电影屏幕申请了专利，以保护驾驶员不与其他车辆和沿途景物发生任何视觉接触。福特的首席执行官宣称，他的公司正在从“一家汽车公司蜕变为一家汽车移动公司”。他向我们保证，福特汽车将“会利用分析来预测人们的需求，而不是试图告诉我们他们想要什么”。这些需求可能包括来自亚马逊公司（福特在人工智能领域的合作伙伴）的订单，因此，在看车上的屏幕时，亚马逊公司的算法就已经决定我们想要的东西了。显然，古代的哲学格言“认识你自己”现在已经成为现实了。[9]

幸运的是，我们不必在数字生活方式和模拟生活方式之间做出选择。甚至在硅谷，人们也没有这样做。我怀疑硅谷的许多食品公司和自助餐厅都颇为自豪地提供转基因菜肴。正如我们所见，许多信息技术专业人员的孩子上的是提供传统教学服务而不是在编程方面有优势的学校。高中生和大学生可能不会购买或阅读纸质报纸，但他们在网上阅读的大部分新闻都是纸质新闻的产品。电子书与纸质书的比例似乎正在趋于稳定。美国海军正在恢复有关天文导航和六分仪的使用。与战壕里的技术人员或媒体之外的实用主义者相比，技术记者往往更接近他们报道的行业的高层。

为了平衡算法和直觉以激发效率，我们需要六种策略。第一种策略是戴维·明德尔提出的“完美 5”的概念，他提到了他的联合论文导师、航空和航天工程同事汤姆·谢里登的工作。谢里登曾与 B.F. 斯金纳一起研究行为心理学，并分析了三里岛核电站的熔毁事故，他提出了自动化光谱的想法：如果将从纯粹的人类到完全的机器人的变化划分为从 1 到 10 的区间的话，明德尔和谢里登都认为最佳平衡点是位于中间的5。把所有的决定都交给一个完全自动化的系统并不意味着能消除人为失误，工程师和程序员尽管付出了最大努力，却不可避免地会在设计中犯错。自动化在准备充分的人类操作员的控制下是运行得最好的，按照“阿波罗计划”中美国国家航空航天局宇航员的模式，宇航员有意获得了对“阿波罗”飞船机载电脑上的广泛权限。即使在半个多世纪后，这一原则也没有改变。人不仅要控制车辆，还要控制算法等所有其他系统。美国国防部在2012年的一份报告中提出了警告:“没有完全自主的系统，就像没有完全自主的陆军、海军、空军或海军陆战队一样。”让程序变得自主似乎比招聘和培训技术人员——无论是卡车司机还是编辑——更有效，但从长远来看，机器人和人类配合才能弥补彼此的弱点。[10]

“完美5”战略的基础之一是我们自己头脑中被低估的资源。新的效率运动经常引用研究人类非理性决策的案例，支持用算法代替思想。但是，正如社会学家哈里·柯林斯（Harry Collins）在他的《人工专家》一书中指出的那样，我们对现实世界都拥有大量隐性知识，这些知识永远不可能像国际象棋的开局那样被编入计算机程序。IBM公司的“沃森”超级计算机拥有庞大的数据库和多种算法，但它能否把一个没有在存储中解释过的谚语，解读出一位小学一年级学生的水平，这值得怀疑，至少小学生会基于短暂生活的经验对谚语进行理解。隐性的知识，尤其是对人类感受和反应的预期，有助于我们创造性地应对陌生的挑战。正如柯林斯所说，“我们所知道的比我们所能说出的要多”，因为我们从社会交往中学到了东西，而不仅仅是从编入设备的各种指令中汲取了经验教训。（一个必然推论是，机器学习也不像人类学习，因为它发生在社会交往之外。）我们的直觉也利用了无意识理解能力，这比机器逻辑更灵活。用格尔德·吉格伦策的话说："从纯粹的逻辑角度来看，看起来往往错误的推理，却是现实世界中一种非常聪明的社会判断。"[11]

依靠我们的直觉并不意味着不受限制地屈服于它。相反，电子存储、算法和自动化决策让我们可以自由地开展更具创造性的活动，就像计算机科学先驱诺伯特·维纳在 20 世纪 50 年代所倡导的那样。数学家阿尔弗雷德·诺思·怀特海早在 1911 年就预见到："文明由我们在不假思索的情况下做出的重要行动的数量的增加来推进。"[12]

平衡算法和直觉的六种策略中的第二种是物理体现。面对面交流在时间方面通常不如通过电子产品交流高效，但它提供了一种更有效的方式来传达意义的深浅，有利于衡量反应，调整用词以避免错误，达成谅解和协议。正因为如此，就像我们刚看到的那样，科技公司仍在投资于旨在促进协作和提升创造力的办公室。数字表情符号是一种视觉上耐人寻味但却在表达细微差别方面有局限性的方式。虽然很多地方都有视频和电话医疗设施来扮演医生的角色，但患者却无可替代。在教育中，最关键的资源仍然不是信息技术，而是受过良好训练、能让学生参与课堂教学的热心教师。芬兰的学校改革在国际考试中取得了最好的成绩，但芬兰学校基本上不进行考试、排名和跟踪测试。这种教学方式是劳动密集型的。教学被视为与法律和医疗行业类似的高薪职业，是一个令人垂涎的选择。因此，自学校改革以来的半个世纪里，芬兰的经济竞争力大大提高，它不沉迷于衡量标准和竞争力。[13]

物理体现的一部分是人和物体在真实空间中的映射。想想超市或专卖店与邮购目录或购物网站之间的区别，或者 GPS 方位与纸质地图之间的区别，印刷出来的地图与一个实际存在的地点的差别。印刷书籍有其形状，每一页的段落和插图也都有自己的形状。在医学上，与医学数据不同，病人的身体能为其他信息提供现实补充。地理学家和认知心理学家早就认识到我们绘制思维导图的重要性，甚至有专门的软件来将想法绘制出来。由于显示器受到尺寸的限制，不能替代老式的白板来展现概述大型项目和安排复杂的时间表。喜剧电影编辑布伦特·怀特（Brent White）在自己的工作室里安装着 4 台大型显示器，但他也用白板来概述影片《间谍》中的场景，而电影则是用最新的电子设备和软件拍摄和编辑的。[14]

当然，没有任何规则表明物理实体比虚拟实体更适合工作。在国际象棋中，似乎没有证据表明初学者或大师在棋盘上摆出三维棋子时会比在电脑屏幕上摆出虚拟棋子时表现更佳。不过毫无疑问的是，如果在游戏中进行练习是掌握下棋技巧的唯一途径，那么用电脑软件对其进行评估所花的时间比在一块三维棋盘上摆棋子的时间要短，因此真的更有效率。[15]

物理体现也适用于经济生活。亚马逊 2017 年 6 月收购全食连锁超市的理由依然存在，至少部分原因似乎与它决定开设自己的非传统风格的零售书店有关。实体店也是消费者行为的实验室，是对网络购物习惯海量数据的补充。另一个衡量实体持久性的标准是对无现金社会理念的抵制。这一运动作为一种打击犯罪的方式在欧洲和印度获得了支持，理由是将会发生很多的电子盗窃和诈骗行为。对无现金社会的抵制甚至还没提到对隐私的明显威胁，它是一个更加严重的个人数据问题，可能被称为非对称效率。即使没有窥探个人的生活，专有数据库和软件的所有者对我们的聚合行为的了解远远超过公开发布的内容。我们有自己的一些技术，比如价格跟踪软件，但消费者甚至学术研究人员都像是试图击败超级计算机的业余玩家。虽然像电子货币系统一样，现金也可能被滥用，但它也有助于减少大数据与小老百姓之间的不平衡。[16]

第三种平衡策略是创造性浪费。硅谷对于亏损持有分裂的态度。它颂扬了失败的积极作用，以及失败所带来的深刻见解如何导致最终的成功。但它也宣扬这样一种观点：尽管大多数人类企业的现实远比在有明确规则的有限棋盘上的游戏复杂得多，但算法，尤其是通过机器学习得到强化的算法，能够像计算机在下棋中大占上风一样接近完美。好莱坞电影公司或许在 21 世纪初没有使用人工智能算法来为他们的电影编程，但他们确实希望少数以熟悉的明星和故事情节为主线的大制作的续集能够持续叫座。哈佛商学院教授琳达·埃尔伯斯（Linda Elberse）支持这一策略，但到了 2016 年夏天，一些最大的电影公司报告利润下降或不再盈利，耗资 1.5 亿美元的《宾虚》续集的票房收入不及其制作成本的 1/10。大众文化人类学家格兰特·麦克拉肯（Grant McCracken）在《斯皮尔伯格是 1，哈佛是 0》文章中总结道："要多想想导演们的前车之鉴。"这或许言过其实。从长远来看，也许是对的，大片是当今环境中的主要利润驱动因素。她的工作恰如其分地打击了人们对克里斯·安德森"长尾"——个人有所保留但集体获利——的热情。真正的问题在于，重视重要影片盈利性的计算阻碍了实践，而实践可能成为未来新的大片的来源。史蒂文·斯皮尔伯格曾呼吁采用"新的范式"，但通常只有通过无效的试错过程，才能发现这些范式。根据关于读者阅读习惯的大数据来预测小说和非小说类畅销书的算法也提出了同样的问题。通过有效地识别过去行之有效的东西并推行更多类似的产品，他们正在讨好消费者。当然，策划编辑就像我曾经那样，常常停留在熟悉的领域，这就是为什么有些最独特的伟大作品会获得商业上的成功。最近的作品是J.K.罗琳原创的《哈利·波特与魔法石》，这部作品之前被十几家出版社拒绝了。直觉决策的力量不在于任何编辑的天赋，而在于出版业整体、企业和独立各方的各种观点和品味。总的来说，作为一个系统（而不是个别编辑的判断），它在人力资源方面得到了有效的认可，但它也不可避免地会造成浪费。[17]

在第二章中，我们看到引用的竞争和在所谓影响很大的期刊上发表论文的竞争对创新产生了寒蝉效应，在这方面，事实胜于雄辩。对核准的同行审查使异议提案难以得到批准。与传统的实验室和研究领域合作，而不是与可能失败的异议者合作，是一种有效的做法。

第四种策略是模拟偶然性。网络最初在数字上是偶然的，提供超链接可以向意想不到的方向发展。在21世纪，拥有较小屏幕和社交媒体影响力的移动计算设备的兴起更多是为了迎合个人口味，同时也冒着制造出泡沫的风险。平台公司的算法变得越好，对用户现有的浏览模式就越有针对性，即使大多数人看到的信息来源比过滤假说所暗示的更多样化，但出现有成效的意外的可能性依旧会越低。正如我们在第二章中所看到的，一些程序的设计是为了促进偶然性发现，还有一些应用程序是本着一种偶然性的精神来策划的。纸质媒体不仅仅具有审美感召力。因为它们不仅在屏幕上显示，而且会在三维空间中展示，它们以数字媒体能够补充但永远无法完全取代的方式获取我们的想象力，就像数字媒体能够独具特色地有效搜索和定量分析一样。打印太多太大的信息是不实用的。当我在华盛顿获得奖学金时，我有时会想到申请使用国会图书馆书库的阅览证，但我意识到，书卷的数量和书卷之间的距离将让偶然性无法立足。另外，我在海德堡大学做访问学者时，那里的图书馆藏书中有一个精心挑选的、与当前标准作品不同的阅览室，那里的书对公共开放。纽约公共图书馆玫瑰阅览室的 5.2 万卷参考文献不仅包括百科全书和字典，还包括标准的学术著作。正如我们在第三章中所看到的，学生们不断认识到印刷版教科书的价值，高中教师和大学教师应该为此感到振奋。正如鼓励学生探索旧版印刷资源的大学写作老师安 · E. 迈克尔（Ann E.Michael）所指出的，这些书可能是意想不到的灵感来源。诗人斯坦利 · 库尼茨（Stanley Kunitz）说，他在大学图书馆找到了一本讲述杰拉尔德 · 曼利 · 霍普金斯①诗歌的书，当时他正在寻找毕业论文的题目，在这本随意挑选的书里他读到了《神的荣耀》并获得灵感。[18]

硅谷的高管们和研究人员们意识到了机缘巧合的问题，已经采取措施来设计如何应对富有成效的偶然性。对一些人来说，设计偶然性的想法可能是自相矛盾的，就像学习真诚一样。然而大亨们自己似乎对此不以为意，脸书首席执行官马克 · 扎克伯格在获得年度人物之际接受《时代》杂志采访时称赞“意外发现”是一种“了不起”的力量，但随后又把它定义为对我们已经知道的

---

① 英国诗人，他在写作技巧上的变革影响了 20 世纪的很多诗人。《茶隼》和《神的荣耀》比较典型地体现了他的创作艺术。

东西的认可。他解释说，我们再也不会想念碰巧在餐馆对面的角落里遇到朋友了。事实上，自那以来，脸书网站已经能够显示双方同意的联系人的实时位置。但我怀疑，对大多数人来说，机缘巧合意味着要么亲自去重新发现一个可能不是脸书网站朋友的老朋友，要么与邻桌的陌生人成为朋友。在第四章中，我们遇到了埃里克·施密特的设想：智能手机中可获取环境信息的导游工具程序，它可以告诉我们一个城市的背景。但 GPS 数据库中没有的惊喜又是什么呢？迄今为止，管理和驯化的偶然性只是真实事物的一种空洞的表现。[19]

第五种策略是我们在第三章中遇到的可取的困难。这不仅是因为我们通过手写而不是使用带有键盘的设备来记笔记，或者用稍微难阅读的字体来促进理解。有时效率低下的方式会让我们更有效地吸收信息。心理学家阿德里安·沃德（Adrian Ward）发现，模拟低速的网络连接会使学生更有可能在搜索过程中批判性地考虑新信息，而不是将其视为他们已经知道的信息。甚至有一个“低速网络运动”试图回到过时的拨号调制解调器的上网速度。虽然我并不认为那个时代是一个黄金时代，但那种感觉仍然是值得体验的，正如我在第四章中谈到欧洲超高速列车的情况时指出的那样。与此类似的是，爱尔兰燕麦片的味道是铸铁锅慢煮出来的，而大宗市场中的速食麦片不会有那种味道。[20]

一般而言，当我们得到不那么容易获取的东西时，我们可能会更欣赏它，从而认为花的钱更值。当然还有其他原因，即使在距离 20 世纪 20 年代大通胀的 90 多年后的今天，德国人仍然更愿意用现金支付而不是信用卡，哪怕这样做只是为了保护隐私和避免过度消费。节俭可以是效率的一种重要形式。即使对信用卡消费者来说，效率低下实际上可以帮助我们更多地享受“买买买”。无论是通过自动化程度更高的配送中心，还是通过机器人和无人机等实验性技术，忠实于“无摩擦”信条的硅谷不断找到了缩短送货时间的新方法。亚马逊的 Echo 家用音箱是人工智能的胜利，它们不仅能应要求演奏音乐，还能用该公司的 Alexa 语音服务通过简单的命令发出订单——这一理念肯定会让秉承传统主义的德国人感到震惊。但是，不需要拒绝电子商务，就能看到延迟交付的好处。社会心理学家发现，人们将更长的送货时间解读为他们减少了对一件商品最终的享受，这就是为什么亚马逊的一键订购功能，以及收取年费并保证为其每个账户提供两天送货服务的优享计划一直很受欢迎。不过，大多数购买行为并不紧迫。根据其他心理实验结果，等待使人们在使用这种产品时变得更愉快。期待是有积极价值的，关键在于人们在下次下单时，通常会忘了等待是如何增强他们的快乐的，就像学生可能不知道如何通过写字而不是在笔记本电脑键盘上打字来辅助他们理解一样。消费者不了解延迟满足的好处，商家也没有动力来教导他们。但大多数人在等待他们真正想要的产品或体验时，可能会回忆起一些兴奋的期待。定制奢侈品或定制住宅的买家可能会变得不耐烦，但他们更有可能将这一延迟视为产品质量的进一步证据。[21]

第六种也是最后一个战略是认知引导，这点我们在第三章中看到过。对某件事情了解得越多，搜索引擎的算法就越强大。我们可以从结果列表中识别出我们根据经验了解到的最可靠的信息来源，并对软件推广的其他信息来源视而不见。反复的实践让我们把严肃的事实和虚假的事实区分开来，让我们辨识出对立的观点和各自的支持者。自助抽样法是学习从一个查询开始，并使用结果寻找新的和更精确的搜索术语的方式。正如我在第二章中所建议的，如果搜索引擎的程序可以更有选择性就更好了。事实上，他们已经做到了，但是这种速度较慢的搜索引擎需要用户花费更多的时间，而用户们习惯了几乎即时得到答案。而且对搜索引擎提供商来说，更具选择性的搜索也需要更多的处理成本。自助抽样法是一种更经济的选择，使用搜索引擎已经加入的选项，例如，限制搜索范围为 .gov、.edu 和 .org 等通用顶级域名，这些域名最初可能排除一些优秀网站，也包括可疑网站，但如果更重视科学资质的话，这有助于找到更多学术权威的网站。如同在其他活动中一样，只有在有目的的实践中，分析我们对信息的最后一次搜索并寻找改进信息的方法，我们才能拓展专业知识。

数字世界的新挑战是带来新的错觉，让我们误以为可以将我们的技能和判断外包给算法。硅谷的一些创始人并不这么认为，最初也是最恰当的做法是将计算机视为一种手段，让人们摆脱重复性和使头脑麻木的任务，以发挥独特的人类创造力。互联网最初的超文本是偶然事件的化身。在 21 世纪初，这一梦想并没有消亡，而是正在消退。正如经济不平等加剧，在一定程度上是由于受到新技术的影响一样。尽管高端智能手机的价格高于低端笔记本电脑，但入门级移动设备与专为专业和半专业内容创造设计的台式电脑之间的价格差距不断扩大。

如果互联网要实现其承诺，受启发的低效率意味着对包括搜索引擎查询和社交媒体信息在内的便利结果的批判。一些社会学家和著名作家抓住了民众的非理性，认为他们对事实漠不关心，对党派言论不加批判地接受。然而，精英阶层不可能看不起任何人。从历史上看，20 世纪美国和欧洲一些受过最好教育的人受到列宁、斯大林、墨索里尼和希特勒的诱惑。舞台上魔术师的生计就是愚弄人，他们声称优秀的观众是最容易欺骗的。擅长扑克牌的魔法师兼历史学家里基·杰伊（Ricky Jay）对作家保罗·霍夫曼（Paul Hoffman）说，理想的信徒将是诺贝尔奖得主，因为才华横溢的人的自尊心让他们觉得自己不会受到欺骗。佩恩·吉列特（Penn Jillette）解释说，优秀的科学家习惯于接受反直觉的观点，比如黑洞理论和弦论。伯尼·麦道夫的庞氏骗局不仅愚弄了老练的精英投资者，而且还欺骗了许多受人尊敬的投资顾问。他的受害者之一斯蒂芬·格林斯潘是专门研究易受骗性的心理学教授。[22]

我发现，在各自的领域拔尖的学界朋友虽然不容易上当受骗，但从来不需要获得我作为编辑和作家所必须具备的一般搜索技能。事实上，即使在 20 世纪 80 年代图书馆终端用户电子数据库诞生之初，一位著名的社会科学家也从未听说过他所在领域的标准电子书目，可能因为他不需要。他了解自己工作中所需要的同事、期刊和论文。通过搜索获得认知能力是一种可以而且应该被传授的技能，但它像音乐和体育一样，需要长时间的练习。有了足够的经验，搜索直觉就可以慢慢形成。图书馆员变成了信息健将，他们利用各种搜索术语、限制和其他技术寻找难以找到的信息源。

从小学到研究生，各级教师以及图书馆员都获得了一个难得的机会向新一代展示，为什么太高的效率可能导致低效，为什么更多的基础练习从长远看可以更有效率。就像尽管大多数正常呼吸都是无意识的，但歌手都会专门学习最佳呼吸方式一样。

如果面临大量财政和课程压力学校和学院没有创造新的搜索程序，个人需要通过实践和利用谷歌和其他搜索引擎公司提供的资源独立发展出搜索技能。正确的搜索方式可以改善投资、购物、旅行和医疗决策，但不一定是短期内最有效的搜索方式。

我希望这本书像展示新技术和旧技术一样，二者都可能在某些用途上是对的，而在另一些用途上是错的。这是显而易见的一点，但我们有时需要被提醒。乌托邦主义和反乌托邦主义在想象未来方面是有效果的，但作为计划是难以尽如人意的。模拟体验可以提高数字效率，数字工具可以改善模拟访问。我们不必在两者之间做出选择。我们应该选择不做出选择。

致 谢

我首先把这个项目归功于克诺夫出版社的原编辑阿什贝尔·格林（1928—2012年），他是一位有启发性的出版商，提供了本书最初的合同，他在20世纪90年代的鼓励（以及对技术和常春藤联盟传奇的共同兴趣）使我有可能开始并维持作为作家的新生活。在2008年以来的动荡环境中，该项目经历了许多阶段。阿什贝尔·格林退休后，我的编辑安德鲁·米勒帮助我把这本书定位为对21世纪移动计算、平台和算法网络具有讽刺意味的研究项目，他的评论是不可或缺的。我的经纪人——柯蒂斯布朗有限公司总裁彼得·金斯伯格，30多年来一直是重要的倡导者和评论家。我幸运地与这三个人一起工作。

作为一名独立学者，我也很感激那些支持本书写作的同事和机构。

这些人包括普林斯顿大学伍德罗·威尔逊学院艺术和文化政策研究中心的斯坦利·N.卡茨和保罗·迪马乔，史密森学会美国国家历史博物馆莱梅尔森发明与创新研究中心荣休主管阿瑟·莫莱拉及其继任者阿瑟·戴姆里希；宾夕法尼亚大学历史与社会学系主任露丝·施瓦茨·科恩支持我成为宾大访问学者；我现在是罗格斯大学历史系的访问学者，这离不开杰克逊·里尔斯的支持；也要感谢爱德华·费尔滕（他曾在普林斯顿大学信息技术政策中心担任访问学者）和当时的该中心负责人戴维·鲁宾逊。我特别感谢普林斯顿大学图书馆的斯蒂芬·弗格森以及图书馆出色的编目和采购人员。弗吉尼亚·贝克勒已退休，现在是普林斯伯勒公共图书馆的负责人，他鼓励我在为该图书馆的公共讲座系列撰写的重要网络搜索文章中阐述自己的观点。

作为《威尔逊季刊》的撰稿人、《技术评论》的专栏作家、《大西洋月刊》的撰稿人和博客作者以及美国企业研究所在线杂志《美国人》的撰稿人，我探讨了本书中的许多问题。我感谢杰伊·托尔森和史蒂文·拉格菲尔德、贾森·庞廷、詹姆斯·吉布尼以及尼克·舒尔茨与埃莉诺·巴托的鼓励。

在我的朋友中，巴比和罗伯特·弗赖丁值得特别感谢。我也感谢其他朋友和同事的帮助：丹尼尔·阿克斯特、约翰·达利、詹姆斯·迪金森、彼得·多尔蒂、加里·A. 法恩、本杰明·弗里德曼、杰里卢·哈默特、威廉·詹威、兰登·琼斯、埃米尔·卡拉菲奥尔、詹姆斯·卡茨、斯蒂芬·科特金、拉塞尔·C. 莫利茨、孟晓犁、理查德·K. 赖因、菲利普·斯克兰顿、罗伯特·塞德格威克和普雷斯·顿托尔伯特。

注 释

前言

1. "Newspapers: Fact Sheet," http://www.journalism.org/2015/04/29/newspapers-fact-sheet/.
2. Ray Kurzweil, *The Age of Spiritual Machines*: *When Computers ExceedHuman Intelligence* (New York: Penguin, 2000), 105; Ray Kurzweil, "The Coming Merging of Mind and Machine," *Scientific American*, March 23,2009 (originally published in 2008), https://www.scientificamerican.com/article/merging-of-mind-and-machine/.
3. Edward A. Ross quoted in Herbert M. Kliebard, *The Struggle for the American Curriculum*, 1893–1958 (New York: Routledge Falmer, 2004), 76–78; Yoram Bauman, "Solow's 'Computer Age' Quote: A Definitive Citation," July 14, 2010, http://standupeconomist.com/solows-computer-age-quote-a-definitive-citation/.
4. "Jules Verne Accurately Predicts What the 20th Century Will Look Like in His Lost Novel, Paris in the Twentieth Century (1863)," *Open Culture, January* 25, 2016, http://www.openculture.com/2016/01/jules-verne-accurately-predicts-what-the-20th-century-will-look-like.html.
5. Robert J. Michaels, "Energy Efficiency and Climate Policy: The Rebound Dilemma," http://www.instituteforenergyresearch.org/wp-content/uploads/2012/07/NJI_IER_MichaelsStudy_WEB_20120706_v5.pdf.
6. Mick Hamer, "Horse Power Beats Diesel," *New Scientist*, July 13, 2002,11; Michael Pollan, *The Botany of Desire* (New York: Random House,2001), 230–31.
7. Dave Rosenberg, "Silicon Valley Techies Turn Back Time," *San Francisco Chronicle*, March 9, 2013; see also Matt Richtel, "A Silicon Valley School That Doesn't Compute," *New York Times*, October 23, 2011.
8. Nelson D. Schwartz, "The Middle Class Is Steadily Eroding. Ask the Business World," *New York Times*, February 3, 2014; David K. Randall, "Only the Store Is Gone," *New York Times*, February 19, 2006; Arthur M. Okun, *Equality and Efficiency*: *The Big Tradeoff* (Washington, D.C.: Brookings Institution Press, 2015); Fred Hirsch, *Social Limits to Growth* (Cambridge, Mass.: Harvard University Press, 1978).
9. Evgeny Morozov, *To Save Everything*, *Click Here*: *The Folly of Technological Solutionism* (New York: PublicAffairs, 2013), 313–14.
10. Mike Isaac, "Uber's Culture of Gutsiness Under Review," *New York Times*, February 23, 2017.

11. https://en.wikipedia.org/wiki/Category:Books_about_the_Internet.
12. Arnold Bennett, *A Man from the North* (New York: George H. Doran Co., 1911), 69, cited in Roy Porter, "Reading Is Bad for Your Health," *History Today* 48, no. 3 (March 1998): 11–16.
13. See my reviews of the optimistic Kevin Kelly's *What Technology Wants*, *Issues in Science and Technology* 27, no. 1 (Fall 2010), ("Technophilia's Big Tent"), http://issues.org/27-1/br_tenner-2/; and the skeptical David Edgerton's *The Shock of the Old in the London Review of Books*, May 10, 2007 ("A Place for Hype"); Raffi Khatchadourian, "The Doomsday Invention," *New Yorker*, November 23, 2015.
14. Morozov, *To Save Everything*, 6. Morozov's use of "solutionism" reflects a curious gap in the English language. For all the influence of the efficiency movement in the late nineteenth and early twentieth centuries, there was no word for efficiency as a movement, except Taylorism, which was only one facet of it. The movement had its critics, but few dared call themselves anti-efficient.
15. Ibid., 171.
16. David Carr, *The Glass Cage: How Computers Are Changing* Us (New York: W. W. Norton, 2014), 211–224.
17. James R. Blackaby, "How the Workbench Changed the Nature of Work," *Invention and Technology* 2, no. 2 (Fall 1986): 27–30; Henry Petroski, "Slide Rules: Gone but Not Forgotten," *American Scientist* 105, no. 3 (May–June 2017): 148ff; Jeremy Hastings, "The Russian Peasant's Workout," *New York Times*, June 12, 2016; Liana Vardi, "Imagining the Harvest in Early Modern Europe," *American Historical Review* 101, no. 5 (December 1996): 1364–66; Morozov, *To Save Everything*, 20–21.
18. Cathy O'Neil, *Weapons of Math Destruction: How Big Data Increases Inequality and Threatens Democracy* (New York: Crown, 2016), esp. 199–218; Will Knight, "The Dark Secret at the Heart of AI," *Technology Review* 20, no. 3 (May–June 2017): 54–63; Stephen J. Dubner, "Why Uber Is an Economist's Dream," (including transcript of National Public Radio interview), September 7, 2016, http://freakonomics.com/podcast/uber-economists-dream/.
19. Frank Pasquale, *The Black Box Society: The Secret Algorithms That Control Money and Information* (Cambridge, Mass.: Harvard University Press, 2015); examples of deleted stories from Daniel Shuchman, review of Floyd Abrams, *The Soul of the First Amendment, in Wall Street Journal*, May 8, 2017.
20. David Sax, *The Revenge of Analog: Real Things and Why They Matter* (New York: PublicAffairs, 2016).
21. Paul Krugman, "Why Don't All Jobs Matter?" *New York Times*, April 17, 2017; Sax, *The Revenge of Analog*; on the state of retailing, see Christopher Mims, "Three Difficult Lessons for Traditional Retailers," *Wall Street Journal*, April 30, 2017.
22. Tim Harford, *Messy: The Power of Disorder to Transform Our Lives* (New York: Penguin, 2016); Moshe Levy, "Investing Is More Luck Than Talent," *Nautilus*, issue 44 (January 19, 2017).
23. Michael Shermer, "Surviving Statistics," *Scientific American* 311, no. 3 (September 2014): 94; Karen Damato, "When It Comes to Fund Performance, History Is Often Written by the Winners," *Wall Street Journal*, August 6, 2012; James B. Stewart, "Case Study in Chaos: How Management Experts Grade a Trump White House," *New York Times*, February 3, 2017; David A. Graham,

"Trump's Dangerous Love of Improvisation," *Atlantic*, August 9, 2017; Bryan Burrough, "The Seat-of-the-Pants Presidency," review of Nigel Hamilton, *Bill Clinton: Mastering the Presidency*, *Washington Post*, July 15, 2007.

24. Francesca Gino, "Leaders Say They Want Nonconformist Employees. They Sure Don't Act Like It," *Wall Street Journal*, May 17, 2017; Matthew Hutson, "The Power of the Hoodie-Wearing C.E.O.," *New Yorker*, December 17, 2013; "FTAdvantage," http://www.fttoolkit.com/d/.
25. Jonathan Taplin, *Move Fast and Break Things: How Facebook, Google, and Amazon Cornered Culture and Undermined Democracy* (New York: Little, Brown, 2017); Franklin Foer, *World Without Mind: The Existential Threat of Big Tech* (New York: Penguin, 2017); Fred Campbell, "Trump Should Break Up Google's Media Monopoly," Breitbart, June 21, 2017. My comments on Foer are based on his acute analysis of the technology industry mentality at *The New Republic* in "When Silicon Valley Took Over Journalism," *Atlantic*, September 2017, 28–31, which I cite in Chapter Two.
26. Joel Winston, "Ancestry.com Takes DNA Ownership Rights from Customers and Their Relatives," May 17, 2017, https://thinkprogress.org/ancestry-com-takes-dna-ownership-rights-from-customers-and-their-relatives-dbafeed02b9e.
27. Elisabeth Rosenthal, "The Code Rush," *New York Times Magazine*, April 2, 2017, 42ff.
28. Steven Pearlstein, "Consumer Conformity: Why We Like Thick Clam Chowder (and Other Inferior Products)," *Washington Post*, July 25, 2011.
29. See her site , http://www.kanarinka.com/.

第一章

1. Siegfried Giedion, *Mechanization Takes Command: A Contribution to Anonymous History* (New York: W. W. Norton, [1948] 1969); Daniel J. Boorstin, *The Americans: The Democratic Experience* (New York: Random House, 1973), 340–45.
2. Adrienne LaFrance, "The Mark Zuckerberg Manifesto Is a Blueprint for Destroying Journalism," *Atlantic*, February 17, 2017.
3. Kelly Clancy, "Nature, the IT Wizard: Nature Manages Information, the Currency of Life, with Exquisite Efficiency," *Nautilus*, issue 7 (November 21, 2013).
4. Richard A. Gabriel, *Man and Wound in the Ancient World: A History of Military Medicine from Sumer to the Fall of Constantinople* (Washington, D.C.: Potomac Books, 2012), 176.
5. On recent trends, see Pamela O. Long, "The Craft of Premodern European History of Technology: Past and Future Practice," *Technology and Culture* 51, no. 3 (July 2010): 698–714; Kevin Greene, "Technological Innovation and Economic Progress in the Ancient World: M. I. Finley Reconsidered," *Economic History Review*, new series, vol. 53, no. 1 (February 2000): 29–59; Peter Thonemann, "Who Made the Amphora Mountain?" *TLS*, August 9, 2013, citing Finley; Paul Saenger, *Space Between Words: The Origins of Silent Reading* (Stanford: Stanford University Press, 1997) and my review in the *Wilson Quarterly* 22, no. 2 (Spring 1998): 102.
6. Nicholas Horsfall, "Rome Without Spectacles," *Greece & Rome*, second series, vol. 42, no. 1 (April 1995): 49–56.
7. Hamid Hosseini, "Seeking the Roots of Adam Smith's Division of Labor in Medieval Persia,"

History of Political Economy 30, no. 4 (1998): 655–79.

8. Jacques Ellul, *The Technological Society,* trans. John Wilkinson (New York: Vintage, 1964), 72–73.
9. Charles Coulston Gillispie, *A Diderot Pictorial Encyclopedia of Trades and Industry*, 2 vols. (New York: Dover, 1993).
10. Giedion, *Mechanization Takes Command*, 79–86.
11. Mark Kurlansky, *Paper: Paging Through History* (New York: W. W. Norton, 2016), 240–41.
12. Matthew Blair, *The Paisley Thread Industry and the Men Who Created and Developed It* (Paisley, Scotland: Alexander Gardner, 1907), 38; Thomas J. Misa, *A Nation of Steel: The Making of Modern America, 1865–1925* (Baltimore: Johns Hopkins University Press, 1998), 243.
13. Edward Tenner, "Steel into Gold," *Humanities* 33, no. 5 (September–October 2012).
14. On the North Atlantic "steam lanes" delineated in the mid-nineteenth century to reduce the likelihood of collisions, see William H. Flayhart, Disaster a*t Sea: Shipwrecks, Storms, and Collisions on the Atlantic* (New York: W. W. Norton, 2005), 38.
15. Cited in Fred R. Shapiro, ed., *Yale Book of Quotations* (New Haven, Conn.: Yale University Press, 2006), 418. The historian of science Theodore M. Porter has observed that Kelvin was really criticizing the physicist William Clerk Maxwell's equations (which still work without being understood) and undoubtedly would have thought even less of those of economists. See *Trust in Numbers: The Pursuit of Objectivity in Science and Public Life* (Princeton, N.J.: Princeton University Press, 1995), 71–72.
16. Giedion, *Mechanization Takes Command*, 118–21.
17. Burton J. Bledstein, *The Culture of Professionalism: The Middle Class and the Development of Higher Education in America* (New York: W. W. Norton, 1978); Paul Israel, *Edison: A Life of Invention* (New York: John Wiley & Sons, 1988), 397–98; Jeffrey Haydu, *Between Craft and Class: Skilled Workers and Factory Politics in the United States and Britain, 1890–1922* (Berkeley: University of California Press, 1991), 38.
18. Michael Froio, "Why Document the Pennsylvania Railroad?" October 16, 2013, http://michaelfroio.com/blog/2013/10/16/why-document-the-pennsylvania-railroad.
19. David Weil, *The Fissured Workplace: Why Work Became So Bad for So Many and What Can Be Done to Improve It* (Cambridge, Mass.: Harvard University Press, 2014), 28–42.
20. Kevin Maney, *The Maverick and His Machine: Thomas Watson, Sr. and the Making of IBM* (New York: John Wiley & Sons, 2003), 137–56; Christophe Lécuyer, *Making Silicon Valley: Innovation and the Growth of High Tech, 1930–1970* (Philadelphia: Chemical Heritage Foundation, 2006), 243.
21. Samuel Haber, *Efficiency and Uplift: Scientific Management in the Progressive Era, 1890–1920* (Chicago: University of Chicago Press, 1964); Thomas C. Leonard, *Illiberal Reformers: Race, Eugenics, and American Economics in the Progressive Era* (Princeton, N.J.: Princeton University Press, 2016).
22. Jack Quinan, *Frank Lloyd Wright's Larkin Building: Myth and Fact* (Chicago: University of Chicago Press, 2006).
23. Peter Drucker, *The Age of Discontinuity: Guidelines to Our Changing Society* (New York: Random House, 1966), 225.

24. Stalin quoted in Thomas P. Hughes, *American Genesis: A Century of Invention and Technological Enthusiasm, 1870–1970* (Chicago: University of Chicago Press, 2004), 251; Slava Gerovitch, "InterNyet: Why the Soviet Union Did Not Build a Nationwide Computer Network," *History and Technology* 24, no. 4 (December 2008): 337.
25. Stephen Kotkin, *Magnetic Mountain: Stalinism as a Civilization* (Berkeley: University of California Press, 1997), 43. On waste and environmental issues at the end of the Soviet era, see Kotkin's earlier *Steeltown, USSR: Soviet Society in the Gorbachev Era* (Berkeley: University of California Press, 1992), 279.
26. Peter Drucker, *The Unseen Revolution: How Pension Fund Socialism Came to America* (New York: Harper & Row, 1976).
27. Raghuram Rajan and Julie Wulf, *The Flattening Firm: Evidence from Panel Data on the Changing Nature of Corporate Hierarchies*, NBER Working Paper No. 9633, issued in April 2003.
28. Quoted in U.S. National Park Service, "Ford River Rouge Complex," n.d., https://www.nps.gov/nr/travel/detroit/d38.htm; James Hoopes, *False Prophets: The Gurus Who Created Modern Management and Why Their Ideas Are Bad for Business Today* (New York: Basic Books, 2003), 255.
29. For a contemporary view of alienation and contracts, see Theodore R. Jacobs, review of William Serrin, *The "Civilized Relationship" of the General Motors Corporation and the United Automobile Workers, in New York Times Book Review*, March 18, 1973, 37–38.
30. Frederic D Schwarz, "A Message to Garcia," *American Heritage* 49, no. 2 (April 1998): 114ff; Emily Martin, *Flexible Bodies: Tracking Immunity in American Culture from the Days of Polio to the Age of AIDS* (Boston: Beacon Press, 1994), 143–59.
31. Jon Gertner, *The Idea Factory: Bell Labs and the Great Age of American Innovation* (New York: Penguin, 2012), 112; Katie Hafner, "Edgar F. Codd, 79, Dies; Key Theorist of Databases," *New York Times*, April 23, 2003.
32. Carla Lazzareschi, "MCI Founder McGowan Is Dead at 64," *Los Angeles Times*, June 9, 1992.
33. Daniel Gross, "Born to Run Things," review of Mark Mizruchi, *The Fracturing of the Corporate Elite, Bookforum*, July–August 2013.
34. Michael Rapoport, "Some Companies Alter the Bonus Playbook," *Wall Street Journal* (online), February 26, 2014.
35. Mark Hulbert, "Investing in a 'Winner Takes All' Economy," *Wall Street Journal*, April 10, 2017; Rakesh Khurana, *From Higher Aims to Hired Hands: The Social Transformation of American Business Schools and the Unfulfilled Promise of Management as a Profession* (Princeton, N.J.: Princeton University Press, 2007), 317–19; Joseph L. Bower and Clayton M. Christensen, "Disruptive Technologies: Catching the Wave," *Harvard Business Review*, January–February 1995, 43–53; Clayton M. Christensen, *The Innovator's Dilemma: When New Technologies Cause Great Firms to Fail* (Cambridge, Mass.: Harvard Business Review Press, 1997); Jill Lepore, "The Disruption Machine," *New Yorker*, January 23, 2014, 30–36.
36. John Herrman, "Stage Craft," *New York Times Magazine,* December 18, 2016, 15–18; David S. Evans, Andrei Hagiu, and Richard Schmalensee, *Invisible Engines: How Software Platforms Drive Innovation and Transform Industries* (Cambridge, Mass.: MIT Press, 1996); Martin

Kenney and John Zysman, "The Rise of the Platform Economy," *Issues in Science and Technology* 32, no. 3 (Spring 2016): 62–69. On the role of academic consultants in promoting the platform concept uncritically, see Jonathan A. Knee, "Review: The Rise of the 'Matchmakers' of the Digital Economy," *New York Times* (online), May 20, 2016.

37. See John MacCormick, *Nine Algorithms That Changed the Future: The Ingenious Ideas That Drive Today's Computers* (Princeton, N.J.: Princeton University Press, 2012).
38. Stephen Witt, *How Music Got Free: A Story of Obsession and Invention* (New York: Viking, 2015), 79.
39. Michael Lewis, *Moneyball: The Art of Winning an Unfair Game* (New York: W. W. Norton, 2003); William Davies, "The Age of Post-Truth Politics," *New York Times*, August 24, 2016; William Davies, "How Statistics Lost Their Power—And Why We Should Fear What Comes Next," *Guardian*, January 19, 2017; Rebecca Wexler, "Computers Are Harming Justice," *New York Times*, June 13, 2017.
40. Barry Schwartz, "Google Reaffirms 15% of Searches Are New, Never Been Searched Before," April 25, 2017, http://searchengineland.com/google-reaffirms-15-searches-new-never-searched-273786; W. Russell Neuman et al., "Tracking the Flow of Information into the Home," *International Journal of Communication* 6 (2012): 1022–41; W. Russell Neuman, *The Digital Difference: Media Technology and the Theory of Communication Effects* (Cambridge, Mass.: Harvard University Press, 2016), 1–2, 10–12, 43, 133–34.
41. "Google's Ad Revenue from 2001 to 2016," n.d., http://www.statista.com/statistics/266249/advertising-revenue-of-google/.
42. "Amazon Profit Crushes Estimates as Cloud-Service Revenue Soars," April 28, 2016, http://www.reuters.com/article/us-amazon-results-idUSKCN0XP2WD. On the idea of dematerialization, see Jesse H. Ausubel and Paul E. Waggoner, "Dematerialization: Variety, Caution, and Persistence," *PNAS* 105, no. 35 (September 2, 2008): 12 774–79.
43. United States, Census Bureau, "Computer and Internet Use in the United States," 2013, https://www.census.gov/prod/2013pubs/p20-569.pdf; "Smartphone Penetration Rate as Share of the Population in the United States from 2010 to 2021" (abstract), http://www.statista.com/statistics/201183/forecast-of-smartphone-penetration-in-the-us/; "U.S. Smartphone Use in 2015," http://www.pewinternet.org/2015/04/01/us-smartphone-use-in-2015/; Sherry Turkle, "Always-On/Always-On-You: The Tethered Self," in James E. Katz, ed., *Handbook of Mobile Communication Studies* (Cambridge, Mass.: MIT Press, 2008), 121–37.
44. Lucinda Shen, "How Mark Zuckerberg Gets $9 Billion Wealthier Every Year," *Fortune,* May 18, 2017; "Number of Facebook Employees from 2004 to 2016 (Full-Time)," https://www.statista.com/statistics/273563/number-of-facebook-employees/; https://www-03.ibm.com/press/us/en/pressrelease/51464.wss; "IBM Reports 2016 Fourth-Quarter and Full-Year Results," January 19, 2017, https://www.ibm.com/investor/att/pdf/IBM-4Q16-Earnings-Press-Release.pdf.
45. Tracey Lien, "Uber's Bad Month Keeps Getting Worse," *Los Angeles Times*, February 24, 2017; Chris Isidore, "Tesla's Market Cap Is Closing in on Ford's," CNN, February 22, 2017, http://money.cnn.com/2017/02/21/technology/tesla-ford/; Mike Isaac, "Expedia Leader Emerges as Pick For Uber's Chief," *New York Times*, August 28, 2017.
46. Noam Schieber, "How Uber Pushes Drivers' Buttons," *New York Times*, April 3, 2017.

47. Clayton M. Christensen and Derek van Bever, "The Capitalist's Dilemma," *Harvard Business Review* 92, no. 6 (June 2014): 60–68; Bryan C. Mezue, Clayton M. Christensen, and Derek van Bever, "The Power of Market Creation: How Innovation Can Spur Development," *Foreign Affairs* 94, no. 1 (January–February 2015): 69–76.
48. Wiebe E. Bijker, *Of Bicycles, Bakelites, and Bulbs: Toward a Theory of Sociotechnical Change* (Cambridge, Mass.: MIT Press, 1995), 19–100; David Owen, *Copies in Seconds* (New York: Simon & Schuster, 2008), 253.
49. Coral Davenport and Eric Lipton, "How G.O.P. Shifted on Climate Science," *New York Times*, June 4, 2017; Philip Scranton, "Urgency, Uncertainty, and Innovation: Building Jet Engines in Postwar America," *Management & Organizational History* 1, no. 2 (2006): 149; Edward Tenner, "The Mother of All Invention," *Atlantic*, July–August 2010, 32; Owen, *Copies in Seconds*, 326; Tim Moynihan, "Samsung Finally Reveals Why the Note 7 Kept Exploding," *Wired*, January 22, 2017; "Why Lithium Batteries Keep Catching Fire," *Economist*, January 27, 2014; Joe Nocera, "The Hard Problem of Batteries," *New York Times*, February 10, 2015.
50. Jamie Condliffe, "An AI Poker Bot Has Whipped the Pros," *Wired*, January 31, 2017.
51. Sharon Gaudin, "Intel: Chips in Brains Will Control Computers by 2020," *Computerworld*, November 19, 2009.
52. Sarah Halzack, "Looking for the Lowest Prices on Amazon? You May Have to Dig a Little," *Washington Post*, June 11, 2016; Thorin Klosowski, "How Web Sites Vary Prices Based on Your Information (and What You Can Do About It)," January 7, 2013, http://lifehacker.com/5973689/how-web-sites-vary-prices-based-on-your-information-and-what-you-can-do-about-it; Linda M. Khan, "Amazon's Growing Monopoly," *New York Times*, June 21, 2017.
53. Scott McCartney, "No, Really, This is a Travel Agency," *Wall Street Journal*, February 16, 2017.
54. David Streitfeld, "It's Written in the Stars," *New York Times*, June 9, 2016; David Streitfeld, "The Best Book Reviews Money Can Buy," *New York Times*, August 26, 2012; David Streitfeld, "In a Race to Out-Rave, 5-Star Web Reviews Go for $5," New York Times, August 19, 2011; Sinan Aral, "The Problem with Online Ratings," *MIT Sloan Management Review* 55, no. 2 (Winter 2014): 47–52.
55. On the use of scholarly anti-forgery techniques to construct more sophisticated frauds, see Anthony Grafton, *Forgers and Critics: Creativity and Duplicity in Western Scholarship* (Princeton, N.J.: Princeton University Press, 1990).
56. Barney Jopson, "Toys R Us Boss Hits at Online Shopping," *Financial Times*, November 12, 2012; "Maybe Online Shopping Isn't So Green after All," *Conservation Magazine*, February 2016, (as reported by *The Guardian*); Matt Richtel, "A Convenient Truth," *New York Times*, February 16, 2016; Jim Gorey, "Why Planning Ahead Is Dead," *Boston Globe Magazine*, June 12, 2016.
57. Thomas Philippon, "Has the US Finance Industry Become Less Efficient? On the Theory and Measurement of Financial Intermediation," *American Economic Review* 105, no. 4 (2015): 1408–38.
58. Nathaniel Popper, "Stock Exchange Prices Grow So Convoluted Even Traders Are Confused," *New York Times*, March 2, 2016.
59. Andy Clarke, "The Index Fund: A Monster of Efficiency," *Vanguard Blog*, August 3, 2016,

https://vanguardblog.com/2016/08/03/the-index-fund-a-monster-of-efficiency/; Norm Alster, "The Ease of Index Funds Comes with Risk," *New York Times*, October 11, 2015; James Mackintosh, "Let's Prevent Index Funds from Eating the Economy," *Wall Street Journal*, August 18, 2017; Frank Partnoy, "Are Index Funds Evil?" *Atlantic*, September 2017, 24–26.

60. Pawel H. Dembinski, Finance: Servant or Deceiver? *Financialization at the Crossroads*, trans. Kevin Cook (Basingstoke, England, and New York:Observatoire de la Finance and Palgrave Macmillan, 2009), 11–32,54–71.
61. Gerald F. Davis, *Managed by the Markets: How Finance Reshaped America*(New York: Oxford University Press, 2009).
62. Kristin Wong, "Most Americans Lack Reserve Cash to Cover $500 Emergency: Survey," nbcnews.com, February 12, 2017, https://www.nbcnews.com/better/money/most-americans-lack-reserve-cash-cover-500-emergency-survey-n493096.
63. James Surowiecki, "Why Startups Are Struggling," *Technology Review*, June 15, 2016; Patricia Cohen, "More Work for Less Pay," *New York Times*, March 9, 2017; Theo Francis, "Why You Probably Work for a Giant Company, in 20 Charts," *Wall Street Journal*, April 6, 2017; Mike Isaac, "Twitter Still Struggles Despite Wide Influence," *New York Times*, February 10, 2017; Shira Ovide, "Microsoft's Bing Isn't a Joke Anymore," *Bloomberg Gadfly*, July 19, 2016.
64. Ava Seave, "Fast Followers Not First Movers Are the Real Winners," *Forbes*, October 14, 2014; Farnsworth Fowle, "Joseph C. Wilson of Xerox Dies at 61," *New York Times*, November 23, 1971; Rana Foroohar, *Makers and Takers: How Wall Street Destroyed Main Street* (New York: Crown,2016), 87.
65. Tyler Cowen, *The Great Stagnation: How America Ate All the LowHanging Fruit of Modern History, Got Sick, and Will (Eventually) Feel Better* (New York: Dutton, 2011); Robert J Gordon, *The Rise and Fall of American Growth: The U.S. Standard of Living Since the Civil War* (Princeton, N.J.: Princeton University Press, 2016); G. Paschal Zachary, "The Search for a Better Battery," *IEEE Spectrum*, April 25, 2016; Joel Mokyr, "The Next Age of Invention: Technology's Future Is Brighter than Pessimists Allow," *City Journal*, Winter 2014, 14–20.
66. Brian Hindo, "At 3M, a Struggle Between Efficiency and Creativity," Bloomberg.com, June 11, 2007, http://www.bloomberg.com/news/articles/2007-06-10/at-3m-a-struggle-between-efficiency-and-creativity; Ryan Huang, "Six Sigma 'Killed' Innovation in 3M," *ZDNet*, March 14, 2013, http://www.zdnet.com/article/six-sigma-killed-innovation-in-3m/.
67. Nick Bilton, " 'Smart' Home Suffers a Brain Freeze," *New York Times*, January 14, 2016; John Markoff, "Hackers Have New Entries with the Internet of Things," *New York Times*, November 3, 2016; Alexandra Sifferlin, "Fidgeting Can Cancel Out the Bad Effects of Sitting All Day," *Time*, September 22, 2015; Carina Storrs, "Stand Up, Sit Less and Move More, Researchers Say; Here's How to Do It," CNN, August 6, 2015, http://www.cnn.com/2015/08/06/health/how-to-move-more/index.html.
68. Albert O. Hirschman, *Development Projects Observed* (Washington, D.C.:Brookings Institution, 1967), 9–34; Anthony F. C. Wallace, "The Perception of Risk in Nineteenth Century Anthracite Mining Operations, *Proceedings of the American Philosophical Society* 127, no. 2 (April 20, 1983):99–106; Jeff Faust, "Weighing the Risks of Human Spaceflight," *Space Review*, July 21, 2003.

69. Jessica Stillman, "How Amazon's Jeff Bezos Made One of the Toughest Decisions of His Career," *Inc.*, June 13, 2016; https://www.inc.com/jessica-stillman/jeff-bezos-this-is-how-to-avoid-regret.html.

第二章

1. Jeffrey Dastin and Anya George Tharakan, "Amazon Revenue Soars as Cloud, Retail Businesses Dominate," Reuters, April 27, 2017; Carl Shapiro and Hal R. Varian, *Information Rules: A Strategic Guide to the Network Economy* (Cambridge, Mass.: Harvard Business Press, 1999).
2. Jay Ritter, "Google's IPO, 10 Years Later," *Forbes*, August 7, 2014.
3. W. Russell Neuman, "Appraising Information Abundance," *Chronicle of Higher Education (Chronicle Review)*, January 31, 2010; W. Russell Neuman, Yong Jin Park, and Elliot Panek, "An Empirical Assessment of the Digital Revolution in the United States, 1960–2005," *International Journal of Communication* 6 (2012): 1022–41. See also David Weinberger, *Too Big to Know: Rethinking Knowledge Now That the Facts Aren't the Facts, Experts Are Everywhere, and the Smartest Person in the Room Is the Room* (New York: Basic Books, 2012).
4. Peter Bright, Yahoo Killing Off Yahoo After 20 Years of Hierarchical Organization, *Ars Technica*, September 26, 2014.
5. See Bryan Pfaffenberger, *Democratizing Information: Online Databases and the Rise of EndUser Searching* (Boston: G. K. Hall, 1990).
6. David Weinberger, *Everything Is Miscellaneous: The Power of the New Digital Disorder* (New York: Times Books, 2007), 46–63; Vindu Goel, "When Yahoo Ruled the Valley," *New York Times*, July 17, 2016.
7. Thomas P. Hughes, *Networks of Power: Electrification in Western Society, 1880–1930* (Baltimore: Johns Hopkins University Press, 1993), 79–105; "From Our Files: Arthur C. Clarke on Space Exploration," *Christian Science Monitor*, March 20, 2008. Clarke's landmark paper of 1945 explains the details of solar power but does not mention the reliability of vacuum tubes. It is reproduced here: "The 1945 Proposal by Arthur C. Clarke for Geostationary Satellite Communications," http://lakdiva.org/clarke/1945ww/.
8. Eugene Garfield, "The Evolution of the Science Citation Index," *International Microbiology* 10 (2007): 65–69.
9. Guy Gugliotta, "The Genius Index: One Scientist's Crusade to Rewrite Reputation Rules," *Wired*, May 22, 2009; Declan Butler, " 'Web of Science' to Be Sold to Private-Equity Firms," *Nature*, July 12, 2016.
10. "Method for Node Ranking in a Linked Database," U. S. Patent 6285999, https://www.google.com/patents/US6285999.
11. Behnak Yaltaghian and Mark Chignell, "How Good Is Search Engine Ranking? A Validation Study with Human Judges," *Proceedings of the Human Factors and Ergonomics Society Annual Meeting* 46, no. 14 (September 2002): 1276–80; Paul Marks, "Google Usability Chief: Ideas Have to Be Discoverable," *New Scientist*, November 23, 2011.
12. Nicholas Carr, *The Shallows: What the Internet Is Doing to Our Brains* (New York: W. W. Norton, 2010); William Poundstone, *Head in the Cloud: Why Knowing Things Still Matters When*

Facts Are So Easy to Look Up (New York: Little, Brown, 2016).

13. Jessica Lee, "No. 1 Position in Google Gets 33% of Search Traffic [Study] ," https://searchenginewatch.com/sew/study/2276184/no-1-position-in-google-gets-33-of-search-traffic-study; David Dunning, "We Are All Confident Idiots," *Pacific Standard*, October 27, 2014; Justin Kruger and David Dunning, "Unskilled and Unaware of It: How Difficulties in Recognizing One's Own Incompetence Lead to Inflated Self-Assessments," *Journal of Personality and Social Psychology* 77, no. 6 (1999): 121–34; Joe Keohane, "How Facts Backfire: Researchers Discover a Surprising Threat to Democracy: Our Brains," *Boston Globe*, July 11, 2010; Amanda Taub and Brendan Nyhan, "Why Objectively False Things Continue to Be Believed," *New York Times*, March 22, 2017.
14. Patrick Wintour, "Search Engines' Role in Radicalisation Must Be Challenged, Finds Study," *Guardian*, July 28, 2016; Farhad Manjoo, "Algorithms with Agendas and the Sway of Facebook," *New York Times*, May 12, 2016.
15. Caitlin Dewey, "The Story Behind Jar'Edo Wens, the Longest-Running Hoax in Wikipedia History," *Washington Post* (online), April 15, 2015.
16. Tom Simonite, "The Decline of Wikipedia," *Technology Review* 116, no. 6 (November–December 2013): 50–56; Andrew Lih, "Can Wikipedia Survive?" *New York Times*, June 21, 2015.
17. Michael Barthel, "Newspapers: Fact Sheet," http://www.journalism.org/2016/06/15/newspapers-fact-sheet/; Galen Stocking, "News Magazines: Fact Sheet," http://www.journalism.org/2016/06/15/news-magazines-fact-sheet/; David Carr, "A Newsroom Subsidized?," *New York Times*, October 19, 2009.
18. Paul Farhi, "A Bright Future for Newspapers," *American Journalism Review* 27, no. 3 (June–July 2005): 54–59; Adam Lashinsky, "Burning Sensation," *Fortune* 152, no. 12 (December 12, 2005): 55–58.
19. Andrew Ross Sorkin and Jeremy W. Peters, "Google to Acquire YouTube for $1.65 Billion," *New York Times*, October 9, 2006; Conor Dougherty, "In Earnings Debut, Google's Parent Sets Itself Up to Pass Apple in Value," *New York Times*, February 2, 2016.
20. James B. Stewart, "Facebook Time: 50 Minutes a Day," *New York Times*, May 6, 2016; Will Oremus, "Who Controls Your Facebook Feed?" January 3 2016, *Slate*, http://www.slate.com/articles/technology/cover_story/2016/01/how_facebook_s_news_feed_algorithm_works.html; Susan Pinker, "Does Facebook Make Us Unhappy and Unhealthy?" *Wall Street Journal*, June 3, 2017; Jack Nicas and Lukas J. Alpert, "Googleto Protect Publisher Paywall," *Wall Street Journal*, September 13, 2017.
21. Joseph Lichterman, "The State of the News Media 2016: Mobile Continues Its Takeover," *Niemanlab*, June 15, 2016, http://www.niemanlab.org/2016/06/the-state-of-the-news-media-2016-mobile-continues-its-takeover/; Joseph Lichterman, "There Are Now More Americans Working in Internet Publishing than for Newspapers," *Niemanlab*, June 7, 2016, http://www.niemanlab.org/2016/06/there-are-now-more-americans-working-for-online-only-outlets-than-newspapers/; Bureau of Labor Statistics, U.S. Department of Labor, *The Economics Daily*, "Employment Trends in Newspaper Publishing and Other Media, 1990–2016," http://www.bls.gov/opub/ted/2016/employment-trends-in-newspaper-publishing-and-other-media-1990-2016.htm (visited

August 16, 2016); John Herrman, "Faltering Ad Revenue and Traffic Bring Uncertainty to Online News," *New York Times*, April 18, 2016; Theodore Ross, "The Year Everyone Realized Digital Media Is Doomed," *New Republic*, December 13, 2016.

22. Rory Gallivan, "Amazon U.K. Taps Newspaper Distributor for Same Day Deliveries," *Wall Street Journal*, October 16, 2014; Pew Research Center, *State of the News Media 2016*, https://assets.pewresearch.org/wp-content/uploads/sites/13/2016/06/30143308/state-of-the-news-media-report-2016-final.pdf; Margaret Sullivan, "Is Global Expansion Good for Times Readers?" February 12, 2016, http://publiceditor.blogs.nytimes.com/2016/02/12/is-global-expansion-good-for-times-readers/.
23. Robert Darnton, "Writing News and Telling Stories," *Daedalus* 104, no. 2 (Spring 1975): 175–76.
24. Susannah Nesmith, "When 'Reader Engagement' is More than a Buzzword," *Columbia Journalism Review*, June 24, 2014.
25. John Agresto, "Art and Historical Truth: The Boston Massacre," *Journal of Communication* 29, no. 4 (December 1979): 170–74; Gary Scharnhorst with Jack Bales, *The Lost Life of Horatio Alger, Jr.* (Bloomington: Indiana University Press, 1985); on fake facts in the original *ANB*, see Gary Scharnhorst, "Alger, Horatio, Jr.," *American National Biography* online, February 2000, http://www.anb.org/articles/16/16-00028.html; Emilio Ferrara et al., "The Rise of Social Bots," *Communications of the ACM* 59, no. 7 (July 2016): 96–104.
26. Caitlin Dewey, "How Online Bots Conned Brexit Voters," *Washington Post*, June 27, 2016; Chris Baranuik, "Rise of the Ballot Bots," *New Scientist* 231, no. 3080 (July 2, 2016): 22; Katrin Bennhold, "Did Tabloids Cause 'Brexit'? It's Covered with Inky Fingerprints," *New York Times*, May 3, 2017; Arpan Bhattacharyya, "Fake News Did Not Affect the Election, Stanford-NYU Study Finds," *Big Think*, January 23, 2017; Hunt Allcott and Matthew Gentzkow, "Social Media and Fake News in the 2016 Election," *Journal of Economic Perspectives* 31, no. 2 (Spring 2017): 211–36.
27. Caitlin Dewey, "Facebook Fake-News Writer: 'I Think Donald Trump Is in the White House Because of Me,' " *Washington Post*, November 17, 2016; Abby Ohlheiser, "This Is How Facebook's Fake-News Writers Make Money," *Washington Post*, November 18, 2016; Andrew Higgins et al., "Websites Hit a 'Gold Mine' in Fake News," *New York Times*, November 26, 2016; Erin Chack, "25 People Who Don't Realize The Onion Isn't a Real News Source," *BuzzFeed*, October 16, 2013, https://www.buzzfeed.com/erinchack/people-who-dont-realize-the-onion-isnt-a-real-news-source.
28. Geoffrey Kabaservice, "Our Failing President's Great Performance," *New York Times*, June 10, 2017; Edward Tenner, "What Really Bugs the Birthers," *Atlantic*, April 20, 2011.
29. Philip Bump, "Welcome to the Era of the 'Bot' as Political Boogeyman," *Washington Post*, June 12, 2017; Leonid Bershidsky, "No, Big Data Didn't Win the U.S. Election," *Bloomberg View*, December 8, 2016.
30. Shane Goldmacher, "Hillary Clinton's 'Invisible Guiding Hand,' " *Politico*, September 7, 2016, http://www.politico.com/magazine/story/2016/09/hillary-clinton-data-campaign-elan-kriegel-214215; David Auerbach, "Confirmation Bias: Did Big Data Sink the Clinton Campaign?" *n+1*, February 23, 2017, https://nplusonemag.com/online-only/online-only/

confirmation-bias/; Edward-Isaac Dovere, "How Clinton Lost Michigan—and Blew the Election, *Politico*, December 14, 2016, http://www.politico .com/story/2016/12/michigan-hillary-clinton-trump-232547.

31. William Davies, "How Statistics Lost Their Power—and Why We Should Fear What Comes Next," *Guardian*, January 19, 2017.
32. Farhad Manjoo, "How Twitter is Being Gamed to Feed Misinformation," *New York Times*, June 1, 2017; Philip Fernbach and Steven Sloman, "Why We Believe Obvious Untruths," *New York Times*, March 5, 2017; Sue Shellenbarger, "Most Students Don't Know When News Is Fake, Stanford Study Finds," *Wall Street Journal*, November 21, 2016; Alexios Mantzarlis, "Is This a 'Post-Truth' Election? Actually, NO," *Washington Post*, October 26, 2016; Barry Ritholtz, "Culturally Constructed Ignorance Wins the Day," *Bloomberg View*, June 27, 2016; Craig Silverman, "People Read News on Facebook but They Don't Really Trust It, a Survey Found," *BuzzFeed*, January 19, 2017, https://www.buzzfeed.com/craigsilverman/people-be-reading-but-not-trusting-news-on-facebook.
33. Jennifer Agiesta, "CNN Poll: 54% Say Russia-Backed Content on Social Media Moved 2016 Election," CNN Wire Service, September 22, 2017, via ProQuest Newsstand; Rebecca Ballhaus and Natalie Andrews, "The Man on Trump's Digital Front," *Wall Street Journal*, October 14, 2017; Carole Cadwalladr [*sic*] , "British Courts May Unlock Secrets of How Trump Campaign Profiled US Voters," *Observer*, September 30, 2017. The journalist Ari Berman has suggested that the real reason for Donald Trump's victory was voter suppression in Wisconsin and elsewhere: "Rigged," *Mother Jones*, December 2017, 24–31.
34. Dale Maharidge, "These Journalists Dedicated Their Lives to Telling Other People's Stories. What Happens When No One Wants to Print Their Words Anymore?" *Nation*, March 2, 2016; John Nichols, "Ben Bagdikian Knew That Journalism Must Serve the People—Not the Powerful," *Nation*, March 14, 2016; Alex T. Williams, "Employment Picture Darkens for Journalists at Digital Outlets," *Columbia Journalism Review*,September 27, 2016.
35. Pew Research Center, *State of the News Media 2016*, https://assets.pew research.org/wp-content/uploads/sites/13/2016/06/30143308/state-of-the-news-media-report-2016-final.pdf; Michael Schudson, *Advertising, The Uneasy Persuasion: Its Dubious Impact on American Society* (New York: Basic Books, 1984), 67–68.
36. Robert K. Merton, "The Matthew Effect in Science," *Science* 159, no. 3810 (January 5, 1968): 5663; Benjamin Carlson, "The Rise of the Professional Blogger," *Atlantic*, September 2009.
37. Jeremy W. Peters, "Web Focus Helps Revitalize *The Atlantic*," *New York Times*, December 13, 2010; Jason Mast, "Can the *Atlantic* Model Save Journalism?" *North by Northwestern*, March 1, 2016, http://northbynorthwestern.com/story/can-the-atlantic-model-save-journalism.
38. Mast, "Can the *Atlantic* Model Save Journalism?" ; "Number of Magazines in the United States from 2002 to 2015," n.d., https://www.statista.com/statistics/238589/number-of-magazines-in-the-united-states/; Catherine Taibi, "Employment Rates Are Improving for Everyone but Journalism Majors," *Huffington Post*, February 23, 2015; Franklin Foer, "When Silicon Valley Took Over Journalism," *Atlantic*, September 2017, 28–31.
39. Matthew Dalton, "Fashion Ads, a Last Bastion of Print, Are Going Digital," *Wall Street Journal*, June 9, 2017; Stephanie Clifford, "Magazines Wink at a Wall," *New York Times*, April 7, 2009;

Noah Waldman, "Study: 68% of Publishers Use Editorial Staff to Create Native Ads," August 16, 2016, https://contently.com/strategist/2016/08/16/study-68-of-publishers-use-editorial-staff-to-create-native-ads/; Chantal Fernandez, "Behind the *WSJ Magazine*'s Biggest Issue Ever," August 14, 2014, https://www.businessoffashion.com/articles/news-bites/behind-the-wsj-magazines-biggest-issue-ever.

40. Sydney Ember and Michael M. Grynbaum, "Where the Future Isn't So Glossy," *New York Times*, September 24, 2017; Harry Mottram, "Industry Magazine Circulations: Trivia Down, Serious Up," *Print Monthly*, August 22, 2017; Graham Ruddick, "News Magazines Enjoy Circulation Boost While Celebrity Titles Suffer," *Guardian*, August 10, 2017.
41. Evgeny Morozov, review of Eli Pariser, *The Filter Bubble*, in *New York Times Sunday Book Review*, June 10, 2011; Will Rinehart, "Five Things We Know About the 'Filter Bubble' Thesis," https://medium.com/@willrinehart/five-things-we-know-about-the-filter-bubble-thesis-f34dfdc2789e#.hta0fqvsi; Associated Press-NORC Center for Public Affairs Research, *How Millennials Get News: Inside the Habits of America's First Digital Generation* (2015), http://www.mediainsight.org/PDFs/Millennials/Millennials%20Report%20FINAL.pdf.
42. Zeynep Tufekci, "The Real Bias Built In at Facebook," *New York Times*, May 19, 2016; Davey Alba, "Defining "Hate Speech' Online Is an Imperfect Art," *Wired*, August 22, 2017.
43. Craig Lambert, "Our Unpaid, Extra Shadow Work," *New York Times*, October 30, 2011.
44. D. Qing Ke, Emilio Ferrara, Filippo Radicchi, and Alessandro Flammini, "Defining and Identifying Sleeping Beauties in Science," *PNAS* 112, no. 24 (June 16, 2015): 7426–31; David Galton; "Did Darwin Read Mendel?" *QJM* 102, no. 8 (2009): 587–89.
45. Oliver Sacks, "Scotoma: Forgetting and Neglect in Science," in Ernest B. Hook, ed., *Prematurity in Scientific Discovery: On Resistance and Neglect* (Berkeley: University of California Press, 2002), 70–84; Craig Prichard, "All the Lonely Papers, Where Do They All Belong?" *Organization* 20, no. 1 (2012): 143–150; Edward Tenner, "The 'Two Cultures' and the Decline of the Scientific Book," *Chronicle of Higher Education*, September 9, 1987, A48; Nicola Jones, "AI Science Search Engines Expand Their Reach," *Nature*, November 11, 2016; Stephann Makri et al., " 'Making My Own Luck': Serendipity Strategies and How to Support Them in Digital Information Environments," *Journal of the Association for Information Science and Technology* 65 (2014): 2179–94; Ying Chen et al., "IBM Watson: How Cognitive Computing Can Be Applied to Big Data Challenges in Life Sciences Research," *Clinical Therapeutics; Bridgewater.*
38. no. 4 (April 2016): 688–701; Genovefa Kefalidou and Sarah Sharples, "Encouraging Serendipity in Research: Designing Technologies to Support Connection-Making," *International Journal of HumanComputer Studies* 89 (May 2016): 1–23.
46. James A. Evans, "Electronic Publication and the Narrowing of Science and Scholarship," *Science* 321 (July 18, 2008): 395–99; Robert H. Frank and Philip J. Cook, *The WinnerTakeAll Society* (New York: Free Press, 1995); Robert H. Frank, "Winners Take All (but We Can Dream)," *New York Times*, February 23, 2014.
47. Michelle Baddeley, "Herding, Social Influences and Behavioural Bias in Scientific Research," *EMBO Reports* 16, no. 8 (2015): 902–5.
48. Loet Leydesdorff, "Citations: Indicators of Quality? The Impact Fallacy," *Frontiers in Research Metrics and Analytics*, August 2, 2016; Matjaž Perc, "The Matthew Effect in Empirical Data,"

Journal of the Royal Society, Interface 11, no. 98 (September 6, 2014): 20140378.

49. Kornberg quoted in Ferric C. Fang and Arturo Casadevall, "NIH Peer Review Reform—Change We Need, or Lipstick on a Pig?" (editorial), *Infection and Immunity* 77, no. 3 (March 2009): 929–32; Konstantin Kakaes, "How Gobbledygook Ended Up in Respected Scientific Journals," slate.com, February 27, 2014, http://www.slate.com/blogs/future_tense/2014/02/27/how_nonsense_papers_ended_up_in_respected_scientific_journals.html.
50. Björn Brembs et al., "Deep Impact: Unintended Consequences of Journal Rank," Frontiers in Human Neuroscience, vol. 7, article 291 (June 2013): 1–12; Adam Marcus and Ivan Oransky, "What's Behind Big Science Frauds?" *New York Times*, May 23, 2015; Richard Monastersky, "The Number That's Devouring Science," *Chronicle of Higher Education*, October 14, 2005.
51. Joel Achenbach, "The Reproducibility Crisis," *Washington Post*, August 28, 2015.
52. Mark Sagoff, "Data Deluge and the Human Microbiome Project," *Issues in Science and Technology* 28, no. 4 (Summer 2012): 71–78; Robert Lee Hotz, "What Is Lurking in DNA? $50 Gift Cards, Old Movies," *Wall Street Journal*, March 3, 2017.
53. Steven Wiley, "Hypothesis-Free? No Such Thing," *The Scientist*, May 1, 2008; Tim Harford, "Big Data: Are We Making a Big Mistake?" *Financial Times*, March 29, 2014; "Thank You for Stopping By" (official notice that Google Flu Trends is inactive; last downloaded on September 3, 2017), https://www.google.org/flutrends/about/; Gianfranco Cervellin et al., "Is Google Trends a Reliable Tool for Digital Epidemiology?Insights from Different Clinical Settings," *Journal of Epidemiology and Global Health* 7, no. 3 (September 2017): 185–89.
54. Clay Shirky, *Cognitive Surplus: How Technology Makes Consumers into Collaborators* (New York: Penguin, 2010); Jaron Lanier, *You Are Not a Gadget: A Manifesto* (New York: Alfred A. Knopf, 2010), 79–80; Evgeny Morozov, *To Save Everything, Click Here: The Folly of Technological Solutionism* (New York: PublicAffairs, 2013), x.
55. M. E. J. Newman, "The First-Mover Advantage in Scientific Publication," *EPL* 86 (June 2009): 68001-p1-p6.
56. Duncan J. Watts, "Is Justin Timberlake a Product of Cumulative Advantage?" *New York Times Magazine*, April 15, 2007; Matthew J. Salganik, Peter Sheridan Dodds, and Duncan J. Watts, "Experimental Study of Inequality and Unpredictability in an Artificial Cultural Market," *Science* 311, no. 854 (February 10, 2006): 854–56; Schudson, *Advertising, the Uneasy Persuasion*, 94–99.
57. Robert H. Frank, "Will the Skillful Win? They Should Be So Lucky," *New York Times*, August 5, 2012; Daniel J. Boorstin, *The Image: A Guide to PseudoEvents in America* (New York: Harper & Row, 1964), 60.
58. Umberto Eco, *The Infinity of Lists*, trans. Alastair McEwen (New York: Rizzoli, 2009); Ira Spar, "The Origins of Writing" (October 2004), Heilbrunn Timeline of Art History, Metropolitan Museum of Art, http://www.metmuseum.org/toah/hd/wrtg/hd_wrtg.htm; Allen Guttmann, *From Ritual to Record: The Nature of Modern Sports* (New York: Columbia University Press, 1978), 49–50; N. Feltes, *Literary Capital and the Late Victorian Novel* (Madison: University of Wisconsin Press, 1993), 41–52; Katharine Q. Seelye, "Lurid Numbers on Glossy Pages！(Magazines Exploit What Sells)," *New York Times*, February 10, 2006; Fischoff quoted in Mallory Jean Tenore, "The Top 10 Reasons," *Poynter*, November 16, 2011, http://www.poynter.org/2011/the-top-10-reasons-that-top-10-lists-are-so-popular-with-journalists-readers/153289/.

59. Derek Thompson, "The Tyranny of Most-Popular Lists," *Atlantic*, June 17, 2013.
60. Chris Anderson, *The Long Tail: Why the Future of Business Is Selling Less of More* (New York: Hachette, 2006); Jackson quoted in Nick Bilton, "Focus on Top 10 Stifles Web Choices," *New York Times*, April 2, 2012.
61. Jayson DeMers, "Can We Machine-Learn Google's Machine-Learning Algorithm?" *Search Engine Land*, February 16, 2017, http://searchengineland.com/can-machine-learn-googles-machine-learning-algorithm-267229.
62. Ben H. Bagdikian, *The New Media Monopoly: A Completely Revised and Updated Edition with Seven New Chapters* (Boston: Beacon Press, 2004), 289–90.
63. *Fortune* contributed 15 percent to Time Inc. profits in the mid-1930s, thanks to the prosperity of emerging industries and their executives. See James L. Baughman, *Henry R. Luce and the Rise of the American News Media* (Baltimore: Johns Hopkins University Press, 1987), 66.
64. Art Swift, "Americans Say Social Media Have Little Sway on Purchases," gallup.com, June 23, 2014, http://www.gallup.com/poll/171785/americans-say-social-media-little-effect-buying-decisions.aspx.
65. Josh Marshall, "A Serf on Google's Farm," *Talking Points Memo*, September 1, 2017, http://talkingpointsmemo.com/edblog/a-serf-on-googles-farm.
66. Matthew Garrahan, "Wall Street Journal Slims Down Amid Slide in Advertising," *Financial Times*, November 15, 2016; Alexandra Bruell and Sharon Terlep, "P&G Cuts More Than $100 Million in 'Largely Ineffective' Digital Ads," *Wall Street Journal* (online), July 27, 2017.
67. Jaime Teevan et al., "Slow Search," *Communications of the ACM* 57, no. 8 (August 2014): 36–38.
68. Jeff Sonderman, "What You Need to Know About StumbleUpon ...," *Poynter*, August 23, 2011, http://www.poynter.org/2011/what-you-need-to-know-about-stumbleupon-the-webs-hot-new-referral-source/143686.
69. Peter Thonemann, "The All-Conquering Wikipedia?" *TLS*, May 25, 2016; Dino Flammia, "In a Digital Music World, Jersey Record Shops Are Still Spinning," *NewJersey101.5*, June 7, 2017, http://nj1015.com/in-a-digital-music-world-jersey-record-shops-are-still-spinning/.

第三章

1. Thomas D. Snyder, ed., *120 Years of American Education: A Statistical Portrait* (U.S. Department of Education, 1993), http://nces.ed.gov/ pubs93/93442.pdf; National Center for Education Statistics, "Fast Facts: Teacher Trends" (downloaded June 17, 2017), http://nces.ed.gov/ fastfacts/display.asp?id=28f; Carolyn Dimitri et al., *The 20th Century Transformation of U.S. Agriculture and Farm Policy* (U.S. Department of Agriculture Economic Information Bulletin EIB-3), June 2005, https:// www.ers.usda.gov/webdocs/publications/44197/13566_eib3_1_.pdf; Kentaro Toyama, "Why Technology Alone Won't Fix Schools," *Atlantic,* June 3, 2015 (excerpted from author's book *Geek Heresy: Rescuing Social Change from the Cult of Technology* [New York: PublicAffairs, 2015]).
2. Todd Oppenheimer, "The Flickering Mind" (book excerpt), *New York Times,* January 4, 2004. See also Audrey Watters, "The History of the Future of Education," *hackededucation.com,*

February 19, 2015, http:// hackeducation.com/2015/02/19/the-history-of-the-future-of-education.

3. Paul Israel, *Edison: A Life of Invention* (New York: Wiley, 1988), 442–43.
4. Ben Singer, "Early Home Cinema and the Edison Home Projecting Kinetoscope," *Film History* 2, no. 1 (Winter 1988): 37–69.
5. Ibid., 53.
6. Charles Musser, *Thomas A. Edison and His Kinetographic Motion Pictures* (New Brunswick, N.J.: Rutgers University Press, 1995), 54.
7. Oppenheimer, "The Flickering Mind."
8. Brian Dear, *The Friendly Orange Glow: The Untold Story of the PLATO System and the Dawn of Cyberculture* (New York: Pantheon, 2017), 14–15, 18–19; B. F. Skinner, "The Shame of American Education," *American Psychologist* 39, no. 9 (September 1984): 947–54; "Skinner Teaching Machine," National Museum of American History (with photograph), http://americanhistory.si.edu/collections/search/object/nmah_690062.
9. Ludy T. Benjamin, Jr., "A History of Teaching Machines," *American Psychologist* 43, no. 9 (September 1988): 711; Elisabeth Van Meer, "PLATO: From Computer-Based Education to Corporate Social Responsibility, *Iterations* (Charles Babbage Institute for the History of Information Technology), November 5, 2003, http://www.cbi.umn.edu/iterations/vanmeer .pdf; Amy Virshup, "The Teachings of Bob Stein," *Wired,* July 1, 1996; Tom Redburn, "He's Finding the Fire, This Time, in Interactive Media," *New York Times,* July 17, 1994; Todd Oppenheimer, *The Flickering Mind: Saving Education from the False Promise of Technology* (New York: Random House, 2004), 45–47.
10. Dear, *Friendly Orange Glow,* 517–22; Eugene Garfield, "The 'Obliteration Phenomenon' in Science—and the Advantage of Being Obliterated," *Current Contents,* no. 51–52 (December 22, 1975): 5–7; Dennis Schapiro, "Newspaper Challenges CDC Claims on Effectiveness of PLATO Education System," *Computerworld,* August 30, 1982, 12.
11. Cade Metz, "In Two Moves, AlphaGo and Lee Sedol Redefined the Future," *Wired,* March 16, 2016. On complexity theory, see Lance Fortnow, *The Golden Ticket: P, NP, and the Search for the Impossible* (Princeton, N.J.: Princeton University Press, 2013).
12. Dear, *Friendly Orange Glow,* 430–35, 521–22; Van Meer, "PLATO," 8; Josh Schwartz, "Machine Learning Is No Longer Just for Experts," *Harvard Business Review,* October 26, 2016, https://hbr.org/2016/10/ machine-learning-is-no-longer-just-for-experts; Earl Hunt, *Will We Be Smart Enough? A Cognitive Analysis of the Coming Workforce* (New York: Russell Sage Foundation, 1995), 263–64.
13. Matt Richtel, "In Classroom of Future, Stagnant Scores," *New York Times,* September 4, 2011.
14. Ben Quinn and Charles Arthur, "PlayStation Network Hackers Access Data of 77 Million Users," *Guardian,* April 26, 2011; "inBloom, Inc.," http://www.gatesfoundation.org/How-We-Work/Quick-Links/Grants -Database/Grants/2012/10/OPP1070519; Valerie Strauss, "$100 Million Gates-Funded Student Data Project Ends in Failure," *Washington Post,* April 21, 2014; "Post-Mortem on inBloom Reignites Data-Sharing Debates," *Education Week* 36, no. 21 (February 15, 2017): n.p.; Valerie Strauss, "The Astonishing Amount of Data Being Collected About Your Children," *Washington Post,* November 12, 2015; "InBloom Sputters as Data Privacy Hits the Spotlight," *Education Week* 33, no. 15 (January 8, 2014): 1.

15. "Technology—an Empowering Tool for Teachers—Or Just a Bit Creepy?," *The Times Educational Supplement*, no. 5082 (February 14, 2014): 12; Valerie Strauss, "Gates Changes Galvanic Bracelet Grant Description," *Washington Post,* June 12, 2012.
16. David F. Labaree, *Someone Has to Fail: The Zero-Sum Game of Public Schooling* (Cambridge, Mass.: Harvard University Press, 2010), 156–62.
17. Carl Wieman, "The 'Curse of Knowledge,' or Why Intuition About Teaching Often Fails," *APS News* 16, no. 10 (November 2007).
18. Natasha Singer, "Tech Billionaires Reinvent Schools, with Students as Beta Testers," *New York Times,* June 7, 2017.
19. Clive Thompson, "How Khan Academy Is Changing the Rules of Education," *Wired,* July 15, 2011; Karim Kai Ani (posted by Valerie Strauss), "Khan Academy: The Revolution That Isn't," https://www.washington post.com/blogs/answer-sheet/post/khan-academy-the-hype-and -the-reality/2012/07/23/gJQAuw4J3W_blog.html; Valerie Straus, "Does the Khan Academy Know How to Teach?," July 27, 2012, https://www .washingtonpost.com/blogs/answer-sheet/post/how-well-does-khan -academy-teach/2012/07/27/gJQA9bWEAX_blog.html.
20. Maria Konnikova, "Will Moocs Be Flukes?," *New Yorker,* November 7, 2014; "The 50 Most Popular MOOCs of All Time," *Online Course Report,* n.d., https://www.onlinecoursereport.com/the-50-most-popular-moocs -of-all-time/.
21. Edward Tenner, "Higher Education's Internet Revolution," *The American,* December 26, 2013, https://www.aei.org/publication/higher-educations -internet-revolution.
22. Matt Richtel, "A Silicon Valley School That Doesn't Compute," *New York Times,* October 23, 2011; Ben Kesling, "Technology in Classrooms Doesn't Always Boost Education Results, OECD Says," *Wall Street Journal,* September 16, 2015; OECD, *Students, Computers and Learning: Making the Connection*(n.p.: PISA, OECD Publishing, 2015), http:// dx.doi.org/10.1787/9789264239555-en; Anders Ericsson and Robert Pool, "Not All Practice Makes Perfect," *Nautilus,* issue 35 (April 21, 2016); "What Is Anthoposophy?" n.d., http://www.waldorfanswers.org/ Anthroposophy.htm.
23. William Doyle, "How Finland Broke Every Rule—and Created a Top School System," *Hechinger Report,* February 18, 2016; Pasi Sahlberg, *Finnish Lessons 2.0: What Can the World Learn from Educational Change in Finland?,* 2nd ed. (New York: Teachers College Press, 2015), 60.
24. Benjamin Herold, "Poor Students Face Digital Divide in How Teachers Learn to Use Tech," *Education Week,* June 12, 2017, https://www .edweek.org/ew/articles/2017/06/14/poor-students-face-digital-divide -in-teacher-technology-training.html.
25. Monica Anderson, "How Having Smartphones (or Not) Shapes the Way Teens Communicate," *Pew Research Fact Tank,* August 20, 2015; Hayley Tsukayama, "Teens Spend Nearly Nine Hours Every Day Consuming Media," *Washington Post,* November 3, 2015; Kate Taylor, "Schools Plan to Lift Ban and Permit Cellphones," *New York Times,* January 7, 2015; Elizabeth A. Harris, "Bronx Science Bans Cellphones from Wireless System as Students Overwhelm It," *New York Times,* January 14, 2016; Cyrus Farivar, "Seymour Papert, Theorist Behind One Laptop Per Child, Dies at 88," August 1, 2016, https://arstechnica.com/business/2016/08/ seymour-papert-theorist-behind-one-laptop-per-child-dies-at-88/.

26. "Signs of Growth in Pen and Pencil Market," *Stationery News,* May 30, 2016; Siri Carpenter, "Must a Paper Trail Be Paper?," *Science,* September 14, 2012.
27. Richard A. Peterson, "Problems in Comparative Research: The Example of Omnivorousness," *Poetics* 33 (2005): 257–82; Lawrence W. Levine, *Highbrow/Lowbrow: The Emergence of Cultural Hierarchy in America* (Cambridge, Mass.: Harvard University Press, 1990).
28. Leslie Reed, "Digital Distraction in Class Is on the Rise, Study Says," phys.org, January 15, 2016, http://phys.org/news/2016-01-digital -distraction-class.html; Bradley Busch, "Fomo, Stress and Sleeplessness: Are Smartphones Bad for Students?," *Guardian,* March 8, 2016.
29. David Sax, "Why Startups Love Moleskines," *New Yorker,* June 15, 2015; Larry Rosen and Alexandra Samuel, "Conquering Digital Distraction," *Harvard Business Review* 93, no. 6 (June 2015): 110–13.
30. Sarah Knapton, "Banning Smartphones from Classrooms Could Damage Education, Warn Researchers," *Telegraph,* August 23, 2016.
31. Tamara Plakins Thornton, *Handwriting in America: A Cultural History* (New Haven: Yale University Press, 1998); Edward Tenner, "Handwriting Is a 21st-Century Skill," *Atlantic,* April 28, 2011; Philip Ball, "Cursive Handwriting and Other Education Myths," *Nautilus,* issue 40 (September 8, 2016).
32. Perri Klass, "Writing to Learn," *New York Times,* June 21, 2016; Robert Lee Hotz, "Can Handwriting Make You Smarter?," *Wall Street Journal,* April 4, 2016; Gwendolyn Bounds, "How Handwriting Trains the Brain," *Wall Street Journal,* October 5, 2010; Joanna Stern, "Handwriting Isn't Dead—Smart Pens and Styluses Are Saving It," *Wall Street Journal,* February 10, 2015. See also Frank R. Wilson, *The Hand: How Its Use Shapes the Brain, Language, and Human Culture* (New York: Pantheon, 1998).
33. Elizabeth L. Bjork and Robert A. Bjork, "Making Things Hard on Yourself, but in a Good Way: Creating Desirable Difficulties to Enhance Learning," in FABBS Foundation et al., eds., *Psychology and the Real World* (New York: Worth Publishers, 2011), 55–64.
34. Pam A. Mueller and Daniel M. Oppenheimer, "The Pen Is Mightier than the Keyboard: Advantages of Longhand over Laptop Note Taking," *Psychological Science* 25, no. 6 (2014): 1159–68.
35. Jan Tschichold, *The New Typography,* trans. Ruari McLean (Berkeley: University of California Press, 1997), 64–66; Connor Diemand-Yauman et al., "Fortune Favors the Bold (and the Italicized): Effects of Disfluency on Educational Outcomes," *Cognition* 118, no. 1 (January 2011): 111–15.
36. Chris Gayomali, "How Typeface Influences the Way We Read and Think," *theweek,* June 4, 2013, http://theweek.com/articles/463196/ how-typeface-influences-way-read-think.
37. John Quiggin, "Doing More with Less: The Economic Lesson of Peak Paper," *Aeon,* February 12, 2016, https://aeon.co/ideas/doing-more -with-less-the-economic-lesson-of-peak-paper; Jacob Weisberg, "Book End: How the Kindle Will Change the World," March 21, 2009, http:// www.slate.com/articles/news_and_politics/the_big_idea/2009/03/book _end.html; Justin B. Holland, "Long Live Paper!," *New York Times,* October 9, 2012.
38. Michael S. Rosenwald, "Why Digital Natives Prefer Reading in Print. Yes, You Read That Right," *Washington Post,* February 15, 2015.

39. Stephen Heyman, "Reading Literature on Screen: A Price for Convenience?," *International New York Times,* August 14, 2014; Andrea Peterson, "Researchers Say Computer Screens Change How You Think About What You Read," *Washington Post,* May 9, 2016; Anne Mangen and JeanLuc Velay, "Digitizing Literacy: Reflections on the Haptics of Writing," in Mehrdad Hosseini Zadeh, ed., *Advances in Haptics* (2010), https:// www.intechopen.com/books/advances-in-haptics/ digitizing-literacy-reflections-on-the-haptics-of-writing; Geoff F. Kaufman and Mary Flanagan, "Lost in Translation: Comparing the Impact of an Analog and Digital Version of a Public Health Game on Players' Perceptions, Attitudes, and Cognitions," *International Journal of Gaming and Computer-Mediated Simulations* 5, no. 3 (July–September 2013): 1–9.
40. Joel J. Brattin, "Dickens & Serial Fiction," n.d., *Project Boz,* http://dickens .wpi.edu/history. html; "Jane Austen > 1831 Pride & Prejudice," n.d., https://exhibitions.cul.columbia.edu/exhibits/ show/lit_hum/austen; Ferris Jabr, "Why the Brain Prefers Paper," *Scientific American* 309, no. 5 (November 2013): 48–53.
41. Craig Richardson, "The $250 Econ 101 Textbook," *Wall Street Journal,* January 13, 2015; Joshua Kim, "Why Digital Supplements Drive HighPriced Textbook Adoption," *Inside Higher Ed,* August 30, 2012.
42. Aric Sigman quoted in Liraz Margalit, "What Screen Time Can Really Do to Kids' Brains: Too Much at the Worst Possible Age Can Have Lifetime Consequences," *Psychology Today,* April 17, 2016; Frank R. Wilson, *The Hand: How Its Use Shapes the Brain, Language, and Human Culture* (New York: Pantheon, 1998); Jeff Miller, "Handy Man" [interview with Frank Wilson], *UCSF Magazine,* April 1999, 42–49.
43. Robert Capps, "How Smartphones Have Unleashed Humanity's Creative Potential," *Wired,* July 22, 2014; Jesse Newman, "Hang Up and Shoot," *New York Times,* November 28, 2012; Matthew Sheffield, "Apple's Tim Cook: Trust Me, We Actually Do Care About Desktop Computers," *Salon,* December 21, 2006; David Pierce, "Review: Microsoft Surface Studio," *Wired,* February 23, 2017; Brian Barrett, "With the iMac Pro, Apple Rediscovers the Creative Class," *Wired,* June 6, 2017.
44. Doug Gross, "Have Smartphones Killed Boredom (and Is That Good)?," CNN, September 26, 2012, http://www.cnn.com/2012/09/25/tech/ mobile/oms-smartphones-boredom/; "The Desire for Desires: Why Reports of the Death of Boredom Have Been Greatly Exaggerated," http://www. sirc.org/articles/desire_for_desires.shtml; "The Smartphone Difference," Pew Research Center (April, 2015), 9–10, 41–42, http:// www.pewinternet.org/2015/04/01/us-smartphone-use-in-2015.
45. Joshua Foer, *Moonwalking with Einstein: The Art and Science of Remembering Everything* (New York: Penguin, 2011), 52–55.
46. Robert McMillan, "About Those Online Password Rules . . . N3v$r M1#d!" *Wall Street Journal,* August 8, 2017.
47. Sophie McBain, "Head in the Cloud," *New Statesman,* February 19, 2016, 38–41.
48. Brendan Nyhan, "Americans Don't Live in Information Cocoons," *New York Times,* October 25, 2014; Joe Keohane, "How Facts Backfire," *Boston Globe,* July 11, 2010.
49. "CZ:Statistics," http://en.citizendium.org/wiki/CZ:Statistics; TimothyB. Lee, "Citizendium Turns Five, but the Wikipedia Fork Is Dead in the Water," *Ars Technica,* October 27, 2011, https:// arstechnica.com/tech -policy/2011/10/five-year-old-wikipedia-fork-is-dead-in-the-water/.

50. Helen Georgas, "Google vs. the Library: Student Preferences and PerNOTES TO PAGES 116–121 247 ceptions When Doing Research Using Google and a Federated Search Tool," *Libraries and the Academy* 13, no. 2 (April 2013): 165–85.
51. Helen Georgas, "Google vs. the Library (Part II): Student Search Patterns and Behaviors When Using Google and a Federated Search Tool," *Libraries and the Academy* 14, no. 4 (2014): 503–32; Helen Georgas, "Google vs. the Library (Part III): Assessing the Quality of Sources Found by Undergraduates," *Libraries and the Academy* 15, no. 1 (January 2015): 133–61; Megan O'Neil, "Confronting the Myth of the 'Digital Native,' " *Chronicle of Higher Education,* April 21, 2014; David Pogue, "What Happened to User Manuals?," *Scientific American* 316, no. 4 (April 1, 2017): 30.
52. Edward Tenner, "Infocopia: Edutopia?," *Princeton Alumni Weekly,* December 17, 2003.
53. James R. Chiles, *Inviting Disaster: Lessons from the Edge of Technology* (Harper Business, 2011), is the best-known popular account of the highreliability idea. See my review, "When Systems Fracture," *Harvard Magazine,* November–December 2001, 26–28.
54. "Google Search Education," https://www.google.com/intl/en-us/inside search/searcheducation/.
55. Ben Gose, "Growing Pains Begin to Emerge in Open-Textbook Movement," *Chronicle of Higher Education,* April 9, 2017.
56. Julio Alves, "Unintentional Knowledge: What We Find When We're Not Looking," *Chronicle of Higher Education Review,* June 23, 2013; Robert K. Merton and Elinor Barber, *The Travels and Adventures of Serendipity: A Study in Sociological Semantics and the Sociology of Science* (Princeton, N.J.: Princeton University Press, 2011), 233–42.
57. David A. Bell, "The Bookless Future," *New Republic,* May 2, 2005, 28–33; Ralph Blumenthal, "College Libraries Set Aside Books in a Digital Age," *New York Times,* May 14, 2005; Hector Tobar, "Nation's First Bookless Public Library System Opens," *Los Angeles Times,* January 8, 2014.

第四章

1. See Joshua Foer, *Moonwalking with Einstein: The Art and Science of Remembering Everything* (New York: Penguin, 2011).
2. Mark Sullivan, "A Brief History of GPS," *PCWorld,* August 9, 2012, http://www.pcworld.com/article/2000276/a-brief-history-of-gps.html.
3. Rodolfo Llinás, *I of the Vortex: From Neurons to Self* (Cambridge, Mass.: MIT Press, 2001), 15–17; Eric Hand, "Maverick Scientist Thinks He Has Discovered a Magnetic Sixth Sense in Humans," *Science,* June 23, 2016.
4. May-Britt Moser and Edvard I. Moser, "Where Am I? Where Am I Going," *Scientific American* 314, no. 1 (January 2016): 26–33.
5. David Premack and Ann James Premack, "Why Animals Have Neither Culture Nor History," in Tim Ingold, ed., *Companion Encyclopedia of Anthropology* (London: Routledge, 1994), 350–64.
6. Peter Worsley, *Knowledges* (New York: New Press, 1997), 125–68; Jeff Manaugh, "Slingshots of the Oceanic," *BLDGBLOG,* July 1, 2015, http:// www.bldgblog.

com/2015/07/slingshots-of-the-oceanic/; Peter Lewis, *We, the Navigators: The Ancient Art of Landfinding in the Pacific,* 2nd ed., Sir Derek Oulton, ed. (Honolulu: University of Hawaii Press, 1994), 298–99; William Grimes, "Ben Finney, Anthropologist, Dies at 83; Thrilled Hawaiians in Voyage to Tahiti," *New York Times,* June 18, 2017.

7. Raymond Mauny, "Trans-Saharan Contacts and the Iron Age in West Africa," in D. Fage, ed., *The Cambridge History of Africa,* vol. 2: *From c. 500 BC to AD 1050* (Cambridge, U.K.: Cambridge University Press, 1977), 296; Claudio Aporta, "The Trail as Home: Inuit and Their Pan-Arctic Network of Routes," *Human Ecology* 37 (2009): 131–46; Stephen C. Jett, "Place Names as the Traditional Navajo's Title-Deeds, Border-Alert System, Remote Sensing, Global Positioning System, Memory Bank, and Monitor Screen," *Journal of Cultural Geography* 31, no. 1 (2014): 106–13; G. Malcolm Lewis, "Maps, Mapmaking, and Map Use by Native North Americans," in David Woodward and G. Malcolm Lewis, eds., *The History of Cartography,* vol. 2, book 3 (Chicago: University of Chicago Press, 1998), 51–182.
8. Claudio Aporta and Eric Higgs, "Satellite Culture: Global Positioning Systems, Inuit Wayfinding, and the Need for a New Account of Technology," *Current Anthropology* 46, no. 5 (December 2005): 729–53.
9. Anna Edwards, "Confused Beatles fans looking for famous Abbey Road zebra crossing turn up ten miles away in West Ham at ANOTHER Abbey Road," *Daily Mail,* October 11, 2012; Brad Plumer, "Have We Become Too Reliant on GPS? This Satellite Expert Thinks So," *Vox,* April 10, 2016, http://www.vox.com/2016/4/10/11379698/gpsnavigation brainproblems.
10. Beth Hale, "Taxi Sat-Nav Bungle," *Daily Mail,* April 4, 2008; "GPS Causes 300,000 Brits to Crash," *Wired,* July 22, 2008; Ari N. Schulman, "GPS and the End of the Road," *New Atlantis* 31 (Spring 2011): 8–11.
11. Jody Rosen, "The Knowledge, London's Legendary Taxi-Driver Test, Puts Up a Fight in the Age of GPS," *New York Times Magazine,* November 10, 2014; Mark Tran, "London Black Cab 'Knowledge' School Saved from Closure," *Guardian,* January 18, 2016.
12. Ferris Jabr, "Cache Cab: Taxi Drivers' Brains Grow to Navigate London's Streets," *Scientific American,* December 8, 2011; Eleanor A. Maguire et al., "Navigation-Related Structural Change in the Hippocampi of Taxi Drivers," *PNAS* 97, no. 8 (2000): 4398–403.
13. Jed Z. Buchwald and I. Bernard Cohen, "Eloge: Clifford Truesdell, 1919–2000," *Isis* 92, no. 1 (March 2001): 123–25; George Michelsen Foy, "How Using Your GPS Too Much Could Kill You," *Psychology Today,* April 1, 2016; *Global Navigation Space Systems: Reliance and Vulnerabilities* (London: Royal Academy of Engineers, 2011), 44.
14. Leon Neyfakh, "Do Our Brains Pay a Price for GPS?," *Boston Globe,* August 18, 2013.
15. Roger McKinlay, "Use or Lose Our Navigation Skills," *Nature* 531, no. 7596 (March 31, 2016): 573–75.
16. Steven Kurutz, "Real Adventurers Read Maps," *New York Times,* July 19, 2014; William Poundstone, *Head in the Cloud: Why Knowing Things Still Matters When Facts Are So Easy to Look Up* (New York: Little, Brown, 2016), 44; Alex Ward, "Four Out of Five Young Drivers Can't Read a Map as We Become More Reliant on Satnavs," *Daily Mail,* January

21, 2013; Stephen Axon, Janet Speake, and Kevin Crawford, " 'At the Next Junction, Turn Left': Attitudes Towards Sat Nav Use," *Area* 44, no. 2 (2012): 170–77.

17. Gavin Raubenheimer, "GPS in the Mountains—the Myth Exposed," http://peakhigh.co.za/blog/gps-in-the-mountains-the-myth-exposed/.
18. Greg Milner, *Pinpoint: How GPS Is Changing Technology, Culture, and Our Minds* (New York: W. W. Norton, 2016), 111–37; Robert Matas, " 'No, No, I Am Not Okay. I Need Help,' " *Globe and Mail,* May 10, 2011.
19. David Roberts, "When GPS Leads to SOS," *New York Times,* August 14, 2012; Kathryn Miles, " 'When You Find My Body, Please Call My Husband,' Missing Hiker Wrote," *Boston Globe,* May 25, 2016; Jess Bidgood and Richard Pérez-Peña, " 'When You Find My Body': Fatal Turn on the Appalachian Trail," *New York Times,* May 27, 2016; Lauren Abbate, "Hiker Who Died on Appalachian Trail Didn't Know How to Use Compass," *Portland Press-Herald,* May 27, 2016.
20. Ashley Halsey III, "Does Autopilot Dull the Skills of U.S. Airline Pilots?," *Washington Post,* January 14, 2016; Kevin Hartnett, "Humans and Autopilot: A Complicated Relationship," *Boston Globe,* December 8, 2014; Andrew Zolli, "Want to Build Resilience? Kill the Complexity," *Harvard Business Review* blog, September 26, 2012.
21. Charles Perrow, *Normal Accidents: Living with High Risk Technologies,* updated ed. (Princeton, N.J.: Princeton University Press, 1999), 170– 231; U.S. National Research Council, Committee on Advances in Pilotage and Navigation, *Minding the Helm: Marine Navigation and Piloting* (Washington, D.C.: National Academies Press, 1994), 268–69; "British, French Nuclear Submarines Collide," February 16, 2009, http://www .cnn.com/2009/WORLD/europe/02/16/british.french.submarine .incident/index.html.
22. "How Large Ships Use Navigation Systems," transcript, *Talk of the Nation,* January 20, 2012, http://www.npr.org/2012/01/20/145525012/ how-large-ships-use-navigation-systems.
23. Lt. Col. Jason Wolf, " 'Alive at 25' Teaches Airmen to Drive and Survive," September 11, 2009, http://www.macdill.af.mil/News/Article-Display/ Article/232366/alive-at-25-teaches-airmen-to-drive-and-survive.
24. Leonard Evans, *Traffic Safety and the Driver* (New York: Van Nostrand Reinhold, 1991), 315–16.
25. Tudor Van Hampton, "Looking to Cars, Trucks Step Up Safety," *New York Times,* June 29, 2014; Aaron Brown, "8 Reasons That Germany's Autobahn Is So Much Better than US Highways," *Business Insider,* March 30, 2016; Schulman, "GPS and the End of the Road," 6–8.
26. Nicole Perlroth, "Why Automakers Are Hiring Security Experts," *New York Times,* June 8, 2017; Alex Davies, "Google's Self-Driving Car Caused Its First Crash," *Wired,* February 29, 2016; David Gelles, Hiroko Tabuchi, and Matthew Dolan, "The Weak Spot Under the Hood," *New York Times,* September 27, 2015; Francis X. Govers III, "Google Reveals Lessons Learned (and Accident Count) from Self-Driving Car Program," *New Atlas,* May 14, 2015.
27. "Google Reveals How Often Drivers Take Control of Self-Driving Cars: It Won't Pay to Be Distracted," *ACS Information Age,* January 14, 2016.

28. Perlroth, "Why Automakers Are Hiring Security Experts" ; Samantha Masunaga and Russ Mitchell, "Tesla Says Jealousy, Not Autopilot Safety Concerns, Caused Breakup with Mobileye," *Los Angeles Times,* September 15, 2016.
29. John Markoff, "Can Robot Cars Trust Us?," *New York Times,* June 8, 2017; Eric A. Taub, "Like a Living Room You Can Take Out on the Freeway," *New York Times,* June 16, 2017.
30. David A. Mindell, *Our Robots, Ourselves: Robotics and the Myths of Autonomy* (New York: Viking, 2015), 198–207.
31. Brian K. Roberts, "Will Traffic Nimbys Ruin Waze?," *Los Angeles Times,* May 4, 2015; Joe Flint, "In L.A., One Way to Beat Traffic Runs into Backlash," *Wall Street Journal,* November 14, 2015.
32. Neal E. Boudette, "Creating a Road Map for the Self-Driving Car," *New York Times,* March 3, 2017; Alex Davies, "Avoiding Squirrels and Other Things Google's Robot Car Can't Do," *Wired,* May 27, 2014.
33. Emma G. Fitzsimmons and Winnie Hu, "Flocking to Uber and Lyft, Commuters Inch Through New York," *New York Times,* March 7, 2017; Joshua Brustein, "Uber and Lyft Want to Replace Public Buses," *Bloomberg,* August 15, 2016; Martine Powers, "This Nightmare Commute on New York's F Train Sounds an Awful Lot Like Metro," *Washington Post,* June 6, 2017; Emily Badger, "More Rides to Hail May Mean More Traffic to Bear," *New York Times,* October 17, 2017.
34. David Hambling, "GPS Chaos: How a $30 Box Can Jam Your Life," *New Scientist,* March 4, 2011; Michael Peck, "The Pentagon Is Worried About Hacked GPS," *The National Interest,* January 14, 2016; Brett Carter and Delores Knipp, "It's Never Been More Important to Keep an Eye on Space Weather," Phys.org, October 3, 2016, http://phys.org/news/2016-10-important-eye-space-weather.html; Alexandra Witze, "US Sharpens Surveillance of Crippling Solar Storms," *Nature* 537 (September 22, 2016): 458–59; United States Department of Transportation, "Federal Automated Vehicles Policy," September 2016, https://www.transportation .gov/sites/dot.gov/files/docs/AV%20policy%20guidance%20PDF.pdf.
35. Hana R. Alberts, "Why a 19th-Century Marble Arch Sits Inside an NYC Auto Shop," Curbed.com, June 4, 2013, http://ny.curbed.com/ 2013/6/4/10237058/why-a-19th-century-marble-arch-sits-inside-an -nyc-auto-shop; Christopher Gray, "Upper Broadway: Marble Entry to a Vanished Estate," *New York Times,* March 4, 2001.
36. Grady Clay, *Close-Up: How to Read the American City* (Chicago: University of Chicago Press, 1980), 11, 13.
37. Ibid., 117–19, 53–54, 112–13; "This App Was Made for Walking—but Is It Racist?," transcript, *All Things Considered,* January 25, 2012, http:// www.npr.org/2012/01/25/145337346/this-app-was-made-for-walking -but-is-it-racist. In 2016 at least one such app, RedZone, was commercially available: Kris Carlon, "This Navigation App Keeps You Out of High-Crime Areas in Real Time," *Apps & Games News,* April 15, 2016, http://www.androidauthority.com/redzone-navigation-app-avoids-high -crime-areas-686894; Mark Monmonier, *No Dig, No Fly, No Go: How Maps Restrict and Control* (Chicago: University of Chicago Press, 2010), 117–24.

38. Rachel Nuwer, "The Last Unmapped Places on Earth," BBC.com, November 28, 2014, http://www.bbc.com/future/story/20141127-the -last-unmapped-places.
39. Kate Losse, "The Art of Failing Upward," *New York Times,* March 6, 2016.
40. Quoted in Matt McGee, "Google's Schmidt: 'Next Great Stage' of Search Is Autonomous, Personal," September 7, 2010, http://searchengineland .com/schmidt-great-stage-search-is-autonomous-personal-50014.
41. Rebecca Solnit, *A Field Guide to Getting Lost* (New York: Penguin, 2006); "Future of Getting Lost" (video), https://www.c-span.org/ video/?320447-1/future-getting-lost.
42. "Martin Parr's 'Paris' Photo Exhibit Captures Everyday Life in French Capital," April 5, 2014, http://www.france24.com/en/20140401-france -culture-martin-parr-paris-photo.
43. Schulman, "GPS and the End of the Road," 21.
44. Tim Prudente, "In the Era of GPS, Naval Academy Revives Celestial Navigation Sextant," *Los Angeles Times,* October 15, 2015.
45. Neil Smith, " 'Academic War over the Field of Geography': The Elimination of Geography at Harvard, 1947–1951," *Annals of the Association of American Geographers* 77, no. 2 (June 1987): 155–72; Edward Tenner, "Harvard, Bring Back Geography!," *Harvard Magazine,* May–June 1988, 27–30; Christopher Reed, "Hello, Geotech," *Harvard Magazine,* November–December 2006, 44–51.
46. Tenner, "Harvard, Bring Back Geography!," 28–29; Ira Kay, "The Case of Bush II," *Counterpunch,* November 2, 2004, http://www.counterpunch .org/2004/11/02/the-case-of-bush-ii; Dana Milbank, "Did Trump Know Where He Was?," *Washington Post,* May 24, 2017.
47. Michael Williams, "Sauer and 'Man's Role in Changing the Face of the Earth,' " *Geographical Review* 77, no. 2 (April 1987): 218–31; "About the Committee on Geographical Studies," http://geography.uchicago.edu/.
48. Phuong Le, "Why More Parents Are Seeking to Raise Their Children in the City," *Christian Science Monitor,* March 24, 2015.
49. Guy Hoffman et al., "In-Car Game Design for Children: Child vs. Parent Perspective," Conference Paper, June 2013, https://www.research gate.net/publication/262424622.
50. Patrick Barkham, "HS2: The Human Cost of Britain's Most Expensive Ever Rail Project," *Guardian,* November 17, 2015.

第五章

1. T. Rees Shapiro, "For When They Can't Heal a Pet, Vets Get Lesson in Loss," *Washington Post,* September 27, 2015; Susan Freinkel, "Rebuilding Our Badly Broken Pets," *New York Times,* January 14, 2014.
2. Thomas C. Leonard, *Illiberal Reformers: Race, Eugenics, and American Economics in the Progressive Era* (Princeton, N.J.: Princeton University Press, 2016), 109–19.
3. James T. Patterson, *The Dread Disease: Cancer and Modern American Culture* (Cambridge, Mass.: Harvard University Press, 1987), 138–40; William Seagle, *Law: The Science of Inefficiency* (New York: Macmillan, 1952), 1–18.

4. Milt Freudenheim, "A Plan to Send Prescriptions Electronically," *New York Times,* February 23, 2001; Milt Freudenheim, "So Much for the Doctor's Bad Handwriting on Drug Prescriptions," *New York Times,* April 9, 2002; Daniel K. Sokol and Samantha Hettige, "Poor Handwriting Remains a Significant Problem in Medicine," *Journal of the Royal Society of Medicine* 99, no. 12 (December 2006): 645–46; F. Javier Rodríguez-Vera et al., "Illegible Handwriting in Medical Records," *Journal of the Royal Society of Medicine* 95, no. 11 (November 2002): 545–46; Philip Aspden et al., *Preventing Medication Errors* (Washington, D.C.: National Academies Press, 2007), 74.
5. Sarah Kliff, "When Squirrels Attack!," *Washington Post,* February 15, 2014.
6. Anna Wilde Mathews, "Walked into a Lamppost? Hurt While Crocheting? Help Is on the Way," *Wall Street Journal,* September 13, 2011.
7. Arthur L. Caplan et al., "Beating Burnout: Are EHRs the Enemy?" (conference video), October 19, 2016, http://www.medscape.com/view article/869437; Christine Sinsky et al., "Allocation of Physician Time in Ambulatory Practice: A Time and Motion Study in 4 Specialties," *Annals of Internal Medicine* online, September 6, 2016 (I am grateful to Dr. Russell Maulitz for calling this paper to my attention); Robert M. Wachter, "How Measurement Fails Us," *New York Times,* January 17, 2016; Michael Geruso and Timothy Layton, "Upcoding: Evidence from Medicare on Squishy Risk Adjustment," National Bureau of Economic Research Working Paper 21222, http://www.nber.org/papers/w21222; Elisabeth Rosenthal, "The Code Rush," *New York Times Magazine,* April 2, 2017, 42ff.
8. Rick Mullin, "Cost to Develop New Pharmaceutical Drug Now Exceeds $2.5B," *Chemical & Engineering News,* November 24, 2014, republished in *Scientific American,* https://www.scientificamerican.com/article/cost-to -develop-new-pharmaceutical-drug-now-exceeds-2-5b; Jason Millman, "Does It Really Cost $2.6 Billion to Develop a New Drug?," *Washington Post,* November 19, 2014.
9. U.S. Department of Health and Human Services, Food and Drug Administration, Center for Evaluation and Research, "The History of Drug Regulation in the United States," http://www.fda.gov/downloads/ AboutFDA/WhatWeDo/History/ProductRegulation/PromotingSafeandEffectiveDrugsfor100Years/UCM114468.pdf.
10. "An Incurable Disease," *Economist,* September 29, 2012.
11. Ashutosh Jogalekar, "Why Drugs Are Expensive: It's the Science, Stupid," *Scientific American,* January 6, 2014. Jogalekar also explains why the apparently hyperefficient techniques for screening natural substances yield so few successes: "Why Drug Discovery Is Hard—Part 2: Easter Island, Pit Vipers; Where Do Drugs Come From?," *Scientific American,* January 7, 2014.
12. Stephen M. Strittmatter, "Old Drugs Learn New Tricks," *Nature Medicine* 20, no. 6 (June 2014): 590–91; Andrew Pollack, "Viagra Gains Some Advocates as Treatment for Lung Disease," *New York Times,* April 10, 2004; Aaron S. Kesselheim et al., "The Roles of Academia, Rare Diseases, and Repurposing in the Development of the Most Transformative Drugs," *Health Affairs* 34, no. 2 (February 2015), 286–93.
13. Statistics from Kesselheim et al., "Roles of Academia," 287.
14. John P. A. Ioannidis, "How to Make More Published Research True," *PLOS Medicine,* October 21, 2014, http://dx.doi.org/10.1371/journal .pmed.1001747.

15. Des Spence, "Evidence Based Medicine Is Broken," *BMJ* online, BMJ 2014;348:g22, doi: 10.1136/bmj.g22 (published January 3, 2014).
16. John P. A. Ioannidis, "The Mass Production of Redundant, Misleading, and Conflicted Systematic Reviews and Meta-analyses," *Milbank Quarterly* 94, no. 3 (September 2016): 485–514.
17. David Bornstein, "Helping New Drugs out of Research's 'Valley of Death,' " "Opinionator" blog, *New York Times,* May 2, 2011; "The Cost of Salami Slicing" (editorial), *Nature Materials* 4, no.1 (January 2005): 1; Whitney J. Owen, "In Defense of the Least Publishable Unit," *Chronicle of Higher Education,* February 9, 2004.
18. "OA by the Numbers," http://oad.simmons.edu/oadwiki/OA_by_the _numbers; Declan Butler, "The Dark Side of Publishing," *Nature* 495, no. 7,442 (March 28, 2013): 433–35; Andrew Silver, "Controversial Website That Lists 'Predatory' Publishers Shuts Down," *Nature,* January 18, 2017; Carl Straumsheim, "Academic Terrorist," *Inside Higher Ed,* June 2, 2017, https://www. insidehighered.com/news/2017/06/02/librarian -behind-list-predatory-publishers-still-faces-harassment-online; Jeffrey Beall, "What I Learned from Predatory Publishers," *Biochemia Medica* 27, no. 2 (2017): 273–79, http://www.biochemia-medica.com/2017/27/273.
19. Esmé E. Deprez and Caroline Chen, "Medical Journals Have a Fake News Problem," *Bloomberg Businessweek,* September 4, 2017, 52–57.
20. Gina Kolata, "So Many Research Scientists, So Few Professorships," *New York Times,* July 14, 2016.
21. "Scientists Discover Multitude of Drug Side Effects, Interactions Using New Computer Algorithm," *Stanford Medicine News Center,* March 14, 2012, https://med.stanford.edu/news/all-news/2012/03/scientists-dis cover-multitude-of-drug-side-effects-interactions-using-new-computer -algorithm.html.
22. Amber Dance, "Medical Histories," *Nature* 537, no. 7,619 (September 8, 2016): S52–S53; David Cyranoski, "The Sequencing Superpower," *Nature* 534, no. 2,607 (June 23, 2016): 462–63.
23. Stephen S. Hall, "Revolution Postponed," *Scientific American* 303, no. 4 (October 2010): 64–65.
24. Alison Abbott, "Scientists Bust Myth That Our Bodies Have More Bacteria than Human Cells," *Nature,* January 8, 2016; Knvul Sheikh, "The Breast Has Its Own Microbiome—and the Mix of Bacteria Could Prevent or Encourage Cancer," *Scientific American* 315, no. 4 (October 2016): 21; Vinay Prasad, "The Precision-Oncology Illusion," *Nature* 537, no. 7619 (September 8, 2016): S52–S53; Abigail Zuger, "Genes Tell Only Part of Story," *New York Times,* February 17, 2015.
25. Xiao-Li Meng, "Statistical Paradises and Paradoxes in Big Data," Royal Statistical Society Annual Conference, October 3, 2016, https://www .youtube.com/watch?v=8YLdIDOMEZs; Xiao-Li Meng to author, September 6, 2017.
26. Siddhartha Mukherjee, *The Gene: An Intimate History* (New York: Simon & Schuster, 2016), 408; Gina Kolata, "Project Sheds Light on What Drives Genes," *New York Times,* February 19, 2015.
27. See the critique of Mukherjee's *The Gene* as "whiggish" by the astrobiologist and historian of science Nathaniel Comfort, "Genes Are Overrated," *Atlantic,* June 2016, 42–44; Abigail Zuger, "Genes Tell Only Part of Story," *New York Times,* February 17, 2015.
28. "Fact Sheet," https://mediacenter.23andme.com/fact-sheet/; "What Is the Difference Between Genotyping and Sequencing," https://customer care.23andme.com/hc/en-us/articles/202904600-

What-ence-between-genotyping-and-sequencing-; Gina Kolata, "Consumer Genetic Tests Win F.D.A. Approval," *New York Times,* April 7, 2017; Malcolm Ritter, "Science Says: DNA Test Results May Not Change Health Habits," *U.S. News,* August 17, 2017.

29. Jon Fingas, "Fitbit's Lead in the Wearable World Shrinks Due to Newcomers," *Engadget,* May 16, 2016, https://www.engadget.com/2016/ 05/16/wearable-market-share-q1-2016/; http://www.idc.com/getdoc.jsp ?containerId=prUS41530816; PwC, "The Wearable Life 2.0" (2016), https://www.pwc.com/us/en/industry/entertainment-media/assets/pwc -cis-wearables.pdf, 5.
30. PwC, "The Wearable Life 2.0," 7–8, 14.
31. Ibid., 21–22; Rachel Bachman, "To Add Steps, Fitbit Cheats Use Pets, Ceiling Fans, Power Tools," *Wall Street Journal,* June 10, 2016; Thomas Heath, "This Employee ID Badge Monitors and Listens to You at Work—Except in the Bathroom," *Washington Post,* September 7, 2016.
32. Jordan Etkin, "The Hidden Cost of Personal Quantification," *Journal of Consumer Research* 42, no. 6 (April 2016): 967–83; Alfie Kohn, *Punished by Rewards* (Boston: Houghton Mifflin, 1993).
33. Cari Romm, "The Nihilistic Angst of Quitting Your Fitbit," *New York* magazine (blog), August 26, 2016, nymag.com/scienceofus/2016/08/ i-quit-fitbit-and-fell-into-nihilistic-despair.html; Paul Ford, "I Tried to Build My Perfect Quantified Self," *New Republic,* Fall 2015, 4–5.
34. Gretchen Reynolds, "The False Hope of Activity Trackers," *New York Times,* September 27, 2016; John M. Jakicic et al., "Effect of Wearable Technology Combined with a Lifestyle Intervention on Long-term Weight Loss: The IDEA Randomized Clinical Trial," *JAMA* 316, no. 11 (September 20, 2016): 1161–71; Aaron E. Carroll, "Don't Expect to Lose Weight with Fitness Devices," *New York Times,* February 21, 2017.
35. "Pokemon Go Increased U.S. Activity Levels by 144 Billion Steps in Just 30 Days," *Technology Review,* October 21, 2016, https://www.technology review.com/s/602706/pokemon-go-increased-us-activity-levels-by-144 -billion-steps-in-just-30-days/.
36. National Institutes of Health, Office of Dietary Supplements, "Multivitamin/Mineral Supplements: Fact Sheet for Health Professionals, https://ods.od.nih.gov/factsheets/MVMS-HealthProfessional/ (downloaded October 17, 2016); Jared Newman, "FDA Wants to Regulate Some Wearables, but Fitbit's Fine," *PCWorld,* January 20, 2015; Andrea Bartz and Brenna Ehrlich, "Be Careful When Diagnosing Your Ailments Online," *CNN,* August 8, 2012, http://www.cnn.com/2012/08/08/tech/ socialmedia/netiquetteonlinediagnoses/; Katherine Boehret, "Google Will Help Your Self-Diagnosis with New Symptom Search," *The Verge,* June 20, 2016, http://www.theverge.com/2016/6/20/11978338/google -symptom-search-app-web-md-health-doctor; Jane E. Brody, "Studies Show Little Benefit in Supplements," *New York Times,* November 15, 2016.
37. Jan Van den Bulck, "Sleep Apps and the Quantified Self: Blessing or Curse?," *Journal of Sleep Research* 24, no. 2 (April 2015): 121–23.
38. Deborah Lupton, "Quantified Sex: A Critical Analysis of Sexual and Reproductive Self-Tracking Using Apps," *Culture, Health & Sexuality* 17, no. 4 (2015): 440–53.
39. Deborah Lupton, "Understanding the Human Machine," *IEEE Technology and Society Magazine,* Winter 2013, 25–30.
40. David Brown, "Diagnostic Errors Are Leading Cause of Successful Malpractice Claims," *Washington Post,* April 23, 2013; Ali S. Saber Tehrani et al., "25-Year Summary of US

Malpractice Claims for Diagnostic Errors, 1986–2010," *BMJ Quality and Safety,* published online April 22, 2013.

41. "Artificial Intelligence Positioned to Be a Game-Changer," transcript, CBS News, *60 Minutes,* http://www.cbsnews.com/news/60-minutes -artificial-intelligence-charlie-rose-robot-sophia/.
42. M. Mitchell Waldrop, "More than Moore," *Nature* 530 (February 11, 2016): 143–47; Larry Greenemeier, "Will IBM's Watson Usher in a New Era of Cognitive Computing?," *Scientific American,* November 13, 2013; Judy Stone, "Have Pain? Are You Crazy? Rare Diseases Pt. 2," *Scientific American,* February 18, 2014.
43. Casey Ross and Ike Swetlitz, "IBM Pitched Its Watson Supercomputer as Revolution in Cancer Care. It's Nowhere Close," STAT, September 5, 2017, https://www.statnews.com/2017/09/05/watson-ibm-cancer/.
44. Katherine Igoe, "Head-to-Head Comparison Reveals Human Physicians Vastly Outperform Virtual Ones," October 11, 2016, https://hms .harvard.edu/news/doc-versus-machine-0; Hannah L. Semigran et al., "Comparison of Physician and Computer Diagnostic Accuracy," *JAMA Internal Medicine* 176, no. 12 (2016): 1860–61.
45. Edward Tenner, *Why Things Bite Back: Technology and the Revenge of Unintended Consequences* (New York: Alfred A. Knopf, 1996), 7; Paul Sullivan, "Weighing the Value of a Home Security System," *New York Times,* May 1, 2010; Alexander George, "Why the Hell Do They Still Make Car Alarms?," *Popular Mechanics,* September 24, 2015.
46. Robert M. Wachter, *The Digital Doctor: Hope, Hype, and Harm at the Dawn of Medicine's Computer Age* (New York: McGraw-Hill, 2015), 143–46.
47. Ibid., 146–49.
48. Ibid.; Lesley McClurg, "Don't Look Now! How Your Devices Hurt Your Productivity," NPR, October 19, 2016, http://www.npr.org/ sections/health-shots/2016/10/19/498450445/dont-look-now-how -your-devices-hurt-your-productivity.
49. Abha Agrawal, "Medication Errors: Prevention Using Information Technology Systems," *British Journal of Clinical Pharmacology* 67, no. 6 (2009): 681–86; Wachter, *The Digital Doctor,* 131–42.
50. Elena Conis, "When Bleeding Was a Treatment," *Los Angeles Times,* June 26, 2006; Ray Moynihan et al., "Preventing Overdiagnosis: How to Stop Harming the Healthy," *BMJ* 2012;344:e3502, doi: 10.1136/bmj .e3502 (published May 29, 2012).
51. Aviva Rutkin, "Medicine by Machine," *New Scientist* 231, no. 3089 (September 6, 2016): 20–21; Moynihan, "Preventing Overdiagnosis" ; Tara Parker-Pope, "Overtreatment Is Taking a Harmful Toll," *New York Times,* August 28, 2012.
52. Charles Siebert, "The DNA We've Been Dealt," *New York Times Magazine,* September 17, 1995, 50ff; Shari Roan, "Cancer's Legacy: Haunted by Their Family History, Women and Men Are Opting for Genetic Testing. The Results Can Bring New Agony," *Los Angeles Times,* October 1, 2007; Gina Kolata, "Doubt Is Raised on Quick Surgery on Breast Lesion," *New York Times,* August 21, 2015; Patricia Fall, "Waiting for Cancer," *New York Times,* September 1, 2016.
53. Jacalyn Duffin, *To See with a Better Eye: A Life of R. T. H. Laennec* (Princeton, N.J.: Princeton University Press, 1998), 152–55; Ron Winslow, "Some Doctors Aren't Skilled with Stethoscopes, Study Says," *Wall Street Journal,* September 3, 1997; Laura H. Kahn, "Stethoscopes Belong

in Museums," *Bulletin of the Atomic Scientists,* February 3, 2008, http://www .thebulletin.org/node/162.
54. Vikas Saini, "Improving Health Care with the Simple Act of Listening," *STAT,* October 17, 2016; Abigail Zuger, "Are Doctors Losing Touch with Hands On Medicine?," *New York Times,* July 13, 1999; Deborah Lupton, *The Quantified Self : A Sociology of Self-Tracking* (Cambridge, U.K.: Polity, 2016).
55. Gerd Gigerenzer, *Gut Feelings: The Intelligence of the Unconscious* (New York: Viking, 2007), 167–78.
56. Ibid., 165.
57. James Colgrove, "The McKeown Thesis: A Historical Controversy and Its Enduring Influence," *American Journal of Public Health* 92, no. 5 (May 2002): 725–29; John P. Bunker, "The Role of Medical Care in Contributing to Health Improvements Within Societies," *International Journal of Epidemiology* 30, no. 6 (2001): 1260–63; Celine Gounder, "Who Is Responsible for the Pain-Pill Epidemic?," *New Yorker,* November 8, 2013; Abby Goodnough, "Treating Pain Without Feeding the Epidemic of Opioid Addiction," *New York Times,* May 23, 2016; Art Van Zee, "The Promotion and Marketing of OxyContin: Commercial Triumph, Public Health Tragedy," *American Journal of Public Health* 99, no. 2 (February 2009): 221–27.
58. Gillian Mohney, "Looking for Answers in Places Where People Live the Longest," *ABC News,* April 1, 2013, http://abcnews.go.com/Health/ answers-places-people-live-longest/story?id=18838734; Rock Positano, "The Mystery of the Rosetan People," *Huffington Post,* March 28, 2008. conclusion inspired inefficiency

第六章

1. Alex Hern, " 'Partnership on AI' formed by Google, Facebook, Amazon, IBM and Microsoft," *Guardian,* September 28, 2016; Sewell Chan, "Fearful of Hacking, Dutch Will Count Ballots by Hand," *New York Times,* February 2, 2017.
2. Elroy Dimson et al., *Triumph of the Optimists: 101 Years of Global Investment Returns* (Princeton, N.J.: Princeton University Press, 2009), 23; William Herman Rau et al., *Traveling the Pennsylvania Railroad: Photographs of William H. Rau* (Philadelphia: University of Pennsylvania Press, 2002), 20; Andrew Ross Sorkin, "To Mark Its Territory, Uber Fattens Its Bankroll," *New York Times,* June 21, 2016; Mike Isaac, "Expedia Leader Emerges as Pick for Uber's Chief," *New York Times,* August 28, 2017; "Uber (Company)," https://en.wikipedia.org/wiki/Uber_(company); "Pennsylvania's Dividend," *New York Times,* November 2, 1900.
3. Evgeny Morozov, "Rockefeller Gave Away Money for No Return. Can We Say the Same of Today's Tech Barons?," *Guardian,* October 15, 2016.
4. Valerie Strauss, "Gates Changes Galvanic Bracelet Grant Description," *Washington Post,* June 12, 2012; Alexi Mostrous and David Brown, "Microsoft Seeks Patent for Office 'Spy' Software," *Times* (London), January 16, 2008.
5. Alex Hern, "Why Data Is the New Coal," *Guardian,* September 27, 2016; Jack Clark, "Google Cuts Its Giant Electricity Bill with DeepMindPowered AI," *Bloomberg,* July 19,

2016; Quentin Hardy, "Google Says Its Data Centers Will Run Entirely on Renewable Energy by 2017," *New York Times,* December 7, 2016; Yevgeniy Sverdlik, "Here's How Much Energy All US Data Centers Consume," *Data Center Knowledge,* June 27, 2016.

6. Daniel J. Boorstin, *Democracy and Its Discontents: Reflections on Everyday America* (New York: Vintage, 1975), 26–27, 49; William O'Reilly, "Conceptualizing America in Early Modern Central Europe," *Pennsylvania History: A Journal of Mid-Atlantic Studies* 65, Explorations in Early American Culture (1998): 101–21.
7. Georgia Wells, "Facebook's 'Trending' Feature Exhibits Flaws Under New Algorithm," *Wall Street Journal,* September 6, 2016.
8. Christopher Hawthorne, "Apple's Retrograde Cocoon; The Proposed Headquarters Wraps Workers in a Suburban Setting, Removing the Feeling of a Collective Metropolitan Realm," *Los Angeles Times,* September 11, 2011, cited in Steven Levy, "One More Thing: Inside Apple's Insanely Great (or Just Insane) New Mothership," *Wired,* May 16, 2017; John Simons, "IBM Says No to Home Work," *Wall Street Journal,* May 19, 2017.
9. Mike Murphy, "Ford CEO Mark Fields on Self-Driving Cars, Buying Things from Amazon While We Drive, and Mustangs," January 14, 2016, http://qz.com/593820/ford-ceo-mark-fields-on-self-driving-cars -buying-things-from-amazon-while-we-drive-and-mustangs/.
10. David A. Mindell, *Our Robots, Ourselves: Robotics and the Myths of Autonomy* (New York: Viking, 2015), 37–39; David A. Mindell, "Driverless Cars and the Myths of Autonomy," *Huffington Post,* October 14, 2015.
11. Harry Collins, *Artificial Experts: Social Knowledge and Intelligent Machines* (Cambridge, Mass.: MIT Press, 1990), 7–8; Gerd Gigerenzer, *Gut Feelings: The Intelligence of the Unconscious* (New York: Viking, 2007), 103.
12. Whitehead quoted in Jason Zweig, "Mindless Robots, Overblown Worries," *Wall Street Journal,* February 25, 2017.
13. Lynnell Hancock, "A+ for Finland," *Smithsonian,* September 2011, 94–102.
14. Jonah Weiner, "In Stitches," *New York Times Magazine,* April 19, 2013, 38ff.
15. Chess websites run many discussions on this question, but I defer to the chess columnist Shelby Lyman: "Checkmate," *Salt Lake Tribune,* October 19, 2003.
16. Brett Scott, "In Praise of Cash," *Aeon,* March 1, 2017, https://aeon.co/ essays/if-plastic-replaces-cash-much-that-is-good-will-be-lost.
17. Grant McCracken, "Spielberg: 1, Harvard: 0," *Cultureby.com,* September 8, 2016, http://cultureby.com/2016/09/spielberg-1-harvard-0.html; Brooks Barnes, "A Summer Full of Superflops: Is It the Films or Ticket Buyers?," *New York Times,* September 5, 2016.
18. "The New York Public Library Reopens Its Historic Rose Main Reading Room and Bill Blass Public Catalog Room" (press release), October 5, 2016, https://www.nypl.org/press/press-release/october-5-2016/ new-york-public-library-reopens-its-historic-rose-main-reading; Ann E. Michael, "It's Not Too Late to Save the Stacks," *Chronicle of Higher Education,* October 19, 2016.
19. Alex Soojung-Kim Pang, *The Distraction Addiction* (New York: Little, Brown, 2013); Nicholas Jackson, "Foursquare and Facebook Try to Force Serendipity," *Atlantic,* December 20, 2010; Schmidt quoted in Evgeny Morozov, *To Save Everything, Click Here*

(New York: PublicAffairs, 2013), 257–58.

20. Sophie McBain, "Head in the Cloud," *New Statesman,* February 19, 2016, 40; Leslie Nguyen-Okwu, "The Revenge of Dial-Up Internet," *Ozy,* February 13, 2017, http://www.ozy.com/fast-forward/the-revenge -of-dial-up-internet/75471. For Adrian Ward's dissertation, referenced by Nguyen-Okwu, see Adrian Frank Ward, "One with the Cloud: Why People Mistake the Internet's Knowledge for Their Own" (PhD diss., Harvard University, 2013), http://nrs.harvard.edu/urn-3:HUL.InstRe pos:11004901.
21. Mihret Yohannes, "German Rallying Cry Is 'Cash Only,' " *USA Today,* July 17, 2015; Kathleen D. Vohs et al., "Rituals Enhance Consumption," *Psychological Science* 24, no. 9 (2013): 1714–21; Stephen M. Nowlis et al., "The Effect of a Delay Between Choice and Consumption on Consumption Enjoyment," *Journal of Consumer Research* 31, no. 3 (December 2004): 502–10.
22. Paul Hoffman, "Why Are Smart People Some of the Most Gullible People Around?," *Discover,* October 2010, 40–41; Stephen Greenspan, "Fooled by Ponzi (and Madoff)," *eSkeptic,* December 23, 2008, http:// www.skeptic.com/eskeptic/08-12-23.